人体损伤司法鉴定理论与实践

主编 石 昆 牛俞杰 王加琴

郑州大学出版社

郑 州

图书在版编目(CIP)数据

人体损伤司法鉴定理论与实践/石昆,牛俞杰,王加琴主编.—郑州:
郑州大学出版社,2023.2

ISBN 978-7-5645-9314-8

Ⅰ.①人… Ⅱ.①石… ②牛… ③王… Ⅲ.①损伤-法医学鉴定
Ⅳ.①D919.4

中国版本图书馆 CIP 数据核字(2022)第 243828 号

人体损伤司法鉴定理论与实践

RENTI SUNSHANG SIFA JIANDING LILUN YU SHIJIAN

策划编辑	李龙传		封面设计	曾耀东
责任编辑	薛 晗		版式设计	凌 青
责任校队	张彦勤		责任监制	李瑞卿

出版发行	郑州大学出版社		地 址	郑州市大学路 40 号(450052)
出 版 人	孙保营		网 址	http://www.zzup.cn
经 销	全国新华书店经销		发行电话	0371－66966070
印 刷	郑州市今日文教印制有限公司			
开 本	710 mm×1 010 mm 1/16			
印 张	16.5		字 数	280 千字
版 次	2023 年 2 月第 1 版		印 次	2024 年 1 月第 2 次印刷

书 号	ISBN 978-7-5645-9314-8		定 价	69.00 元

作者名单

主　编　石　昆　牛俞杰　王加琴

副主编　曹　杰（淄博市公安局淄川分局）
　　　　　仝亚林（淄博正良司法鉴定所）
　　　　　王立广（赤峰市医院司法鉴定所）
　　　　　王　雷（张家口市法医鉴定中心）
　　　　　谭明煜（张家口市法医鉴定中心）

编　委　安　刚（四川福森特司法鉴定所）
　　　　　陈晓飞（松滋立德法医司法鉴定所）
　　　　　吴春秋（山东省鄄城县公安局）
　　　　　钟　倩（四川福森特司法鉴定所）
　　　　　陈梅君（四川福森特司法鉴定所）
　　　　　孙贝蕾（四川福森特司法鉴定所）
　　　　　代　瑶（四川福森特司法鉴定所）
　　　　　王　宇（四川省甘孜州公安局刑侦支队）
　　　　　王　佳（山东统和物证鉴识法律咨询
　　　　　　　　　服务有限公司）

前　言

　　各类人身伤害事故引发的纠纷与诉讼有逐渐增多的趋势。笔者荟萃了人体损伤的相关理论与技术，结合自身从业二十余年的实践经验，撰写了《人体损伤司法鉴定理论与实践》一书。

　　根据我国当今法医学鉴定的特点，本书选取其中涉及人身伤害法医学鉴定的内容，重点介绍损伤程度鉴定的原则、程序、方法；以人体各系统组织器官为框架，着重介绍常见人身伤害损伤的特点及法医学鉴定要点，使读者掌握人身伤害法医学鉴定的基础知识，并通过丰富的案例学习，加深对常见损伤法医学鉴定的认识，提高为法律服务的能力及自身保护能力。具体包括以下内容：临床司法鉴定概述、损伤程度鉴定、伤残程度鉴定、颅脑及脊髓损伤司法鉴定、头颈部与五官损伤司法鉴定、胸腹部损伤司法鉴定和肢体周围神经损伤司法鉴定。本书填补了法医临床学鉴定专著的空白，值得广大同行予以关注。

　　由于编者水平有限，本书可能还存在不少欠缺或不足之处，敬请同道提出批评和指正，以使其不断修订完善。

编　者

2022 年 10 月

目　录

第一章 临床司法鉴定概述

　　法医类司法鉴定包括法医临床司法鉴定、法医病理司法鉴定、法医物证司法鉴定、法医毒物司法鉴定及法医精神病司法鉴定五大项。自 2005 年 2 月 28 日《全国人民代表大会常务委员会关于司法鉴定管理问题的决定》（以下简称《决定》）颁布以来，全国各地司法鉴定机构像雨后春笋般纷纷成立，司法鉴定业务量不断上升，法医临床司法鉴定意见为司法机关公正、高效地处理人身损害赔偿案件，给受害人以公正、及时的救济和赔偿提供依据，在人身损害赔偿案件司法保障体系中起到积极的作用。

第一节　司法鉴定的任务与内容

　　随着社会经济的发展，人们的法律意识不断增强，司法鉴定的案件数呈逐年上升态势。据统计，广西法医类司法鉴定案件量 2016 年为 42 516 件，2017 年为 46 806 件，2018 年为 47 447 件，其中法医临床司法鉴定案件量 2016 年为 11 495 件，2017 年为 12 899 件，2018 年为 13 506 件，法医临床司法鉴定案件量均占当年法医类司法鉴定案件童的 28% 左右。

一、法医临床司法鉴定的概念

　　《决定》第一条规定："司法鉴定是指在诉讼活动中鉴定人运用科学技术或者专门知识对诉讼涉及的专门性问题进行鉴别和判断并提供鉴定意见的活动。"《决定》的释义中对司法鉴定的概念表述主要包括 5 方面的内容：①司法鉴定是在诉讼活动中进行的，是一项涉及诉讼的活动；②司法鉴定的主体是鉴定人；③司法鉴定的目的是解决诉讼涉及的专门性问题；④司法鉴定的方法是运用科学技术或者专门知识进行鉴别和判断;⑤鉴定人应当提供鉴定意见。

根据《决定》的释义中司法鉴定的概念表述,结合司法鉴定实践与应用的实际情况,法医临床司法鉴定的概念可以这样定义:法医临床鉴定人根据委托人提出需要解决的专门性问题,应用法医学、临床医学和其他有关自然科学的理论和技术,结合被鉴定人人身损害的结果以及鉴定材料,全面分析、综合判断,做出鉴定意见并出具鉴定意见书的活动过程。

二、法医临床司法鉴定的任务

自《决定》颁布以来,司法鉴定工作逐步纳入规范化、法制化、科学化的发展轨道,司法鉴定制度在保障司法公正、维护人民群众合法权益、促进社会和谐稳定方面发挥了重要作用。目前进行法医临床司法鉴定业务的鉴定机构包括公安机关鉴定机构、检察机关鉴定机构和司法鉴定机构,各自在不同的行业中发挥积极的作用,概括起来法医临床司法鉴定的任务主要包括以下4方面:①为公安机关刑事、治安案件立案提供科学证据;

②为检察机关提起公诉提供科学证据;③为法院审判人身损害案件提供科学证据;④为正确调解人身损害民事纠纷提供科学证据。

三、法医临床司法鉴定的内容

根据我国司法鉴定实践和司法审判的状况与需求,法医临床司法鉴定主要包括以下内容。

(一)损伤程度鉴定

人体损伤是指各种因素造成的人体组织、器官结构破坏和(或)功能障碍。根据损伤的严重程度分为重伤一级、重伤二级,轻伤一级、轻伤二级和轻微伤。

(二)伤残程度鉴定

残疾是指人体组织、器官结构破坏或者功能障碍,在现代临床医疗条件下难以恢复的生活、工作、社会活动能力不同程度的降低或者丧失。人体伤残程度鉴定主要包以下内容。

1.道路交通事故受伤人员伤残程度评定　在道路交通事故中遭受暴力

致伤的人员,法医临床鉴定人根据送审材料以及活体或尸体的检查结果,按照《人体损伤致残程度分级》,对人体伤残程度等级做出的综合性判断。

2.人体损伤致残程度鉴定 依据人体组织、器官结构破坏、功能障碍及其对医疗、护理的依赖程度,适当考虑由于残疾引起的日常生活、社会交往和心理因素影响,按照《人体损伤致残程度分级》《劳动能力鉴定职工工伤与职业病致残等级》(GB/T 16180—2014)等标准,对受伤者因意外因素(包括医疗因素)导致人体损伤的致残程度等级做出的综合性判断。

3.职工工伤与职业病致残程度鉴定 对遭受各种暴力致伤的人员或在职业活动中因工负伤或患职业病后的劳动者,法医临床鉴定人根据医学和法医临床检查结果,按照《劳动能力鉴定职工工伤与职业病致残等级》(GB/T 16180—2014)对受伤者的丧失劳动能力等级和残疾程度做出的综合性判断。

4.人身保险伤残鉴定 从保险公司购买意外险产品或意外责任险产品的被保险人在合同约定的保险有效期间,遭受意外伤害,按照中国保险行业协会、中国法医学会联合发布的《人身保险伤残评定标准及代码》(JR/T 0083—2013),对受伤者(被保险人)因意外伤害导致身体伤残的等级做出的综合性判断。

(三)劳动能力鉴定

劳动能力是自然人的生活、收入主要或唯一的来源,职工在职业活动中因工负伤和因职业病致残,依据《劳动能力鉴定职工工伤与职业病致残等级》(GB/T 16180—2014)对工伤致残者的器官损伤、功能障碍及其对医疗与日常生活护理的依赖程度进行综合性判定。

(四)人体损伤护理依赖程度鉴定

人体因各种损害造成组织、器官不可恢复的结构破坏、功能丧失或障碍,和(或)因损害造成大脑功能失调或结构改变,导致感知、情感、思维、意志和行为等精神活动出现紊乱或者异常,引起社会活动功能受损,依据《人身损害护理依赖程度评定》(GB/T 31147—2014)对人体损伤护理依赖程度等级做出综合性评定。

(五)人体损伤人员误工期、护理期、营养期鉴定

误工期是指人体损伤后经过诊断、治疗达到临床医学一般原则所承认的治愈（即临床症状和体征消失）或体征固定所需要的时间；护理期是指人体损伤后，在医疗或者功能康复期间生活自理困难，全部或部分需要他人帮助的时间；营养期是指人体损伤后，需要补充必要的营养物质，以提高治疗质量或者加速损伤康复的时间。依照《人身损害误工期、护理期、营养期评定规范》（GA/T 1193—2014），对人体损伤人员的误工期、护理期、营养期做出综合性评定。

（六）医疗费审查

医疗费是人体受到损伤后所接受的医学临床的检查、治疗、护理和康复所需的费用。医疗费审查指对人体因损伤实施医疗、护理行为所产生的费用的合理性审查。

（七）医疗终结时间鉴定

医疗终结时间是指人体因损伤或损伤引发的并发症经过治疗，达到临床医学一般原则所承认的临床治愈或临床稳定（也称为临床症状稳定或消失）所需要的时间。依据《道路交通事故受伤人员治疗终结时间》（GA/T 1088—2013），对人体损伤人员的医疗终结时间做出综合性评定。

（八）损伤与疾病因果关系鉴定

在人体各种损伤的法医临床司法鉴定中，常常需要对损伤与疾病之间的因果关系做出判断，疾病是否由损伤所引起，或原有疾病因损伤而加重、恶化，损伤在疾病的原因力大小的评定。

（九）必要的营养费鉴定

必要的营养费是指受害人通过平时的食品摄入尚不能达到受损身体康复的要求，而需要增加营养品作为对身体补充所支出的费用。

（十）后续治疗费鉴定

后续治疗费是指人体外伤所致原发性损伤或确因损伤所致的并发症，经过治疗后达到临床医学一般原则所承认的症状及体征基本稳定，仍存在容貌毁损或功能障碍而必需进行的后期治疗、康复以及残疾辅助器具配置等所必然发生的费用。一般包括二次手术、继续用药治疗、康复锻炼、残疾辅助器具等所需费用。可参照《法庭科学人身损害受伤人员后续诊疗项目评定技术规程》（GA/T 1555—2019）确定后续诊疗项目，然后参照所在地省、市级三甲医院医疗收费标准计算需要的医疗费。

(十一)医疗纠纷鉴定

医疗纠纷鉴定,也称医疗过错鉴定,是指针对医疗机构在为患者实施的诊疗护理过程中是否存在医疗过错行为进行鉴定。一般包括 4 个层面的内容。

1.对医疗机构的医疗行为是否造成损害后果进行认定　如死亡、残疾或功能障碍、病程延长、病情加重、痛苦增加、预期利益受损(主要为畸形儿出生)等。

2.对医疗机构的医疗行为是否存在过错进行认定　主要包括医疗机构的医疗行为是否违反卫生法律、法规、部门规章以及诊疗规范,是否履行诊疗义务、注意义务和应尽的告知义务等。

3.对医疗机构存在的过错行为与患者的损害后果之间是否存在因果关系进行认定。

因果关系包括直接因果关系和间接因果关系两方面。因果关系不仅是归责的基础和前提,对责任范围的确定也具有重要意义,有时甚至是确定责任范围的直接依据。由于医疗损害赔偿案件中涉及医学领域的专业问题较多,而且造成损害后果发生的原因较为复杂,对因果关系的判断认定上相对于其他侵权行为更是难以把握,因果关系的认定一直是医疗纠纷案件中的难点和焦点。直接因果关系一般是指医疗机构的过错行为直接造成患者损害后果的发生,在其自然的和连续的顺序上不因其他新的独立原因所中断,没有这一因果关系,损害则不可能发生。在法医临床鉴定实践中直接因果关系相对比较少见。间接因果关系是指医疗机构的过错行为与其他原因共同构成患者损害后果的发生,或者因医疗机构的过错行为启动了一组相关联的事件,从而引起患者损害后果的发生。在医疗纠纷案件中间接因果关系相对多见。

4.对医疗机构过错行为在损害后果的参与度进行认定　医疗机构过错行为与损害后果存在因果关系的,其参与度可划分为完全作用、主要作用、同等作用、次要作用、轻微作用、没有作用 6 个等级。

(十二)活体年龄鉴定

活体年龄鉴定是指应用医学、生物学的理论和技术,根据相对稳定地反映人体生活年龄的各项指标,对被鉴定人可能的实际年龄进行的鉴定,也称骨龄鉴定。主要依据四肢六大关节骨骼化骨中心的出现及骨骺的愈合程度,牙齿萌生及第二性征的发育情况,对被鉴定人的年龄进行推断。

(十三)性功能鉴定

性功能鉴定是指针对人体因损伤导致的性功能障碍进行的鉴定,主要包括性交不能和生育不能,但不包括心理性的性功能障碍。

(十四)致伤物和致伤方式推断

1.致伤物推断　致伤物的推断一般从以下 3 个方面来综合分析推断。

(1)根据损伤的种类推断　如表皮剥脱、挫伤、创伤、骨折、内脏破裂、肢体断碎等推断钝器伤、锐器伤或火器伤;根据损伤的形态特征来推测致伤物的形状、大小、重量、长度、厚度以及有无棱边、尖端、刃口或其他特征。

(2)根据创腔内存留异物推断致伤物　如刃口断片、树皮、木屑、砖石碎块等。

(3)根据嫌疑致伤物上的附着物　如指纹、血痕的 DNA、现场其他物品上的印痕、微量物证等来推断和(或)认定致伤物。2.致伤方式推断　致伤方式推断是指运用致伤物的固体力学原理,结合人体运动的特点,对致伤物与人体组织之间相互作用而形成的损伤行为方式进行的鉴定,如交通事故的致伤方式撞击伤、碰擦伤、摔跌伤、拖擦伤等;故意伤害的钝器打击伤,锐器切割、砍、刺、剪创等。

(十五)听觉功能鉴定

听力障碍是指由于损伤或疾病等各种原因致听觉系统解剖结构完整性遭受破坏或者功能障碍,出现的听力损失或者丧失。根据听力障碍等级来评定听觉功能。听力障碍程度可分为以下 5 个等级。

1.轻度听力障碍　一耳纯音气导言语频率听阈级达 26 ~40 dB;一耳听觉诱发电位言语频率反应阈经修正后相当于 26 ~40 dB HL。

2.中度听力障碍　一耳纯音气导言语频率听阈级达 41 ~60 dB;一耳听觉诱发电位言语频率反应阈经修正后相当于 41 ~60 dB HL。

3.中等重度听力障碍　一耳纯音气导言语频率听阈级达 61 ~80 dB;一耳听觉诱发电位言语频率反应阈经修正后相当于 61 ~80 dB HL。

4.重度听力障碍　一耳纯音气导言语频率听阈级达 81 ~90 dB;一耳听

觉诱发电位言语频率反应阈经修正后相当于 81～90 dB HL。

5.极重度听力障碍　一耳纯音气导言语频率听阈级≥91 dB;一耳听觉诱发电位言语频率反应阈经修正后相当于 91 dB HL 以上。

(十六)视觉功能鉴定

视觉功能是眼的主要功能,其作用在于识别外物,确定外物以及自身在外界的方位。视觉功能包括形觉、光觉、色觉等。主要通过视力、视野、色觉等检查以评估视觉功能状态,主要是视力减退和视野缺损。依据《视觉功能障碍法医学鉴定规范》(SF/Z JD0103004—2016)对被鉴定人进行法医临床检查。

低视力与盲目分级标准采用 2003 年 WHO 盲及视力损害分级标准,见表 1-1。

表 1-1　盲及视力损害分级标准

分类	远视力低于	远视力等于或优于
轻度或无视力损害		0.3
中度视力损害(视力损害 1 级)	0.3	0.1
重度视力损害(视力损害 2 级)	0.1	0.05
盲(盲目 3 级)	0.05	0.02
盲(盲目 4 级)	0.02	光感
盲(盲目 5 级)	无光感	无光感

四、法医临床司法鉴定的分类

随着社会的发展,司法制度的不断完善,人们对法医临床司法鉴定提出的要求越来越高,分类也就越来越细,为了适应司法鉴定实践和司法审判的需求,法医临床司法鉴定的分类方法越来越多,主要包括以下 3 种。

(一)按诉讼时间顺序分类

按照诉讼的时间顺序,分为诉讼前鉴定和诉讼中鉴定。按照《决定》第一条规定的内容,司法鉴定特指在诉讼过程中的鉴定。但在司法实践中,诉讼当事人在诉讼之前具有举证义务,因此,诉讼前鉴定也属于法医临床司法鉴定的一种特殊类型。

(二)按鉴定顺序分类

按照鉴定的顺序,分为初次鉴定、补充鉴定和重新鉴定。

1.初次鉴定　初次鉴定也称第一次鉴定或原始鉴定,是指案(事)件发生后,法医临床鉴定人第一次就所要求解决的专门性问题提供鉴定意见。

2.补充鉴定　补充鉴定是指在初次鉴定的基础上,因鉴定内容有明显遗漏、鉴定意见不完整或者发现新的有鉴定意义的材料,需要对原鉴定予以必要的补充。补充鉴定一般由原鉴定机构及原鉴定人进行。

3.重新鉴定　重新鉴定也称第二次鉴定或再次鉴定,是指案(事)件当事人对初次鉴定存疑,并提出重新鉴定的书面申请。经审查存在以下6种情形之一应予以重新鉴定。

第一,鉴定程序违法或者违反相关专业技术要求。

第二,鉴定机构、鉴定人不具备鉴定资质和条件。

第三,鉴定人故意做出虚假鉴定或者违反回避规定。

第四,鉴定意见依据明显不足。

第五,鉴定材料虚假或者被损坏。

第六,其他应当重新鉴定的情形。

重新鉴定可以在原鉴定的鉴定机构由不同的鉴定人进行,但必须征得案(事)件当事人的书面同意;而在司法鉴定实践中,重新鉴定一般采取在不同的鉴定机构进行。

(三)按委托主体分类

按照委托的主体不同,分为个人委托、企事业单位和社会团体(银行保卫部门、医疗行政管理部门、保险公司、医疗纠纷人民调解委员会等)委托、个人与单位共同委托、国家机关(如公安机关、人民检察院、人民法院、国家安全机关等)委托的鉴定。公安机关鉴定机构不予受理个人委托的鉴定;司法鉴定机构除不予受理损伤程度鉴定、医疗费用合理性审查和医疗纠纷司法鉴定的个人委托外,其他的鉴定,如伤残程度鉴定、护理依赖程度鉴定、"三期"(误工期、护理期、营养期)鉴定等,只要用途合法,均可受理个人委托鉴定。

五、学习法医临床司法鉴定的意义

法医临床司法鉴定在人体损害赔偿案件的司法审判中发挥着重要作

用,同时对司法机关查明案件事实、解决纠纷、维护社会和谐稳定具有重要意义。因此,学习法医临床司法鉴定具有以下意义。

(一)明确法医临床司法鉴定的证据属性

在实施法医临床鉴定活动中,应严格遵守相关的法律规定以及《公安机关鉴定规则》和(或)《司法鉴定程序通则》等规范,同时遵循科学技术的客观规律和相关技术标准、规范和方法,做出的鉴定意见才能具有合法性、关联性、科学性、证明性,在审判活动中才能成为认定案件事实的法定证据,在司法证明中发挥关键性作用。

(二)认识法医临床司法鉴定的服务性质

中国刑事、民事、行政三大诉讼法都明确规定,鉴定工作是诉讼行为的重要一部分,且常常贯穿于案件行为的全部阶段,委托主体、案件双方、鉴定主体等都要共同投入到鉴定过程中,而法医临床司法鉴定就是为达到诉讼目的而提供依据,所以,法医临床鉴定的主要业务特点就在于更高效的为案件服务。如损伤程度鉴定的评估意见,一是为公安机关立案提供依据,二是为检察机关提起公诉提供证据,三是为受害者获得公正的赔偿提供保障,四是为犯罪嫌疑人应当承担法律义务提供客观的证明,五是为审判机关公正裁决提供可量化的技术支撑,确保诉讼目的的实现。

(三)熟悉法医临床司法鉴定的技术标准、规范、方法

法医临床司法鉴定,是指通过鉴定人利用科学技术、技术规范、法律知识、实践经验和职业技能,对司法过程进行科学技术保护的专业性技术,而在司法鉴定实施过程中必须遵循鉴定的技术标准、规范,才能做出科学、客观、公正、准确的鉴定意见。不同的委托鉴定事项,往往按照不同的标准、规则和方式来开展对委托事项的评估,如被鉴定人因事故或受伤而委托开展受伤程度评估,对被鉴定人开展的活体检查时应依照《法医临床检验规范》(SF/Z JD0103003—2011)的方法开展活体检查,对送检医学影像片阅片时需要依照《法医临床影像学检验实施规范》(SF/Z JD0103006—2014)开展阅片,最终则依照《人体损伤致残程度分级》的有关规定提供评估建议。

(四)掌握法医临床司法鉴定的程序

法医临床与司法鉴定的程序主要涉及对鉴定的委托、接受、执行,以及认定文书、鉴定材料的管理以及鉴定工作纪律与责任等方面。法医临床鉴定程序合法性是实现鉴定意见证明功能的重要前提,所谓法医临床司法鉴定工作的程式合法性,是指对鉴定工作的委派、接受、执行,以及鉴定文书的制定等必需遵守《司法鉴定程序通则》和(或)《公安机关鉴定规则》以及《司法鉴定文书规范》等规范。例如,公安鉴定人是否按照《公安鉴定规范》的要求予以回避,或履行鉴定人回避的告知义务,是否按照《公安机关鉴定规则》第三章"鉴定人的回避"第十条至第十五条的规范执行;如司法鉴定机关对未成年人的身体状况经过了检测,是否按照《司法鉴定程序通则》第二十五条"诊断流程中,要求对无民事行为能力人或限制民事行为能力人开展体质检测的,依法告知其指定监督人或近亲到场陪同;必要时,有权告知委派人到场陪同"的相关条款,依法告知其指定监督人到场。这些都是庭审时律师常常提出鉴定程序是否合法的问题。所以,公安机关鉴定部门的鉴定师应当严格执行《公安机关鉴定规则》,而司法鉴定部门的鉴定人则必须严格执行《司法鉴定程序通则》,确保法医临床司法鉴定程序的合法性。

第二节 法医临床司法鉴定的程序

人的生命、健康、身体遭受侵害,造成致伤、致残、致死的后果以及其他损害,可要求赔偿义务人以财产赔偿的方法进行必要的赔偿。为了适应司法机关和公民、组织进行诉讼的需要,保障诉讼活动的顺利进行,人身损害赔偿案件涉及致伤、致残或功能障碍的,常常需要进行法医临床司法鉴定,而进行司法鉴定必须依据相关法律以及鉴定程序,才能确保鉴定程序的合法性,从而充分发挥鉴定意见为诉讼提供证据的作用。

一、法医临床司法鉴定的法律依据

法医临床司法鉴定的鉴定意见作为八种诉讼证据之一,在人身损害案件的诉讼过程中往往发挥着重要的作用,而鉴定意见能否被法官采信,前提条件就是其是否符合相关法律、法规的规定。

(一)《全国人民代表大会常务委员会关于司法鉴定管理问题的决定》

《决定》第一条规定:"司法鉴定是指在诉讼活动中鉴定人运用科学技术或者专门知识对诉讼涉及的专门性问题进行鉴别和判断并提供鉴定意见的

活动。"法医临床鉴定师在民事诉讼活动中的司法机关鉴定管理工作,并不能说明鉴定活动自身就带有司法机关职责,而只是由于鉴定是在司法机关诉讼活动中进行的结果。在法医临床司法鉴定过程中,要利用技术和专业知识做出鉴别和评估的问题很多,但不一定都属于鉴定工作。只有在诉讼活动中,对刑事案件的一些专门性问题做出鉴别和判断的实践活动,才能构成法医临床鉴定。如宋××因车祸严重受伤,而委托司法鉴定组织对其的伤残程度做出了判断,鉴定结论就是十级伤残。宋××为了得到赔偿将交通事故肇事者及保险公司起诉至人民法院,将司法鉴定意见书作为证据之一递交人民法院,则司法鉴定机构受理宋××的委托进行伤残程度的法医临床鉴定,属于诉讼前鉴定,不属于司法鉴定。

(二)《中华人民共和国刑事诉讼法》(以下简称《刑诉法》)

《刑诉法》第一百四十六条规定:"为了查明案情,需要解决案件中某些专门性问题的时候,应当指派、聘请有专门知识的人进行鉴定。"鉴定意见属于《刑诉法》八大证据之一,可以用于证明案件事实的证据,但必须经过查证属实,才能作为定案的根据。如故意伤害案件,公安机关派出所委托××公安局物证鉴定室进行损伤程度鉴定,或者公安局(分局)委托××司法鉴定机构进行损伤程度鉴定,公安局物证鉴定室出具鉴定书或司法鉴定机构出具鉴定意见书,而鉴定意见书是否起到证据的作用,常常需通过庭审质证,即鉴定人出庭作证。

(三)《中华人民共和国民事诉讼法》(以下简称《民诉法》)

《民诉法》第七十六条:"当事人可以就查明事实的专门性问题向人民法院申请鉴定。当事人申请鉴定的,由双方当事人协商确定具备资格的鉴定人;协商不成的,由人民法院指定。当事人未申请鉴定,人民法院对专门性问题认为需要鉴定的,应当委托具备资格的鉴定人进行鉴定。"在法医临床司法鉴定实践中,就专门性问题常常需要由人民法院委托司法鉴定机构进行鉴定。因此,民事诉讼案件的委托主体主要是人民法院。

(四)《公安机关鉴定规则》

公安机关鉴定机构开展法医临床鉴定活动必须严格按照《公安机关鉴定规则》(公通字〔2017〕6号,自2017年2月16日起施行)进行。《公安机关鉴定规则》分总则、鉴定人的权利与义务、鉴定人的回避、鉴定的委托、鉴定的受理、鉴定的实施、补充鉴定和重新鉴定、鉴定文书、鉴定资料和检材样本的管理、出庭作证、鉴定工作纪律与责任、附则,共 12 章 60 条。

二、法医临床司法鉴定的流程

法医临床司法鉴定的程序规范,是鉴定意见发挥证据法律效力的前提条件,也是立法追求程序公正的本意所在。为规范法医临床司法鉴定工作,保证鉴定质量,维护司法公正,法医临床司法鉴定工作必须严格按照鉴定流程进行。

(一)鉴定材料审查

鉴定材料是指存在于各种载体上与鉴定事项有关的各种记录或者信息。病历资料是法医临床司法鉴定最重要的鉴定材料和依据。鉴定人应针对委托鉴定事项、损伤部位及性质、诊疗经过等,全面、完整地收集相关鉴定材料,特别是首诊病历、入院记录、手术记录、病理切片、影像片、电生理检查原始记录等。案件受理人将委托人送审的鉴定材料交由法医临床鉴定人进行审查,主要审查鉴定材料是否符合委托鉴定事项的要求(符合性)、是否满足委托鉴定事项的要求(充分性)、是否与委托事项存在必然的联系(关联性),并在鉴定材料流转记录表鉴定人评审栏做出是否受理的意见。

1.审查的内容　法医临床鉴定人对鉴定材料进行审查的内容主要包括以下 7 点。

第一,委托事项是否为本机构法医临床司法鉴定的业务范围。

第二,鉴定材料的真实性、完整性、充分性或者取得方式的合法性。

第三,鉴定事项的用途合法性或者是否违背社会公德。

第四,鉴定要求是否符合法医临床司法鉴定的执业规则或者相关鉴定技术规范。

第五,本机构的技术条件和鉴定能力是否能满足鉴定要求。

第六,鉴定委托是否符合本机构进行重新鉴定的要求。

第七,是否存在不符合相关法律、法规、规章规定的情形。

2.审查意见的表述方式

第一,送检材料能满足鉴定的要求,可以受理。

第二,送检材料不能满足鉴定的要求,需要补充鉴定材料,并列出详细清单,待收到补充鉴定材料后;鉴定人再做出是否受理的审查意见。

第三,鉴定材料不能补齐或不能满足鉴定要求,抑或超出鉴定范围、不能完成鉴定委托事项的,则做出不予受理,建议退案的审查意见。

第四,如发现以下 7 种情形之一,则做出不予受理或终止鉴定的审查意见。①委托事项超出本鉴定机构闻法鉴定业务范围的;②鉴定材料不真实、不完整、不充分或者取得方式不合法的;③鉴定事项的用途不合法或者违背社会公德的;④鉴定要求不符合司法鉴定执业规则或者相关鉴定技术规范的;⑤鉴定要求超出本机构技术条件和鉴定能力的;⑥不符合本机构可以接受委托进行重新鉴定的;⑦其他不符合法律、法规、规章规定情形的。

法医临床鉴定人向所在鉴定机构做出不予受理或终止鉴定的审查意见,由鉴定机构向委托人说明理由(或出具书面说明),并退还鉴定材料。

(二)鉴定委托的受理

鉴定机构采取统一受理的方式受理鉴定委托。法医临床鉴定人对送检材料进行审查,对属于本机构法医临床司法鉴定业务范围,委托事项的用途及鉴定要求合法,提供的鉴定材料真实、完整、充分的,做出受理意见,由鉴定机构与委托人在协商一致的基础上签订司法鉴定委托书。案件受理人须履行鉴定风险等必要的告知义务,并由委托人做出“提供鉴定材料的真实性、合法性由委托人负责”的书面声明(表 1-2)。

1.签订司法鉴定委托书 司法鉴定机构按照司法鉴定委托书的格式将相应内容填写清楚,属于单位委托的必须在委托人(机构)栏加盖公章。

2.鉴定风险的告知 法医临床鉴定人通过对鉴定材料审查,做出受理的意见后,应由案件受理人对委托人履行风险告知义务。

案件受理人对委托人履行上述内容告知义务后,要求委托人做出“以上内容已知悉,无异议”的文字表达,并在“被告知人签名”处签名确认,填写落款日期。

表 1-2　送检材料的声明

关于××案件鉴定材料的真实性、合法性声明

项目	内容
委托人	
送检人	证件名称及号码
委托事项	
鉴定材料	1. 2. 3. 4. …… 上述鉴定材料由委托人提供,鉴定材料的真实性、合法性由委托人负责。 签名(盖章): 年　月　日

（三）活体检查

鉴定机构将接收委托人的鉴定材料移交法医临床司法鉴定人,鉴定人接收移交的鉴定材料并进行清点,在鉴定材料流转记录表中签名确认,根据鉴定工作的时间安排,由案件受理人通知(或书面通知)约定被鉴定人何时到法医临床检查室进行活体检查,在检查之前鉴定人应熟悉鉴定材料,明确检查的重点以及必要的阴性结果,检查时力求全面、细致并采用实时记录,检查结束后,检查人、记录人、被鉴定人、在场见证人在法医临床检查记录表(见表 1-3)相应人员栏签名。

表 1-3　法医临床检查记录表

××司鉴中心(所)〔 〕临鉴字第　号

被鉴定人姓名		性别		民族		检查地点	
身份证号码						检查日期	年 月 日 时 分

检验仪器	□游标卡尺(2019FL-01)　□软尺(2019FL-02)　□量角器(2019FL-08) □关节测量器(2019FL-09)　□其他:

□被鉴定人自诉　□家属代述:

神志:□清楚　□嗜睡　□模糊　□昏迷

步态:□正常　□跛行　□跨阈

体位:□被动　□自由

问答:□切题　□部分　□答非所问

合作:□配合　□不能配合

其他:

医学影像片＿＿＿＿＿张。

查体记录:

被鉴定人姓名:

检查(骨、关节损伤)被动活动□/(肌腱、周围神经损伤)主动活动□

颈部活动 度测量	前屈(45°)		后伸(45°)		左屈(45°)	
	右屈(45°)		左旋(80°)		右旋(80°)	
腰部活动 度检测	前屈(90°)		后伸(30°)		左屈(30°)	
	右屈(30°)		左旋(30°)		右旋(30°)	

续表 1-3

上肢活动度测量						
肩关节	前屈上举（170°）	左	右	后伸（45°）	左	右
	外展上举（180°）	左	右	内收（40°）	左	右
	水平位内旋（90°）	左	右	水平位外旋（80°）	左	右
	贴臂位内旋（70°）	左	右	贴臂位外旋（60°）	左	右
肘关节	屈曲（150°）	左	右	伸展（0°）	左	右
前臂	旋前（90°）	左	右	旋后（90°）	左	右
腕关节	掌屈（60°）	左	右	背伸（60°）	左	右
	桡偏（30°）	左	右	尺偏（40°）	左	右
下肢活动度测量						
髋关节	前屈（140°）	左	右	伸展（15°）	左	右
	外展（45°）	左	右	内收（30°）	左	右
	内旋（50°）	左	右	外旋（40°）	左	右
膝关节	屈曲（150°）	左	右	伸展（0°）	左	右
踝关节	背屈（30°）	左	右	跖屈（50°）	左	右
检查人		被鉴定人签名	年　月　日			
记录人		在场人员签名		与被鉴定人的关系		

(四)辅助检查

法医临床司法鉴定人通过查阅鉴定材料,结合法医临床活体检查,大多数案件一般都能得出明确的鉴定意见。但是有些案件存在损伤基础与被鉴定人的自诉情况或活体检查的体征不相符,必须依靠客观的检查来进行确认。如纯音听阈明显下降,则需要进行听觉诱发电位等客观听力测定,来辨别是否存在伪聋;肌力下降,需要进行神经肌电图或体感诱发电位检查,来确定是否存在周围神经或中枢神经损伤等。

三、制作鉴定意见书

鉴定意见是属于《刑诉法》《民诉法》所规定的证据之一,经过查证属实,可作为定案的根据。法医临床鉴定人应当充分利用自己的专业知识和实践经验,依据鉴定材料及案件事实,以相关的鉴定技术标准、规范及方法为依据,坚持实事求是的鉴定原则,在客观公正的基础上,针对鉴定委托事项进行科学、合理的分析说明,做出科学、客观、公正、准确的鉴定意见,并按照鉴定文书规范制作鉴定文书。

公安机关鉴定机构按照公安部 2017 年 2 月 16 日下发施行的《公安机关鉴定规则》附件《鉴定文书》封面式样、《鉴定书》通用式样制作鉴定文书;司法鉴定机构按照《司法部关于印发司法鉴定文书格式的通知》(司发通〔2016〕112 号)规定的《司法鉴定意见书》式样制作鉴定意见书。

(一)公安机关鉴定机构鉴定书制作

1.封面

(1)内容包括鉴定文书名称、鉴定机构全称。

(2)制作要求鉴定文书名称字体为黑体初号居中,位于封面上 1/4;鉴定机构全称字体为宋体 2 号加粗居中,位于封面下部。

2.封面的背面

(1)标注本鉴定机构声明:声明的内容包括以下 3 点 。①本鉴定文书的鉴定意见仅对受理的检材和样本有效;②如对本鉴定文书的鉴定意见有异议或者疑问,请与本鉴定机构联系;③未经本鉴定机构的书面同意,任何单位或者个人不得部分复印本鉴定文书(全部复印除外)。

(2)制作要求 :"本鉴定机构声明"字体为黑体小 3 号,顶格;声明内容字体为仿宋（GB2312）小 3 号，段首空两格。

　　3.鉴定书正文　　鉴定书正文如图 1-1。

（鉴定机构全称）

鉴定书

编号：(加盖鉴定专用章)

一、绪论

二、检验

三、论证

四、鉴定意见

五、附件

鉴定人：专业技术资格或者职称　×××(签字)

专业技术资格或者职称　×××(签字)

授权签字人：专业技术资格或者职称　×××(签字)

年　月　日
(加盖鉴定专用章)

页　共　页

图 1-1　鉴定书正文

4.鉴定书附件

鉴定书附件如图 1-2。

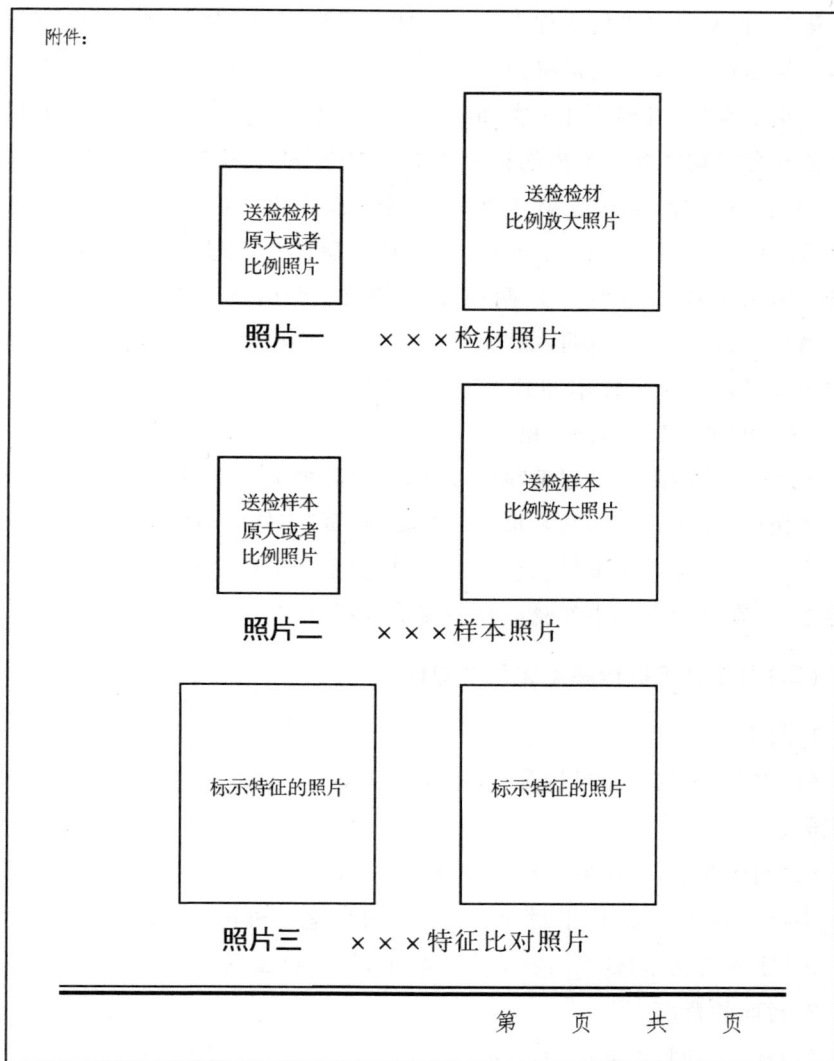

图 1-2 鉴定书附件

5.公安机关鉴定机构鉴定书正文及附件制作要求

第一,统一使用 A4 纸单面打印。

第二,正文鉴定机构全称字体为宋体 2 号加粗,居中。"鉴定书"字体为宋体 2 号加粗,居中。鉴定机构全称与鉴定书之间加宽 4.5 磅上粗下细双横线。鉴定书编号:机构简称＋类别＋年代号＋鉴定编号,如南宁市公安局青秀区公安分局物证鉴定室损伤程度鉴定 2019 年第 1 号鉴定书的编号为"青公(刑)鉴(损)字〔2019〕第 1 号",位于"鉴定书"下一行,字体为仿宋(GB2312)4 号右对齐。正文一级标题字体为黑体小 3 号,段首空两格,文内字体为仿宋(GB2312)小 3 号,两端对齐,段首空两格,行间距为 1.5 倍。

第三,附件。照片说明:如"照片一 ×××检材照片","照片一"字体为黑体小 3 号,"×××样本照片"字体为仿宋(GB2312)小 3 号,"照片一"与"×××检材照片"之间空 2 格。

第四,正文与附件一起编写连续页码,页脚加上细下粗宽 4.5 磅双横线,在右下角标注"第×页×共×页","第 页 共 页"字体为仿宋(GB2312)4 号。

第五,在鉴定文书编号、成文日期上加盖鉴定专用章,对于包含 2 页以上的鉴定书,在页面右侧中部骑缝加盖鉴定专用章,鉴定专用章印文为红色。

(二)司法鉴定机构鉴定意见书制作

1.封面

(1)内容:司法鉴定机构全称、鉴定文书名称,司法鉴定机构统一社会信用代码。

(2)制作要求:司法鉴定机构全称、鉴定文书名称各占一行居中,字体为方正小标宋简体 2 号,位于封面上 1/4;"司法鉴定机构统一社会信用代码:×××"字体为仿宋(GB2312)小 4 号居中,位于封面下部倒数第 3 行。

2.封面的背面

(1)标注声明:声明的内容包括以下几点。①司法鉴定机构和司法鉴定人根据法律、法规和规章的规定,按照鉴定的科学规律和技术操作规范,依法独立、客观、公正进行鉴定并出具鉴定意见,不受任何个人或者组织的非法干预;②司法鉴定意见书是否作为定案或者认定事实的根据,取决于办案机关的审查判断,司法鉴定机构和司法鉴定人无权干涉;③使用司法鉴定意见书,应当保持其完整性和严肃性;④鉴定意见属于鉴定人的专业意见。当事人对鉴定意见有异议,应当通过庭审质证或者申请重新鉴定、补充鉴定等方式解决。

(2)标注机构地址：××省××市××路××号(邮政编码：××××××)。

(3)标注联系电话：×××××—×××××××××。

(4)制作要求：页边距为上边距 2.5 cm，左、右、下边距 2 cm；“声明”字体为方正小标宋简体 2 号居中，“声明”两字之间空 2 格，位于第 3 行；声明内容字体为仿宋(GB2312)小 4 号，段首空两格。“机构地址：”“联系电话：”字体为仿宋(GB2312)小 4 号，顶格，位于下端；“邮政编码：”字体为仿宋(GB2312)小 4 号，位于机构地址的后面，带小括号。

3. 鉴定意见书正文　司法鉴定意见书正文如图 1-3。

×××司法鉴定中心（所）

司法鉴定意见书

编号：（加盖司法鉴定专用章）

一、基本情况

二、基本案情

三、资料摘要

四、鉴定过程

五、分析说明

六、鉴定意见

七、附件

司法鉴定人签名：（打印文本和亲笔签名）

《司鉴定人执业证》证号：

司法鉴定人签名：（打印文本和亲笔签名）

《司鉴定人执业证》证号：

年　月　日

（加盖鉴定专用章）

第　页　共　页

图 1-3　司法鉴定意见书正文

4.司法鉴定意见书正文制作要求

(1)打印要求:应使用 A4 纸单面打印。

(2)页边距:上边距 2.5 cm,左、右、下边距 2 cm。"声明"字体为方正小标宋简体 2 号居中,"声明"两字之间空 2 格,位于第 3 行;声明内容字体为仿宋(GB2312)小 4 号,段首空两格。正文"×××司法鉴定中心(所)""司法鉴定意见书"各占一行居中,字体为方正小标宋简体 2 号;鉴定意见书编号:司法鉴定机构简称+年代号+类别+序号,如广西公众司法鉴定中心 2019 年法医临床司法鉴定第 1 号,编号为"桂公众司鉴中心〔2019〕临鉴字第 1 号",字体为宋体 5 号右对齐,与"司法鉴定意见书"间隔一行;正文一级标题字体为黑体 3 号,段首空 2 格;二级标题字体为黑体 4 号,空 2 格;文内字体为仿宋(GB2312)4 号,两端对齐,段首空 2 格,行间距为 1.5 倍。

(3)正文要求:编著页码,页脚上加宽 1.5 磅单横线,位于右下角标注"第页×共×页",字体为仿宋(GB2312)小 4 号。

(4)加盖鉴定专用章:在鉴定意见书编号、成文落款日期上加盖鉴定专用章,对于包含 2 页以上的司法鉴定意见书,在页面右侧中部骑缝加盖鉴定专用章,鉴定专用章印文为红色。

5.司法鉴定意见书附件

(1)内容包括:司法鉴定意见书附件编号、页码、照片说明、制作人、制作日期、审核人。

(2)附件制作要求:①应使用 A4 相片纸单面打印;②照片说明,如"照片 1 ×××正面照",位于照片下间隔一行,字体为仿宋(GB2312)小 3 号居中,每页宜编排 2～3 张照片,照片大小高度 6～8 cm,宽度 6～8 cm;③页眉左侧标注司法鉴定意见书附件编号,如"附件:桂公众司鉴中心〔2019〕临鉴字第 1 号照片",右侧标注"第×页×共×页",附件与正文分别编著页码,字体为宋体小 4 号,页眉下加宽 1.5 磅单横线;④页脚标注"制作人:×××制作日期:××××-××-××审核人:×××",字体为宋体小 4 号,页脚上加单黑线;⑤在附件鉴定意见书编号加盖鉴定专用章,对于包含 2 页以上的附件,在页面右侧中部骑缝加盖鉴定专用章,鉴定专用章印文为红色。

6.附件样式　司法鉴定意见书附件样式见图1-4。

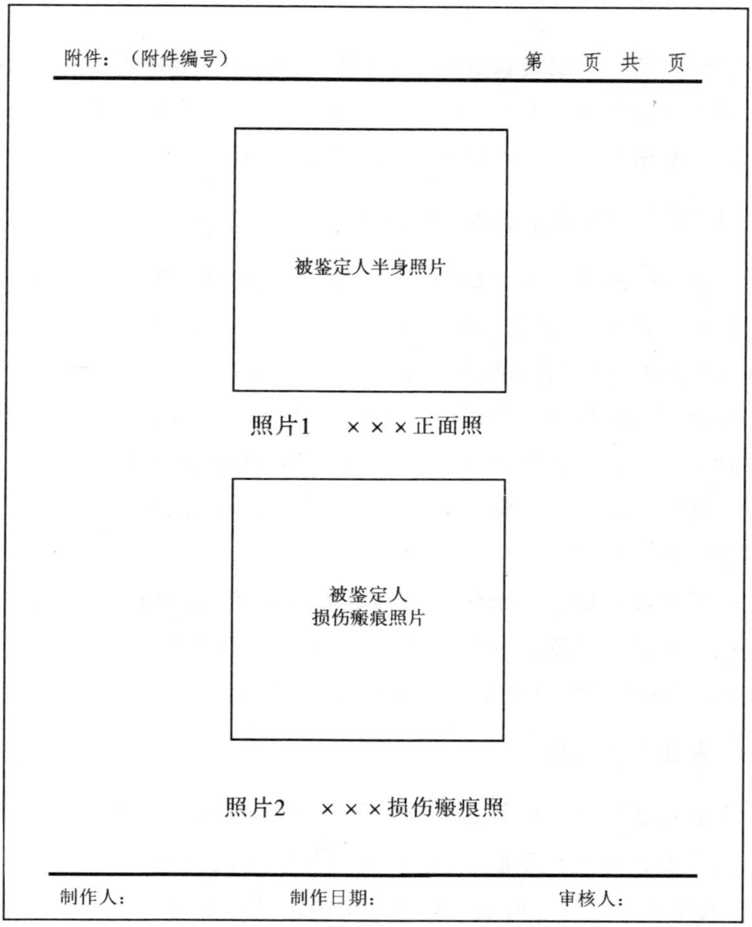

附件：（附件编号）　　　　　　　　　　　　　第　页　共　页

被鉴定人半身照片

照片1　　×××正面照

被鉴定人
损伤瘢痕照片

照片2　　×××损伤瘢痕照

制作人：　　　　　　制作日期：　　　　　　审核人：

图 1-4　司法鉴定意见书附件样式

第三节　法医临床司法鉴定常用活体检查方法

活体检查在法医临床司法鉴定中是非常重要的环节,作为司法鉴定人必须坚持"亲见伤者,规范检查"的鉴定原则,按照《法医临床检验规范》（RB/T 192—2015)或《法医临床检验规范》（SF/Z JD0103003—2011)对被鉴定人进行活体检查。常用的活体检查方法主要有以下几种。

一、软尺测量法

测量所用软尺一般为长 2 m,测量最低刻度为 1 mm 的皮卷尺(或塑料软尺),经计量检测部门检定,获得检定证书。测量采取实时记录,单位为厘米(cm),数值保留小数点后 1 位;如测量值为 15 cm,应记录为 15.0 cm。

(一)体表创口或瘢痕长度、宽度测量

1.创口长度测量 从一创角至另一创角的距离,测量哆开创口宜将两侧创缘捏拢后再测量,避免因创口哆开致长度缩短,如为弯曲或不规则的创应沿着其弯曲度或分别测量。

2.缝合创长度测量 创口测量关键在于找出创口和划伤的交界点,但交界点有时既不是缝针处,也不是损伤起点,在法医临床鉴定实践中一般测量第 1 针缝线至最后 1 针缝线的距离。缝合创长度难以确定时,可待瘢痕形成后测量瘢痕的长度。

3.瘢痕长度测量 从瘢痕的一端沿着瘢痕走向至瘢痕终止点的距离;瘢痕宽度测量应分别测量最窄处、最宽处及中间处的宽度。

注意事项:面部瘢痕涉及容貌毁损的宜在受伤 6 个月后进行测量。

(二)肢体长度测量

1.上肢长度测量 被鉴定人脱去上身衣服,站立位双上肢自然下垂,或平躺床上双上肢自然置于躯干两侧,测量从肩峰过肘横纹桡侧至桡骨茎突的距离,或测量从肩峰过肘横纹桡侧至中指末端的距离。

2.下肢长度测量 被鉴定人脱去裤子,仅穿内裤平躺床上,双下肢与躯干平直,测量从脐中点过髌骨中点至内踝尖的距离,或测量从髂前上棘过髌骨中点至内踝尖的距离。

3.肢体残端长度测量 上臂部分以远缺损的残端长度测量从肩峰至残端的距离,并同时测量健侧肢体肩峰至肘尖的距离;而前臂部分,以远缺损的残端长度测量从肘尖至残端的距离,并同时测量健侧肢体肘尖至桡骨柄突的距离;大腿部分以远缺损的残端长度测量从髂前上棘至残端的距离,同时测量健侧肢体髂前上棘至中髌骨中点的距离;小腿部分以远缺损的残端长度测量从髂前上棘至残端的距离,同时测量健侧肢体髂前上棘至内踝尖的距离,或测量从髌骨中点或下缘至残端的距离,同时测量从健侧肢体髌骨

中心或下缘至内踝尖的距离。

注意事项:寒冷天气,检查室必须开启暖气,以免被鉴定人因脱去衣服而受凉;伤肢与健肢应放在相同对称的位置;测量两侧肢体的参照点必须一致,如被鉴定人右侧胫腓骨粉碎性骨折并内踝骨折,内踝骨折实施克氏针内固定,内踝尖触摸不清,可采取测量从髂前上棘过髌骨中点至外踝尖的距离,或至足底的距离。

(三)肢体周径测量

1.上肢周径测量 被鉴定人脱去上身衣服,站立位双上肢自然下垂,或平躺床上双上肢自然置于躯干两侧,测量上臂周径从肩峰下 10～15 cm 处平面测量,测量前臂周径从肘尖下 10～15 cm 处平面测量。

2.下肢周径测量 被鉴定人脱去裤子,仅穿内裤平躺床上,双下肢与躯干平直,测量大腿周径从髂前上棘下 20 cm 处平面测量,或髌骨上缘上 10 cm 处平面测量;测量小腿周径内踝尖上 15 cm 处平面测量,或髌骨下缘下 15 cm 处平面测量。

注意事项:伤肢与健肢应放在相同对称的位置,测量两侧肢体的参照点必须一致。

二、关节活动度测量法

测量关节活动度宜用测量范围为 180°、最低刻度为 1°的不锈钢制关节量角器,经计量检测部门检定,获得检定证书。测量采用实时记录,单位为"°"(度),数值保留整数;如测量左膝关节屈曲活动度数值为 100 度,应记录为"100°"。骨关节损伤应测量关节被动活动度;周围神经损伤、韧带损伤应测量对应关节主动活动度;对于损伤程度鉴定采取查表法计算关节功能丧失的适用于骨关节损伤合并周围神经损伤者,应测量关节被动活动度。测量肩关节、肘关节、髋关节、膝关节活动度时应脱去衣裤,测量腕关节活动度时应脱去手套,测量踝关节活动度时应脱去袜子,以免影响关节活动,造成测量数值不准确。两侧关节活动度一定要在相同的体位测量。小关节量角器适用于手指、足趾活动度,大关节量角器适用于测量六大关节及颈部、腰部活动度。

1.肩关节活动度测量

（1）前屈上举测量法。正常值：150°~170°。体位：去枕仰卧位或坐位双肩胛骨紧贴背靠椅。测量方法：量角器轴心位于肩峰外下方 2.5 cm 处，固定臂平行于躯干腋中线，活动臂与肱骨外上髁呈直线（固定臂与活动臂位置可互换，不影响测量结果，后同），上臂贴于躯干，前臂伸直，掌心向前，矢状面测量上臂向上活动（此时掌心向后）。注意：避免弯腰弓背、转体、上臂外展。

（2）后伸测量法。正常值：40°~45°。体位：去枕俯卧位或坐位双肩胛骨紧贴背靠椅。测量方法：量角器轴心位于肱骨大结节处，固定臂平行于躯干腋中线，活动臂与肱骨外上髁呈直线，上臂贴于躯干，前臂伸直，掌心向前，矢状面测量上臂向后活动。注意：避免弯腰弓背、转体、上臂外展。

（3）外展测量法。正常值：160°~180°。体位：去枕仰卧位或坐位双肩胛骨紧贴背靠椅。测量方法：量角器轴心位于肩胛盂后缘中点（前侧为肱骨大结节前凸点），固定臂平行于躯干腋后线（前侧为腋前线），活动臂平行于肱骨外上髁，上臂贴于躯干，掌心向内，前臂伸直，垂直面测量上臂向上活动。注意：避免弯腰弓背、转体。

（4）内收测量法 。正常值：20°~40°。体位：去枕仰卧位或坐位双肩胛骨紧贴背靠椅。测量方法：量角器轴心位于关节侧方肩峰下方，固定臂垂直于躯干，活动臂平行于肱骨外上髁，掌心向前，前臂伸直，矢状面呈 45°，水平面 45°角测量上臂向内活动。注意：避免弯腰弓背、转体、前臂屈曲。

（5）水平位内旋测量法。正常值：70°~80°。体位：去枕仰卧位，肩关节紧贴床面，上臂外展 90°，肘关节屈曲 90°，肘尖位于床沿，掌心向下。测量方法：量角器轴心位于肘尖，固定臂垂直于地面，活动臂置于前臂中线，矢状面测量前臂向下活动。注意：肩关节不能抬离床面。

（6）水平位外旋测量法。正常值 70°~90°。体位：去枕仰卧位，肩关节紧贴床面，上臂外展 90°，肘关节屈曲 90°，肘尖位于床沿，掌心向上。测量方法：量角器轴心位于肘尖，固定臂垂直于地面，活动臂置于前臂中线，矢状面测量前臂向上活动。注意：肩关节不能抬离床面。

（7）贴臂位内旋测量法 贴臂位内旋适用于外展未达到 90°时，代替水平位内旋的活动度。正常值：45°~70°。体位：去枕仰卧位或坐位双肩胛骨紧贴背靠椅，上臂紧贴躯干，前臂屈肘 90°。测量方法：量角器轴心位于肘尖，固定臂与躯干垂直，活动臂紧贴前臂中线，水平面测量前臂向内活动。注意：

避免上臂外展、转体。

(8)贴臂位外旋测量法 贴臂位外旋适用于外展未达到 90°时,代替水平位外旋的活动度。正常值:45°~60°。体位:去枕仰卧位或坐位双肩胛骨紧贴背靠椅,上臂紧贴躯干,前臂屈肘 90°。测量方法:量角器轴心位于肘尖,固定臂与躯干垂直,活动臂紧贴前臂中线,水平面测量前臂向外活动,注意:避免上臂外展、转体。

2.肘关节活动度测量

体位:坐位或站立位,肘关节伸直,掌心向前。

(1)肘关节屈曲测量法。正常值:135°~150°。测量方法:量角器轴心位于肱骨外上髁,固定臂紧贴肱骨大结节外侧隆起点与肱骨外上髁呈直线,活动臂紧贴肱骨外上髁与桡骨茎突呈直线,矢状面测量前臂向上屈曲活动。

(2)肘关节伸展测量法。正常值:0°~10°。测量方法:肘关节伸直位,掌心向前,量角器轴心位于肱骨外上髁,固定臂紧贴肱骨大结节外侧隆起点与肱骨外上髁呈直线,活动臂紧贴肱骨外上髁与桡骨茎突呈直线,矢状面测量前臂向下伸展活动。

注意:肘关节伸直未达 0°,记录为"-",如伸直仍差 20°才到 0°,则记录为-20%;肘关节伸直超过 0°记录为"+",如伸直超过 0°达 10°则记录为+10°或10°计算时注意中立位为肘关节屈曲 90°。

3.前臂旋转活动度测量 体位:坐位或站立位,上臂贴于躯干,屈肘90°,腕关节伸直 0°,手握一直尺(或铅笔),虎口向上,掌心向内,使直尺(或铅笔)垂直。

(1)前臂旋前测量法。正常值:80°~90°。测量方法:量角器轴心位于中指近节中点,固定臂位于垂直位,活动臂平行于所握直尺(或铅笔),额状面测量前臂向内旋转活动,此时掌心向下。

(2)前臂旋后测量法。正常值:80°~90°。测量方法:量角器轴心位于中指近节中点,固定臂位于垂直位,活动臂平行于所握直尺(或铅笔),额状面测量前臂向外旋转活动,此时掌心向上。注意:避免肘关节离开躯干,腕关节旋转。

4.腕关节活动度测量 体位:坐位,肘关节屈曲,前臂前侧贴紧桌面,掌心向下。

(1)腕关节掌屈测量法。正常值:50°~60°。测量方法:腕关节伸出桌面的外侧,量角器轴心位于豌豆骨外侧,固定臂紧贴前臂尺侧中线,活动臂紧贴第五掌骨远侧正中,矢状面测量手掌屈曲活动。注意:避免腕关节尺偏、桡偏。

(2)腕关节背伸测量。正常值:50°-60°。测量方法:屈肘前臂前侧贴紧桌面的边缘,量角器轴心位于豌豆骨外侧,固定臂紧贴前臂尺侧中线,活动臂紧贴第五掌骨远侧正中,矢状面测量手掌背伸活动。注意:避免腕关节尺偏、桡偏。

(3)腕关节桡偏测量法。正常值:25°-30°。测量方法:屈肘前臂前侧、掌心贴紧桌面,量角器轴心位于腕关节背侧中点,固定臂平行于前臂中线,活动臂紧贴第三掌骨远端,水平位测量手掌桡偏活动。

(4)腕关节尺偏测量法。正常值:30°-40°。测量方法:屈肘前臂前侧、掌心贴紧桌面,量角器轴心位于腕关节背侧中点,固定臂平行于前臂中线,活动臂紧贴第三掌骨远端,水平位测量手掌尺偏活动。

5.髋关节活动度测量

(1)髋关节前屈测量法。正常值:130°-140°。体位:仰卧位屈膝。测量方法:量角器轴心位于股骨大转子外侧,固定臂为过股骨大转子的水平线,活动臂过股骨大转子与股骨外上髁呈直线,矢状面测量大腿屈向腹部的活动。注意:避免大腿外展、内收。

(2)髋关节后伸测量法。正常值:10°-15°。体位:俯卧位膝关节伸直。测量方量角器轴心位于股骨大转子外侧,固定臂为过股骨大转子的水平线,活动臂过股骨大转子与股骨外上髁呈直线,矢状面测量大腿向后伸展的活动。注意:两侧髂前上棘紧贴床面,避免大腿外展、内收。

(3)髋关节外展测量法。正常值:30°-45°。体位:仰卧位。测量方法:量角器轴心位于髂前上棘,固定臂平行于躯干(或两侧髂前上棘连线),活动臂紧贴髂前上棘与髌骨中点呈直线,水平面测量下肢外展的活动。注意:两侧髂后上棘紧贴床面,避免躯干侧弯。

(4)髋关节内收测量法。正常值:20°-30°。体位:仰卧位。测量方法:量角器轴心位于髂前上棘,固定臂平行于躯干(或两侧髂前上棘连线),活动臂紧贴髂前上棘与髌骨中点呈直线,水平面测量下肢内收的活动。注意:对侧下肢屈膝抬起或交叉置于测量下肢的外侧,两侧髂后上棘紧贴床面,避免躯干侧弯。

（5）髋关节外旋测量法。正常值：40°-50°。

1）方法一。体位：仰卧位，髋关节屈曲90°，膝关节屈曲90°。测量方法：量角器轴心位于髌骨中点，固定臂平行于躯干，活动臂紧贴髌骨中点与胫骨前缘呈直线，水平面测量小腿向内收的活动。注意：两侧髂后上棘紧贴床面，避免躯干侧弯；

2）方法二：体位：坐位，两侧膝关节垂于床边。测量方法：量角器轴心位于髌骨中点，固定臂垂直于床面，活动臂紧贴髌骨中点与胫骨前缘呈直线，额状面测量小腿向内收的活动。注意：臀部紧贴床面，膝关节屈曲90°避免大腿外展。

（6）髋关节内旋测量法。正常值：30°-40°。

1）方法一。体位：仰卧位，髋关节屈曲90°，膝关节屈曲90°。测量方法：量角器轴心位于髌骨中点，固定臂平行于躯干，活动臂紧贴髌骨中点与胫骨前缘呈直线，水平面测量小腿向外展的活动。注意：两侧髂后上棘紧贴床面，避免躯干侧弯。

2）方法二。体位：坐位，两侧膝关节垂于床边。测量方法：量角器轴心位于髌骨中点，固定臂垂直于床面，活动臂紧贴髌骨中点与胫骨前缘呈直线，额状面测量小腿向外展的活动。注意：臀部紧贴床面，膝关节屈曲90°，避免大腿外展。

6.膝关节活动度

（1）膝关节屈曲测量法。正常值：120°-150°。体位：仰卧位，大腿屈曲。测量方法：量角器轴心位于股骨外上髁，固定臂紧贴股骨外上髁与股骨大转子呈直线，活动臂紧贴腓骨小头与外踝尖呈直线，矢状面测量小腿屈曲的活动。注意：不宜采取俯卧位来测量膝关节屈曲，髋关节处于伸直位时股四头肌、股二头肌不在松弛状态，会影响膝关节的屈曲活动度。

（2）膝关节伸直测量法。正常值：0°-10°。体位：仰卧位。测量方法：量角器轴心位于股骨外上髁，固定臂紧贴股骨外上髁与股骨大转子呈直线，活动臂紧贴腓骨小头与外踝尖呈直线，矢状面测量小腿伸直的活动。注意：膝关节伸直未达0°，记录为"一"，如伸直仍差30°才到0°，则记录为-30°；膝关节伸直超过0°，记录为"＋"，如伸直超过0°达15°，则记录为＋15°或15°。

7.踝关节活动度

（1）踝关节背屈测量法。正常值：20°-30°。体位：仰卧位或坐位，屈膝

90°。测量方法:量角器轴心位于外踝尖垂直线与足外侧缘的交点,固定臂过外踝尖与腓骨小头呈直线,活动臂平行于第五跖骨远端,矢状面测量足部向上屈曲的活动。

注意:不宜在膝关节处于伸直位时测量踝关节的背侧活动度,膝关节处于伸直位时腓肠肌不在松弛状态,会影响踝关节的背屈活动度。

(2)踝关节跖屈测量法。正常值:40°~50°。体位:仰卧位或坐位,屈膝90°。测量方法:量角器轴心位于外踝尖垂直线与足外侧缘的交点,固定臂过外踝尖与腓骨小头呈直线,活动臂平行于第五跖骨远端,矢状面测量足部向下跖屈的活动。

8.手指关节活动度　在法医临床司法鉴定实践中,需要测量手指各关节屈曲的活动度。

(1)拇指关节活动度测量法 。①掌指关节屈曲正常值:60°~90°。测量方法:量角器轴心位于第一掌指关节背侧的中点,固定臂紧贴第一掌骨中线背侧,活动臂紧贴近节指骨中线背侧。②指间关节屈曲正常值:60°~80°。测量方法:量角器轴心位于指间关节背侧的中点,固定臂紧贴近节指骨中线背侧,活动臂紧贴远节指骨中线背侧。

(2)示指(第二指)、中指(第三指)、环指(第四指)、小指(第五指)关节活动度测量法 。①掌指关节屈曲正常值:90°。测量方法:量角器轴心位于对应掌指关节背侧的中点,固定臂紧贴对应掌骨背侧中线,活动臂紧贴对应近节指骨背侧中线。②指间关节屈曲正常值:100°(近侧指间关节)、70°(远侧指间关节)。测量方法:量角器轴心位于对应指间关节背面,固定臂紧贴对应近节(或中节)指骨背侧中线,活动臂紧贴对应中节(或远节)指骨背侧中线。

9.足趾关节活动度　在法医临床司法鉴定实践中,拇趾需测量跖趾关节背伸活动(占一拇趾功能60%),趾间关节跖屈活动(占一拇趾功能40%),其余第二至第五趾只需测量跖趾关节背伸活动。

(1)拇趾关节活动度测量法。①跖趾关节正常值:30°。体位:仰卧位或坐位。测量方法:量角器轴心位于拇趾跖趾关节内侧中点,固定臂紧贴第一跖骨中线内侧,活动臂紧贴拇趾近节趾骨中线内侧,矢状面测量拇趾背伸的活动;②趾间关节正常值:20°。体位:仰卧位或坐位。测量方法:量角器轴心位于拇趾趾间关节背侧中点,固定臂紧贴拇趾近节趾骨中线背侧,活动臂紧贴拇趾远节趾骨中线背侧,矢状面测量拇趾趾间关节跖屈的活动。

(2)第二至第五趾关节活动度测量法 。跖趾关节正常值:10°。体位:仰卧位或坐位。测量方法:量角器轴心位于第五趾跖趾关节外侧中点,固定臂紧贴第五跖骨中线外侧,活动臂紧贴第五趾近节趾骨中线外侧,第二至第五趾同时跖趾关节背伸,矢状面测量第五趾跖趾关节背伸的活动。

三、肌力、肌张力检查法

(一)肌力检查

嘱被鉴定人进行身体伸屈运动,检查员从相反角度给予压力,检查被鉴定人对障碍的克服能力,同时注意二侧比较。肌力的记录使用了 0 - 5 级的 6 级分级方法。

1. 0 级 全部瘫痪,测不到肌肉收缩。

2. 1 级 可以看见肌腱在紧缩,但无法进行运动。

3. 2 级 肢体在床面可水平移动,但不会提离床面。

4. 3 级 肢体虽可提离床面,但仍无法对抗阻力。

5. 4 级 可完成抗阻力动作,但并不完整。

6. 5 级 正常肌力。一般上肢可做俯卧撑,下肢蹲下后不需上肢辅助可站起。

(二)肌张力检查

嘱被鉴定人肌肉放松,触摸肌肉的硬度,伸屈肢体时感知肌肉对被动伸屈的阻力,来判断是否存在肌张力的硬度(增高、正常、降低)。

四、张口度测量法

一种方法为嘱被鉴定人尽力张大口,测量上、下切牙之间距离,然后用卡尺分别测量示指(过甲床根部)横径距离;示指、中指两指并拢(过示指甲床根部)的横径距离;示指、中指、环指三指并拢(过示指甲床根部)的横径距离。另一种方法为嘱被鉴定人尽力张大口,由被鉴定人用其示指、中指、环指并列垂直置入上、下切牙之间。法医临床鉴定活体检查一般采用后者;而存在上、下切牙缺损或牙折者,宜采取前者,并根据上、下牙列判断上、下切牙缘的位置。张口受限也称张口困难,张口受限程度可分为 3 度。

1.张口受限Ⅰ度　尽力张口时,上、下切牙间不能置入并列垂直之示指、中指、环指,仅可勉强置入垂直并列之示指和中指。

2.张口受限Ⅱ度　尽力张口时,上、下切牙间仅可置入垂直之示指。

3.张口受限Ⅲ度　尽力张口时,上、下切牙间距小于示指之横径。

第二章　损伤程度鉴定

第一节　损伤程度鉴定的程序

损伤程度鉴定虽然可以参照《人体损伤程度鉴定标准》中的对应条款来进行,但司法鉴定实践中仍存在一些问题,如:具体标准不合理的问题;具体条款与总则、附则存在冲突,条款之间的冲突和竞合问题;标准僵硬性、可操作性问题;等等。因此,为了解决上述问题,有必要从鉴定受理、鉴定材料、鉴定时机、伤病关系、鉴定注意问题等方面进行阐释,达成共识以便于在实际检案中实施。

一、鉴定受理

损伤程度鉴定受理常常涉及程序性、法律性的问题,必须加以限制,不然会造成多次鉴定而影响司法的公正性。

(一)公安机关鉴定机构的受理

《公安机关鉴定规则》第二十四条规定,公安机关鉴定机构可以受理的委托鉴定包括以下 4 点。

第一,公安系统内部委托的鉴定。

第二,人民法院、人民检察院、国家安全机关、司法行政机关、军队保卫部门,以及监察、海关、工商、税务、审计、卫生计生等其他行政执法机关委托的鉴定。

第三,金融机构保卫部门委托的鉴定。

第四,其他党委、政府职能部门委托的鉴定。

(二)司法鉴定机构的受理

《司法鉴定程序通则》中司法鉴定机构受理委托的鉴定单位没有做出明确规定,损伤程度鉴定往往涉及刑事责任,在司法鉴定实践中,一般可以受理公安机关、人民检察院、人民法院、司法机关等单位的委托,对其他单位或个人的委托不得受理。

特别注意:如体表无损伤或损伤已经消失,委托人提供的病历和(或)来源可靠的照片、医学影像片等客观材料,可以受理鉴定;没有客观依据的,不得受理。

二、鉴定材料

鉴定材料是实施损伤程度鉴定的重要依据之一,包括检材和鉴定资料。检材是指与鉴定事项有关的生物检材和非生物检材(如医学影像片等);鉴定资料是指存在于各种载体上与司法鉴定事项有关的记录和信息。因此,进行损伤程度鉴定注意收集以下鉴定材料。

第一,鉴定委托书(或聘请书),应加盖委托鉴定单位的公章。审查委托单位是否符合鉴定机构可以受理的委托单位,鉴定委托主体符合鉴定程序以保证鉴定程序的合法性。

第二,案情介绍,必要的询问或讯问笔录,必要时现场勘验报告及照片。主要了解案件的发生经过,损伤的致伤方式和致伤机制,损伤部位,损伤的表现与医院的病历记载、影像学表现是否一致。

第三,属于重新鉴定的应当提供原鉴定意见书。审查鉴定次数,原鉴定的情况,鉴定是否存在遗漏或瑕疵,引用标准条款是否准确等。

第四,病案材料(门诊病历、入院记录、出院记录、手术记录、疾病诊断证明书等,需要时相关的病程记录、护理记录、体温记录表等)。尤其注意收集门诊病历、入院记录、手术记录,这些材料往往比较客观反映损伤的真实情况,对鉴定具有非常重要的参考价值。病案材料对了解损伤后的表现,临床诊断与鉴定标准是否存在冲突起到重要作用。例如失血性休克,入院当时的生命体征(主要是血压、脉搏)及临床表现情况可以在门诊病历及入院记录中反映。手术记录能反映深部组织、器官损伤的情况,例如被鉴定人因腹部钝器伤实施手术,术中大体病理:腹腔有血凝块及血液,量约 300 mL,胃大弯浆肌层裂伤,大小约 1.0 cm×3.0 cm,无出血,横结肠浆肌层裂伤,约

1.5 cm×3.0 cm,肠系膜见多处挫裂伤,稍渗血。评定时则主要依据手术记录"胃大弯浆肌层裂伤、横结肠浆肌层裂伤"评定损伤程度构成轻伤一级,"腹腔积血"评定为轻伤二级。

第五,医学影像片(X 线片、CT、核磁共振等)及相关检查、检验报告(B 超、化验单、眼底照相、神经诱发电位)等与鉴定有关的客观检查。医学影像片往往是损伤的客观反映,可反映损伤的病理基础及实际情况,临床描述与影像学之间是否存在矛盾,进一步印证医学临床的诊断。核磁共振(MRI)检查对判断新旧伤起到重要作用。B 超检查结果对内脏损伤、创的深度的判断起到重要作用,注意审查损伤表现与医学影像片的表现是否一致;化验单可反映相应器官的功能情况;与鉴定有关的客观检查,如中枢神经损伤进行体感诱发电位检查,周围神经损伤进行神经肌电图检查,视觉障碍进行视觉诱发电位检查,听觉障碍进行听觉诱发电位检查等。

第六,被鉴定人身份的有效证件(身份证或户口簿)。审查活体检查的对象就是被鉴定人本人,确定被鉴定人的身份信息与病历资料是否存在对应关系,医学影像片标注的姓名是否为被鉴定人,体现被鉴定人的唯一性。

第七,在场人员身份的有效证件(身份证或户口簿)。体现鉴定过程是在见证人见证的情况下实施,确认见证人的合法性。

必要时对上述鉴定材料予以审查,主要审查鉴定材料的符合性(是否符合委托鉴定事项的要求)、充分性(是否满足委托鉴定事项的要求)、关联性(鉴定材料与委托事项是否存在必然的联系),并做出"鉴定材料的合法性、真实性由委托人负责"的特别声明。

三、损伤程度鉴定的时机

准确选择鉴定时机是损伤程度鉴定的关键,是损伤程度鉴定意见正确的基本保证,也是发挥鉴定意见法律效力的重要环节。然而在法医临床司法鉴定实践中,因鉴定时机选择不准确,致使鉴定意见不被采信的案件时有发生。因此,鉴定时机选择主要根据以下两方面进行把控。

(一)《人体损伤程度鉴定标准》中的鉴定时机

1.以原发性损伤为主要鉴定依据的　伤后即可进行鉴定;以损伤所致的并发症为主要鉴定依据的,在伤情稳定后进行鉴定。例如损伤致右尺骨鹰嘴骨折,有医学影像片证实存在右尺骨鹰嘴骨折,如依据原发性损伤"右

尺骨鹰嘴骨折"评定损伤程度为轻伤二级,这一评定只是考虑原发性损伤,而不考虑"右尺骨鹰嘴骨折"会导致右肘关节功能障碍,

2. 以容貌损害或者组织器官功能障碍为主要鉴定依据的 在损伤 90 日后进行鉴定;在特殊情况下可以根据原发性损伤及其并发症出具鉴定意见,但须对有可能出现的后遗症加以说明,必要时应进行复检并予以补充鉴定。

3. 疑难、复杂的损伤,在临床治疗终结或者伤情稳定后进行鉴定 例如既有骨关节损伤,又有韧带、神经离断,往往涉及原发性损伤及功能障碍,此类损伤的损伤程度鉴定则尽可能在临床治疗终结后进行。

(二)司法鉴定实践中的鉴定时机

1. 损伤后 3 个月内鉴定 一般适用于以原发性损伤为主要鉴定依据。包括皮肤缺失、创口长度,肢体离断或者缺失,脏器切除、修补,骨折,牙齿脱落或折断,休克,异物存留(经 1 次手术后)等。

2. 损伤后 3 个月后鉴定 一般适用于以组织器官功能障碍为主要鉴定依据。包括皮肤瘢痕,骨折,肌腱损伤,韧带损伤造成关节功能障碍等。伤后间隔较长时间手术的,鉴定时机宜在术后 3 个月后鉴定。

3. 损伤后 6 个月后鉴定 一般适用于以容貌损害或者组织器官功能障碍为主要鉴定依据。包括面部瘢痕、色素沉着影响容貌,视觉、听觉功能障碍,性功能障碍,颅脑损伤后涉及智力缺损、精神障碍、大小便失禁、语言功能障碍,脏器损伤后的功能障碍,外伤性癫痫等。

4. 损伤后 9 个月后鉴定 一般适用于中枢或周围神经损伤引起的肢体瘫痪。但有时因案件的需要,根据具体情况可放宽至损伤后 6 个月后进行鉴定。

5. 疑难、复杂的损伤鉴定时机 对于疑难、复杂的损伤鉴定时机难以选择者,参照《道路交通事故受伤人员治疗终结时间》(GA/T1088—2013)条款中治疗终结时间作为鉴定时机。对于伤后治疗时间较长者,一时不能确定的损伤,鉴定时机需相应的延长,但不宜超过 1 年。

四、伤病关系鉴定

伤病关系是指人体所受原发性损伤,同时自身存在既往伤/病的损害及功能障碍,两者在损害后果中的原因力大小互为因果关系。在损伤程度鉴定过程中常常遇到损伤与既往伤/病共存的问题,有必要将损伤与既往伤/

病进行区分才能做出准确的鉴定意见。按损伤在损害后果中的原因力大小可将伤病关系划分为完全作用、主要作用、同等作用、次要作用、轻微作用和没有作用6个等级,并赋予参与度均值及参考范围,以便人民法院审理案件时可根据具体案情判定具体数值。

(一)完全作用

损害后果完全由损伤所引起,两者存在直接因果关系,既往伤/病不参与损害后果的构成,损伤的参与度均值为95%(参考范围91%-100%)。在致伤外力巨大的情况下,无需考虑伤病关系,可以认定为完全作用。例如被鉴定人罹患肝硬化,被时速40公里的小轿车撞击,造成肝左叶挫碎伤、左胫腓骨粉碎性骨折,虽然在轻微外力作用下肝硬化肝脏较正常肝脏更容易破裂,但因巨大的撞击力作用下正常人常常也会出现肝破裂,鉴定时评定肝破裂完全是由小轿车撞击所致,不需考虑伤病关系。

(二)主要作用

损害后果主要由损伤所引起,两者存在直接因果关系,既往伤/病在损害后果的构成作用轻微或起到诱因作用,损伤的参与度均值为75%(参考范围61%-90%)。例如被鉴定人被匕首刺伤左胸部致血气胸,并出现呼吸困难,入院CT显示左肺压缩约30%,右上肺肺结核并大部分肺纤维化。对左侧血气胸,左肺压缩约30%完全是损伤所致不会造成异议,而对呼吸困难的表现则是外伤起主要作用,右上肺肺结核并大部分肺纤维化是原有疾病,对呼吸困难只是起着轻微的作用。该案件的损害后果是损伤起主要作用,鉴定时仍可按照左侧血气胸,左肺压缩约30%评定为轻伤一级。

(三)同等作用

损害后果由损伤及既往伤/病共同引起,两者存在作用相当、难分主次的因果关系,损伤的参与度均值为50%(参考范围41%-60%)。例如被鉴定人54岁,被他人推了一下坐到地上,入院检查发现右股骨颈骨折,双侧股骨头骨质疏松,实施右髋关节全关节置换术,病理诊断右股骨头未见坏死。第一次鉴定时按照"股骨颈骨折未见股骨头坏死,已行假体置换"评定为轻伤一级。重新鉴定时考虑到伤病关系,被鉴定人存在双侧股骨头骨质疏松,外力作用较正常者更容易出现股骨颈骨折,损伤与疾病共同构成了损害后果的发生,损伤与疾病存在作用相当、难分主次的因果关系,损伤的参与度

为 50%(参考范围 41%~60%),按照降级原则,评定被鉴定人的损伤程度为
轻微伤。

(四)次要作用

损害后果主要由既往伤/病引起,损伤起到次要作用,损伤的参与度均
值为 25%(参考范围 21%~40%)。例如被鉴定人 15 岁,与同学打闹时,被另
一同学从背后用力猛推摔倒致左肩关节脱位,入院时医学影像片显示左肩
关节盂浅,1 年前曾有左肩关节脱位病史。被鉴定人左肩关节盂浅及既往有
左肩关节脱位病史是造成左肩关节脱位的主要原因,而外力作用为次要原
因,损伤的参与度为 25%(参考范围 21%~40%)。

(五)轻微作用

损害后果主要由既往伤/病引起,损伤起到诱因作用,损伤的参与度均
值为 10%(参考范围 1%~20%)。例如被鉴定人左上腹被他人打了一拳,出
现腹部剧痛,送至医院时已死亡。尸体解剖发现肝脏左下叶有一大小约为
8.0 cm×6.0 cm×6.0 cm 的肿瘤,肿瘤表面见一处约 3.0 cm 破裂口,病理
诊断为原发性肝癌,被鉴定人肝脏破裂的损伤后果主要为原有的肝癌所致,
入院时未发现左上腹部皮肤有皮下出血,另外案件发生在冬天,被鉴定人穿
着羽绒衣,表明外力所致肝脏破裂只是一种诱发原因,其作用轻微,损伤的
参与度为 10%。

(六)没有作用

损害后果完全由原有疾病或原有残疾引起,损伤与损害后果不存在因
果关系,损伤的参与度为 0。例如被鉴定人黄××,女性,60 岁,一天下午在
小区花园遛狗,小狗扑向正在花园玩耍的 3 岁小男孩,小男孩母亲梁××即
赶走小狗,并对小狗踢了一脚,黄××即谩骂梁××,进而发生肢体冲突,双
方颜面部均有抓伤痕。晚上 9 点时黄××自觉胸闷即上床睡觉,第二天发现
黄××已经死亡。尸体解剖见左侧面部及右侧颈部有三道皮肤擦伤,心脏
左冠状动脉粥样硬化管腔阻塞 70%以上,其余未发现致死性疾病,鉴定意见
为心源性猝死。黄××死亡的损害后果完全由原有疾病引起,虽然体表有
损伤,但不参与死因构成,损伤与死亡不存在因果关系,则损伤的参与度
为 0。

五、鉴定注意事项

损伤程度鉴定属于第一次鉴定必须慎重,必须坚持实事求是的原则,事实要清楚,损伤因素明确,有损伤病理基础,案件发生的事实与经过表明暴力与损伤存在因果关系,案件发生至就诊时间是否存在二次损伤,原发性损伤及损伤后果的诊断明确。属于重新鉴定时,要坚持"存疑弃鉴"的原则,审查第一次鉴定是否存在鉴定材料存疑的问题,树立证据意识,证据是否可以"闭环",审查临床诊断是否符合标准。例如被鉴定人因被他人砍伤,医院做出创伤性休克的诊断,第一次鉴定时依据"创伤性休克"评定为重伤二级。重新鉴定时审查门诊记录血压为 90/50 mmHg,脉搏无记录,予输液后即送手术室予以清创缝合术,手术记录:术前血压 90/59 mmHg,脉搏 75 次/min,神志清楚,参照《人体损伤程度鉴定标准》附录 B.8.7 条休克分度之规定,只有血压一项符合休克的诊断,不能查证被鉴定人在门诊时的脉搏情况,因此,认为脉搏情况存疑,被鉴定人的"创伤性休克"应属于休克前期,对"创伤性休克"的诊断不予以认定。

损伤程度鉴定过程中应严格遵守鉴定原则,根据准确适用的标准条款做出鉴定意见。在鉴定时还应注意以下问题。

(一)颅脑损伤

1.植物生存状态 持续性植物生存状态指脑损伤后下述表现至少持续 6 个月以上,且难以恢复。

植物生存状态的诊断标准:

(1)认知功能丧失,无意识活动,不能执行指令。

(2)保持自主呼吸和血压。

(3)有睡眠-觉醒周期。

(4)不能理解或表达语言。

(5)自动睁眼或刺激下睁眼。

(6)可有无目的性眼球跟踪运动。

(7)丘脑下部及脑干功能基本保存。法医临床鉴定时注意对被鉴定人状态的描述,例如压眶无反应、呼之不应,能睁眼,偶可视物追踪,存在吸吮、咀嚼、吞咽反射,大小便失禁等。

2.智力减退和(或)器质性精神病 应该由具有法医精神病鉴定资质的

鉴定机构进行鉴定。仅有法医临床鉴定的机构一般不宜受理该项委托鉴定。

3.肌瘫(肌力下降) 除对肌力、肌张力检查外,还应对肢体周径测量明确肌肉萎缩程度,并注意区分是神经源性肌萎缩,还是肌源性肌萎缩;深浅反射及病理性反射检查,痛觉、温觉、触觉检查,法医临床表现与颅脑损伤存在对应关系,医学影像片得以支持。必要时进行体感诱发电位检查。

4.大便、小便失禁 注意进行肛周反射检查,肛门指诊判断肛门括约肌的收缩力;观察是否插尿管、套尿袋或穿纸尿布,按压下腹部是否有尿液渗出。

5.颅骨凹陷性骨折或粉碎性骨折、颅内出血须手术治疗 对临床已实施手术治疗,但临床记录未被证明有脑受压表现和征象的,不能认定为重伤二级。头颅凹陷性骨折或粉碎性骨折、颅内出血等,有大脑受压症状和体征,经保守治疗后即康复者,应认定为轻伤一级。

6.颅脑损伤伴神经系统症状、体征 诊断时要依据解剖学、生理学和病理学的资料及辅助检验结果加以综合研究,神经结构损伤后所产生的反应,依其特点可有缺损症状、刺激症状、释放症状和断联性休克症状。

(1)缺损症状:即神经结构损伤,正常功能下降甚至消失。例如颞叶挫裂伤,出现对侧肢体偏瘫。

(2)刺激症状:指神经结构受损引起过度兴奋的表现。例如额叶脑挫裂伤,脑组织修复后形成瘢痕刺激引起癫痫发作。

(3)释放症状:即由于高级中枢损伤,导致低级中枢的抑制解除而发生功能亢进。如轴索损伤,引起肌肉张力增强、腱反射亢进和病理性反射阳性,协调活动能力减弱,以及基底节段损伤导致的手足徐动症。

(4)断联性症状:即中枢神经网络系统在局部出现急性或重度损伤时,导致与损伤组织有关的远隔部位神经功能短暂丧失。例如内囊处脑挫裂伤并广泛出血,引起对侧出现"三偏",即偏盲、偏瘫、偏身感觉障碍。

脑受压症状/神经症状和体征:强调症状和体征,必须同步发生;一过性症状和体征,不能成为认定重伤的根据;症状和体征的减轻或缓解,应该作为进一步诊断的重要结果;而症状和体征的存在,应当有对脑实质的严重损伤为依据。如果仅有一个症状和(或)体征,则诊断时需要谨慎,如果将病史描述为颈项强直(+),或四肢肌力4级(检查时配合欠佳),则不宜认定为重伤二级。

7.外伤性蛛网膜下腔出血 出现头痛、头晕和脑膜刺激征,但无意识障碍(或有短暂意识障碍)、未危及生命的,则不宜鉴定为重伤二级。

8.迟发性颅内出血 指颅脑外伤后出现症状不明显,或症状缓解,或持续加重,数小时或数天后突然发生的颅内出血。目前诊断迟发性颅内出血的依据主要有以下4点。

(1)有明确的头部外伤病史。

(2)经重复头颅 CT 或手术证实原无出血的部位出现新的出血病灶。

(3)一般距受伤时间在 2 周内,以 48~72 小时多见。

(4)脑血管造影证实无原发性脑血管疾病(如动脉瘤、动脉粥样硬化斑块坏死等)。迟发性颅内出血,目前医学常用脑血管内介入治疗,则可依据《人体损伤程度鉴定标准》"外伤性脑动脉瘤,须手术治疗"评定为重伤二级。

9.外伤性迟发性癫痫 强调脑的器质性损伤 3 个月以上证实有癫痫发作的临床表现,而且医学影像片显示脑部有器质性损伤病灶,不能只根据家属的描述而轻易做出认定,最好有医生或视频资料得以证实。

10.颅骨骨折 特指颅盖骨(额骨、顶骨、颞骨、枕骨)骨折。颅骨砍痕未达板障不属于颅骨骨折。

(二)容貌毁损

容貌即人体的容颜相貌,一般包括前额发际以下,两耳根之前与下颌下缘三者构成的区域,可分为额部、眼眶部、泪腺、鼻部、口唇、颧部、颊部、耳郭、咬肌部和颏部。各种原因致使容貌显著变形、丑陋或者功能障碍者,称为容貌毁损。根据损伤构成对容貌外观的影响程度可分为重度、中度、轻度容貌毁损。

1.重度容貌毁损 重度容貌毁损是指面部损伤后遗面部瘢痕畸形,并同时具有下列 6 项中的 4 项:①眉毛缺失。②双眼睑外翻或者缺失。③外耳(单或双侧)缺失。④鼻缺失。⑤上、下唇外翻或者小口畸形。⑥颏颈中度粘连。

2.中度容貌毁损 中度容貌毁损是指面部损伤后遗面部瘢痕畸形,并同时具有下列 6 项中的 3 项:①眉毛部分缺失(累计达一侧眉毛 1/2)。②眼睑外翻或者部分缺失。③耳郭部分缺损(累计达一侧耳郭 15%)。④鼻部分缺损(鼻尖或者鼻翼缺损深达软骨)。⑤唇外翻或者小口畸形;⑥颏颈粘连(轻度)。

3.轻度容貌毁损 轻度容貌毁损是指面部损伤后遗面部瘢痕畸形,并同时具有下列 6 项中的 2 项:①眉毛部分缺失(累计达一侧眉毛 1/2)。②眼睑外翻或者部分缺失。③耳郭部分缺损(累计达一侧耳郭 15%)。④鼻部分缺损(鼻尖或者鼻翼缺损深达软骨)。⑤唇外翻或者小口畸形。⑥颏颈粘连(轻度)。

(三)听力损伤

听力损伤依据《听力障碍的法医学评定》(GA/T 914—2010)来进行鉴定,评定时机应在伤后 3～6 个月,而实际鉴定中一般要求损伤满 6 个月以上。鉴定时不仅要有 2～3 次纯音听阈测定,而且纯音听阈测定结果重复性好,同时需要 1～2 项客观听力检查(如 40 Hz 听觉相关电位,听性脑干反应,多频稳态反应,听觉皮层诱发电位,声导抗测试,等等)表明听力损伤的客观性和可靠性,以识别伪聋。在具体案件鉴定中还要注意以下问题。

(1)熟悉纯音听阈测定的符号标识,见表 2-1。

表 2-1 纯音听阈测定的符号标识

类别	方式	听阈符号标识		无反应符号标识	
		气导	骨导	气导	骨导
右耳	无掩蔽	○	<	↙○	↙<
	已掩蔽	△	[	↙△	↙[
左耳	无掩蔽	×	>	×↘	>↘
	已掩蔽	□	]	□↘	]↘

(2)了解案情、查阅病史,分析受伤部位、损伤机制。注意损伤后就诊当时有无听力下降的症状、体征。

(3)根据损伤病史、临床表现、耳科检查以及听力学表现,判断其损伤耳聋的性质:传导性耳聋、感音性耳聋和混合性耳聋。

(4)常规颞骨薄层 CT 扫描,必要时进行内耳 MRI 检查,明确损伤的病理学基础。

(5)听力和听阈的区别,听力是指能引起人耳听觉的最小声强值;听阈是指听觉系统对声音的感受能力和分辨能力。在实践中容易把两个概念混淆,听力下降对应的是听阈的上升。

（6）对于听力障碍的损伤程度评定，应在确证存在损伤基础的前提下进行，而且损伤是导致听力障碍的完全原因或主要原因。对于不能确定损伤与听力障碍之间存在直接因果关系的，不宜援引标准条款进行损伤程度评定。

（7）听力减退程度评定，取 0.5 kHz、1 kHz、2 kHz、4 kHz4 个频率气导听阈的平均值。被鉴定人年龄为 30 岁以上应采取年龄修正值。特别注意：修正值采取听阈级偏差的中值（50%）进行修正，4 kHz 纯音气导听阈年龄修正值参考 2 kHz 修正值（见表 2-2），听性稳态反应（ASSR）反应阈图与纯音听阈图的相关性较好，通常比行为阈值高 10～20 dB，如检测实验室不提供校正值，则采取其 0.5 kHz、1 kHz、2 kHz、4 kHz 反应阈值的平均值减去 15 dB 作为听力的听阈值。

表 2-2　纯音气导阈值年龄修正值

年龄/岁	男				女			
	0.5 kHz	1 kHz	2 kHz	4 kHz	0.5 kHz	1 kHz	2 kHz	4 kHz
30	1	1	1	1	1	1	1	1
40	2	2	3	3	2	2	3	3
50	4	4	7	7	4	4	6	6
60	6	7	12	12	6	7	11	11
70	9	11	19	19	9	11	16	16

（8）听力减退程度计算法。①单耳听力减退程度计算法：0.5 kHz、1 kHz、2 kHz、4 kHz 四个频率气导听阈的平均值，即 4 个频率气导听阈之和除以 4。例如被鉴定人女性，52 岁，右耳纯音听阈为 0.5 kHz 75 dB、1 kHz 75 dB、2 kHz 65 dB、4 kHz 60 dB，则右耳听力障碍（dB HL）＝[（75－4×50%）＋（75－4×50%）＋（65－6×50%）＋（60－6×50%）]/4＝66（保留整数，小数点后一位采取四舍五入）；②双耳听力减退程度计算法：听力较好的气导听阈的平均值×4 与听力较差的平均值之和再除以 5，例如被鉴定人女性，45 岁，右耳纯音听阈为 0.5 kHz 75 dB、1 kHz 75 dB、2 kHz 65 dB、4 kHz 60 dB，左耳纯音听阈为 0.5 kHz 50 dB、1 kHz 50 dB、2 kHz 45 dB、4 kHz 40 dB。则右耳听力障碍（dB HL）＝[（75－2×50%）＋（75－2×50%）＋（65－3×50%）＋（60－3×50%）]/4＝68；左耳听力障碍（dB HL）＝[（50－2×50%）＋（50－2×50%）＋（45－3×50%）＋（40－3×50%）]/4＝

45,双耳听力减退程度＝[45×4＋68]/5＝50(保留整数,小数点后一位采取四舍五入)。

(四)视力损失

一般将大于等于 1.0 的视力称为正常视力,小于 0.5 的视力称为视力降低。世界卫生组织(WHO)盲及视力损害分级标准(见表 2-1)规定,一个人较好眼的最好矫正视力大于等于 0.05、小于 0.3 为视力损害,一个人较好眼的最好矫正视力小于 0.05 为盲。

1. 裸眼视力

(1)灯箱式标准对数视力表检查 检查距离为 5 m,检查室距离不足 5 m 时,采用平面镜反光方法延长检查距离,也可采用 2.5 m 标准对数视力表。视力表的悬挂高度应以 1.0 行与受检眼等高为宜。视力表的照明均匀无眩光(目前一般使用 LED 光源的较好),光照度为 300～500 lx。例如:右眼 2m 处能看清 0.1 行视标,则视力为(2/5)×0.1＝0.04。记录:Od(右眼)视力为 0.04。

(2)视力投影仪检查 检查距离一般为 3～6m,视力投影仪可以投影单个视标,对识别伪盲起到一定的帮助。

2. 矫正视力

一般对裸眼视力小于 0.5,则需进行矫正视力检查,并记录最佳矫正视力(包括针孔镜及插片试镜视力)。Od 表示右眼;Os 表示左眼;Ds 表示球镜,Dc 表示柱镜;近视用"－"表示凹透镜片,后面阿拉伯数值表示镜片的屈光度;远视用"＋"表示凸透镜片,后面阿拉伯数值表示镜片的屈光度;柱镜表示散光及散光的度数:"－"代表近视性散光,"＋"代表远视性散光,如将一块柱面镜片(＋1.00Dc×180°)置于眼前,通过镜面观察远处目标,并缓缓上下平移镜片时,所见目标也随之上下移动,将镜片左右平移时,目标呈现不动的状态,此时清晰成像的轴位度数,即为散光的度数。

(1)针孔镜视力:如右眼裸眼视力为 0.4,针孔镜下视力为 0.6,则记录为"Od:0.4,＋针孔镜→0.6"。

(2)验光镜片视力:如左眼裸眼视力为 0.4,插－2.00Ds 球镜时视力为 0.8,则记录为"Os:0.4,－2.00Ds→0.8"。如左眼裸眼视力为 0.4,插－2.00Ds 球镜联合－0.75Dc×90°柱镜视力为 0.8,则记录为"Os:0.4,－2.00Ds－0.75Dc×90°→0.8"。

3.识别单眼伪盲的常用检查方法

(1)障碍阅读法:将一支笔杆垂直置于被鉴定人两眼之间,距鼻梁约10 cm处,嘱被鉴定人头部固定阅读横排的书报文字,如左眼盲、右眼好则左侧文字因眼前笔杆遮挡右眼部分视线出现左侧文字不能阅读,如右眼盲、左眼好则右侧文字因眼前笔杆遮挡左眼部分视线出现右侧文字不能阅读,表明被鉴定人存在单眼盲;如被鉴定人阅读横排文字不受干扰,则表明被鉴定人双眼存在视线范围互补,视线不受眼前笔杆遮挡,则"盲眼"为伪盲。

(2)瞬目试验:将健眼遮盖,在被鉴定人不注意时,用手指或棉棒突然刺向盲眼(注意不要触及睫毛或眼睑),如为真盲则无瞬目反应,伪盲则出现瞬目反应。

(3)同视机检查:用视角在 10°以上的双眼同视知觉型画片,在正常眼位,如能同时看到两侧画片,则表示双眼存在同时视觉功能,即"盲眼"为伪盲。

(4)雾视法:在被鉴定人健眼用＋6.00Ds 的镜片,"盲眼"用＋0.25Ds′或－0.25Ds 的镜片,能看清 5 m 远距离视力表的视标,则"盲眼"为伪盲。

(5)红绿色滤光片法:让被鉴定人佩戴一侧为红色滤光片(只能透过红光),另一侧为绿色滤光片(只能透过绿光)的眼镜,阅读打印有红色、绿色相间文字的文件,如能顺利阅读红色、绿色文字,则"盲眼"为伪盲。

(五)六大关节功能障碍

四肢六大关节功能评定。按照《人体损伤程度鉴定标准》附录表 C.2 -表 C.7,采取查表法。在法医临床损伤程度鉴定中应注意以下 6 点。

(1)测量健侧和患侧关节被动活动度。

(2)关节功能丧失值为该关节(除膝关节外)活动方位的平均值。例如腕关节活动度:掌屈为左 45°,右 63°;背屈为左 40°,右 62°;桡屈为左 20°,右 30°;尺屈为左 35°,右 45°;双上肢肌力 5 级。查表 C.4 对应方位关节功能丧失值分别为 20%、30%、20%,20%,则左腕关节功能丧失值为 22.5% [(20%＋30%＋20%＋20%)/4(腕关节有 4 个活动方位)＝22.5%]。

(3)关节活动度未达某一方位时,其功能丧失值为 100%。例如腕关节活动度:掌屈为左 5°-45°,右 63°;背屈为左－5°,右 62°;桡屈为左 20°,右 30°;尺屈为左 35°,右 45°;双上肢肌力 5 级。则背屈功能丧失值为 100%,查表 C.4 对应方位关节功能丧失值分别为 20%、20%、20%,则左腕关节功能丧失值为 40%[(20%＋100%＋20%＋20%)/4＝40%]。

(4)健侧活动度上限值未达表 C.2～表 C.7 活动度的上限值时,应分别查表并计算患侧、健侧的功能丧失值,用患侧的功能丧失值减去健侧的功能丧失值即是患侧关节功能丧失值。例如腕关节活动度:掌屈为左 45°,右 58°;背屈为左 40°,右 60°;桡屈为左 15°,右 20°;尺屈为左 30°,右 40°;双上肢肌力 5 级。查表 C.4 对应方位左侧关节功能丧失值分别为 20%、30%、40%、40%,则左腕关节功能丧失值为 32.5%[(20%＋30%＋40%＋40%)/4＝32.5%],右侧关节功能丧失值分别为 10%、10%、20%、20%,则右腕关节功能丧失值为 15%[(10%＋10%＋20%＋20%)/4＝15%];左腕关节功能实际丧失值为 17.5%(32.5%－15%＝17.5%)。

(5)肘关节的功能位为屈肘 90°:如测量肘关节活动度:屈曲为左 100°,右 152°;伸展为左－20°,右 0°。即实际的左肘关节屈曲为 10°,伸展为 70°,查表左肘关节功能丧失值分别为 70%、20%,则左肘关节功能丧失值为 45%[(70%＋20%)/2＝45%]。

(6)膝关节的功能位为直立位,伸直时未达到功能位时用负值表示,膝关节功能丧失为查表数值直接相加,超过 100%时,按丧失功能为 100%。如测量膝关节活动度:屈曲为左 60°,右 135°。伸展为左－33°,右 0°。查表左膝关节功能丧失值分别为 60%、50%,左膝关节功能丧失值为 110%(60%＋50%＝110%),则左膝关节功能丧失值按 100%计算。

(六)手功能丧失

1.手缺失或丧失功能的计算　各指所占一手功能的比例(图 2-1)。一手拇指占一手功能的 36%,其中末节和近节指节各占 80%;示指、中指均占一手功能的 80%,其中末节指节占 8%,中节指节占 7%,近节指节为 3%;无名指与小指均占一手功能的 9%,其中末节指节占 4%,中节指节占 3%,近节指节占 2%。一掌为一手能力的 10%,其中第一掌骨占 4%,第二、三掌骨各占 2%,四、五掌骨各占 1%。

2.手感觉丧失功能的计算　手感觉丧失是指因事故损伤所致手的掌侧感觉功能的丧失。手感觉丧失功能的计算按相应手功能丧失程度的 50%计算。

手功能丧失评定在损伤程度鉴定中应注意以下 4 点。

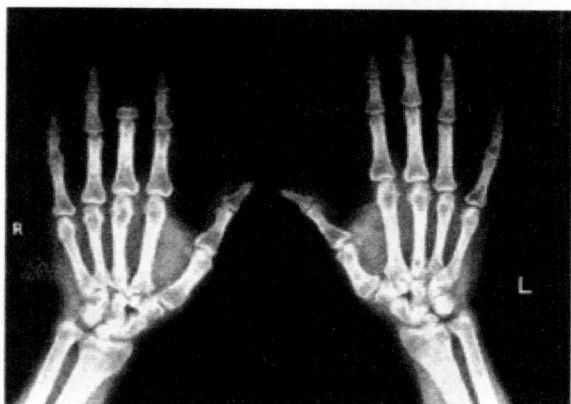

图 2-1　右手中指中节基底部以远缺失

(1)手指部分缺损的功能丧失程度计算方法:指节部分缺失程度＝(健侧指节正常长度－损伤指节缺失长度)÷健侧指节正常长度×该指节所占一手功能的比例。例如被鉴定人右中指中节基底部以远缺失(图 2-2)。法医活体检查测量残存长度(近侧指间关节至残余中指末端)为 1.0 cm,右中指中节长度(近侧指间关节至远侧指间关节)为 2.5 cm;右中指中节残端僵硬不能活动。即右中指中节缺损占中节的百分比为 60％[(2.5－1.0)/2.5×100％＝60％],右中指部分缺损占一手缺损的功能丧失百分比为12.2％[60％×7％(中节指节占 7％)＋8％(被鉴定人远节已缺失,末节指节占 8％)＝12.2％]。

(2)双手功能损伤的功能丧失程度计算方法:双手功能丧失宜采用 AB复合计算公式,设丧失功能严重者其功能丧失值为 A,丧失功能较轻者其功能丧失值为 B,双手功能丧失值为 C,则 C＝A＋B×(100％－A)。

例如被鉴定人因"他人致伤,双手疼痛、流血,活动受限 1 h"入院,于 201×年 9 月 19 日行左手伤口清创缝合术＋左示指、中指背伸肌吻合术,右第一掌骨骨折内固定术。次年 1 月 16 日行左示指、中指瘢痕松解术,右第一掌骨骨折克氏针取出术。法医临床检查测量拇指活动度:掌指关节屈曲为左60°,右 23°;指间关节屈曲为左 63°,右 56°。示指活动度:掌指关节屈曲为左47°,右 86°;近侧指间关节屈曲为左 80°,右 97°;远侧指间关节屈曲为左 35°,右 70°。中指活动度:掌指关节屈曲为左 50°,右 90°;近侧指间关节屈曲为左75°,右 99°;远侧指间关节屈曲为左 42°,右 70°。双手各手指感觉未见异常,其余各手指活动度未见明显异常。

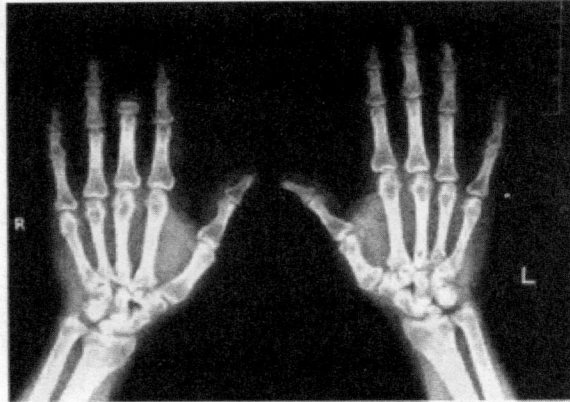

图 2-2　右手中指中节基底部以远缺失

右拇指功能丧失 13%[(60－23)/60×18%（近节指节占 18%）＋(63－56)/63×18%（末节指节占 18%）≈13%]。

左示指功能丧失 6.6%[(86－47)/86×3%（近节指节占 3%）＋(97－80)/97×7%（中节指节占 7%）＋(70－35)/70×8%（末节指节占 8%）≈6.6%]。

左中指功能丧失 6.2%[(90－50)/90×3%（近节指节占 3%）＋(99－75)/99×7%（中节指节占 7%）＋(70－42)/70×8%（末节指节占 8%）≈6.2%]。

利用 AB 复合公式计算双手功能丧失：右手功能丧失 13%（A），左手功能丧失 12.8%[6.6%＋6.2%＝12.8%（B）]，根据 C＝A＋B×(100%－A) 的复合公式计算得双手功能丧失 24%[13%＋12.8%×(100%－13%)≈24%]。

（3）一手指部分缺失伴残端的运动部分障碍：计算手指缺失丧失功能占一手功能的百分比，将其从该指占一手功能的百分比中减去，所得差值为该指残存部位占一手功能的百分比；计算残存部分关节的运动障碍程度，乘以残存部位占一手功能百分比，乘积为该指残存部位运动障碍丧失功能占一手功能的百分比；手指残存部位占一手功能的百分比与手指运动障碍丧失功能占一手功能的百分比相加，和值为该指全部丧失功能占一手功能的百分比。

例如被鉴定人左环指中节基底部以远缺失。法医活体检查测量残存长度（近侧指间关节至残余左环指末端）为 1.2 cm；左环指中节长度（近侧指间关节至远侧指间关节)为 2.5 cm;左环指中节屈曲 20°,右环指中节屈曲 90°。

左环指中节缺损占中节的百分比为 52%[(2.5-1.2)/2.5×100% =52%]。

左环指中节近侧指间关节活动功能丧失程度为 1.21%[(90-20)/90× [3%-(3%×52%)=1.21%]。

左环指中节部分缺损占一手缺损的功能丧失百分比为 6.77%[52%× 3%(中节指节占 3%)+1.21%+4%(被鉴定人远节已缺失,末节指节占 4%)=6.77%]。

(4)一手指感觉、运动均有障碍 计算出该指感觉丧失功能占一手功能的 百分比,然后除以该指占一手功能的百分比,转换为该指感觉丧失功能占该 指功能的百分比;计算出该指运动丧失功能占该指功能的百分比;两个百分 比数值通过 C=A+B×(100%-A)的复合公式计算,所得值乘以该指占一 手功能的百分比,乘积即为该指全部丧失功能占一手功能的百分比。

例如被鉴定人因"被他人用铁锤敲打,左手环指疼痛、流血 1 h"入院,查 体:左环指近节、中节及末节肿胀,近侧指间关节至远侧指间关节背侧见一 约 2.5 cm 长皮肤裂伤,屈伸肌腱部分断裂,左环指活动受限,伴左环指末节 皮肤麻木。急诊予左环指清创缝合术+肌腱吻合术,术后 2 个月因左环指麻 木进行肌电图检查示:左环指 SNAP 波幅较健侧降低 50%以上,潜伏期明显 延长,SNCV 较健侧减慢。伤后半年委托损伤程度鉴定,活体检查测量环指 主动活动度:掌指关节屈曲:左 85°,右 85°;近侧指间关节屈曲:左 45°,右 90°;远侧指间关节屈曲:左 20°,右 50°。左环指中节、远节感觉丧失。再次进 行肌电图检查示左侧尺神经手部感觉支部分损伤。

左环指中节、远节感觉丧失功能程度百分比为 3.5%[(3%+4%)× 50%=3.5%]。

左环指中节、远节丧失功能占一手功能的百分比:因左环指存在神经损 伤及屈指肌腱部分断裂,宜以主动活动度进行计算,即(90-45)/90×3%+ (50-20)/50×4%=3.9%;环指活动丧失占环指功能的百分比为 43.33% [3.9%/9%=43.33%(A)],环指感觉丧失功能占环指功能的百分比为 38. 89%[3.5%/9%=38.89%(B)]。

利用 AB 复合计算公式 C=A+B×(100%-A)计算得到环指全部丧失 功能占环指功能的百分比为 65.37%[43.33%+38.89%×(100%- 43.33%)=65.37%],环指全部丧失功能占一手功能的百分比为 5.88%

[65.37%×9%＝5.88%]。

第二节　损伤程度鉴定的应用

一、损伤程度鉴定实例

广西××司法鉴定中心司法鉴定意见书

桂××司鉴中心〔2018〕临鉴字第 X 号

(一)基本情况

委托人:××市公安局××分局

委托事项:对李××的损伤程度进行鉴定

受理日期:2018 年 3 月 7 日鉴定材料:

(1)××市公安局××分局《鉴定聘请书》×公×聘字〔2018〕000××号。

(2)广西××附属医院入院记录、出院记录、手术记录、疾病证明书、影像学检查报告单复印件。

(3)广西××人民医院入院记录、出院记录、疾病诊断证明书复印件。

(4)中国人民解放军××医院肌电图检查报告复印件。

(5)××鉴定机构〔201X〕法鉴字第 X 号《鉴定书》复印件。

(6)李××医学影像片原件 5 张。

(7)李××居民身份证复印件。

(二)基本案情

××市公安局××分局依据《鉴定聘请书》X 公 X 聘字〔2018〕000××号委托中心对上述委托事项进行重新鉴定,2018 年 3 月 7 日李××到我中心接受法医临床检查,××民警(警号:×××)、家属宋××(身份证号码45010××××××××××××X)在场见证。

(三)资料摘要

1.广西××附属医院病历(病案号 00012××)资料中第一次住院记载

住院日期:2017 年 7 月 14 日。出院日期:2017 年 8 月 7 日。

入院时病情摘要:因"左肘部、右手刀砍伤后疼痛流血 2 h"入院。P90

次/min,R 23 次/min,BD 98/60 mmHg,专科情况:左肘部大部分离断。仅桡侧约 1/4 组织相连,可见尺骨近端骨折,骨折端外露,左肱动静脉断裂,流血不止,左肘部尺神经、桡神经、正中神经断裂。断端外露,左肘部肱二头肌、肱肌、指屈肌总腱断裂,伤口中度污染,左前臂,左手感觉减退,左手伸指活动存在,左手屈指。屈腕活动丧失,左肘屈伸活动丧失。右手掌小鱼际肌处可见一长约 6 cm 的弧形伤口,深至肌层,流血不止。右手指活动尚可。

入院诊断:左肘部不全离断伤;右手刀伤;左肘部肱动脉损伤;左肘部正中神经断裂;左肘部尺神经损伤;左肘部肌肉和肌腱损伤;失血性休克。

诊治经过:入院后经完善相关检查,于 2017 年 7 月 14 日行左肘部清创缝合术＋左尺骨内固定术＋左肘部肱动静脉吻合术＋左肘部神经、肌腱吻合术,右手清创缝合术;2017 年 7 月 27 日行左肘部清创术＋VSD 置入术;2017 年 8 月 3 日行手外伤清创术,术后予镇痛、预防感染、患肢制动、营养神经、对症支持等治疗。

出院诊断:左肘部再植术后伤口感染。

手术记录:

(1)手术日期:2017 年 7 月 14 日。

(2)手术名称:左肘部清创缝合术＋左尺骨鹰嘴骨折复位内固定术＋左肘部肱动脉吻合术＋左肘部肱静脉吻合术＋左肘部尺神经、桡神经、正中神经吻合术＋左肘部肌腱、肌肉吻合术＋血管探查术＋左肘关节囊修补术＋左肘部血管动静脉取栓术＋肢体动静脉剥脱成形术。

(3)大体病理:左肘部大部分离断,仅桡侧约 1/4 组织相连,可见尺骨近端骨折,骨折端外露,左肱动静脉断裂,流血不止。左肘部尺神经,正中神经断裂,断端外露,左桡神经部分断裂。左肘部肱二头肌、肱肌、尺侧腕屈肌、桡侧腕屈肌、指深屈肌、指浅屈肌断裂,左肘关节囊破裂,可见桡骨头外露。左前臂及左手桡动脉搏动消失,血运差。左肘部伤口中度污染,流血不止。右手掌小鱼际肌处可见一长约 6 cm 的弧形伤口,深至肌层,流血不止。

2.广西××附属医院病历(病案号 00012××)资料中第二次住院记载

住院日期:2018 年 1 月 30 日;出院日期:2018 年 2 月 5 日。

入院时病情摘要:因"左尺骨上端骨折内固定术后 6 月余"入院。查体:左手爪形手畸形,左肘部可见一长约 7 cm 的弧形陈旧手术瘢痕,左肘部活动、感觉可,患肢远端血运可,拇指、示指、中指、环指桡侧感觉麻木,环指尺侧、小指感觉丧失。

入院诊断:左尺骨上端骨折术后骨性愈合;左肘尺神经、桡神经、正中神经修复术后。

诊疗经过:入院后经完善相关检查,于2018年2月2日行左尺骨鹰嘴骨折内固定取出、左肘正中神经松解、尺神经、桡神经松解吻合前置术,术后予患肢制动、营养神经、对症支持等治疗。

出院诊断:左尺骨上端骨折术后骨性愈合;左肘尺神经、桡神经、正中神经修复术后。

3.广西××人民医院病历(ID号60716××)资料中记载

住院日期:2017年8月8日。出院日期:2017年8月21日。

入院时病情摘要:因"左肘部外伤术后伤口渗液24 d"入院。查体:左前臂肘部肿胀,可见一长15 cm的环形切口,局部肿胀,稍红,伤口有少许渗出,压痛明显,皮温稍高,左上肢血运,桡动脉搏动良好,左前臂、左肘感觉减退,触之麻木感,左肘屈指、屈腕活动丧失,左肘屈伸活动困难,右手掌可见一长约6 cm的手术瘢痕,右手血运、感觉及活动未见异常。

入院诊断:左肘部外伤术后伤口感染;左肘部不全离断伤术后,左肘部肱动脉损伤,左肘部正中神经断裂,左肘部尺神经、桡神经损伤,左肘部肌肉、肌腱损伤;左尺骨内固定术后;右手刀砍伤术后。

住院诊疗经过:入院完善相关检查,予抗感染、消肿止痛、营养神经等对症治疗。

出院诊断:左肘部外伤术后伤口感染;左肘部不全离断伤术后,左肘部肱动脉损伤,左肘部正中神经断裂,左肘部尺神经、桡神经损伤,左肘部肌肉、肌腱损伤;左尺骨内固定术后;右手刀砍伤术后。

4.××鉴定机构〔201X〕法鉴字第X号《鉴定书》中记载

鉴定意见:被鉴定人因左尺骨骨折、左上肢重要神经损伤构成轻伤二级。

5.X医院肌电图检查报告单(肌电图号:180××)中记载

鉴定时间:2018年1月17日。

运动神经传导速度(MCV)诊断:左侧尺神经运动单位电位未引出;右侧尺神经运动传导速度正常;左侧正中神经运动单位电位未引出;右侧正中神经运动传导速度正常;左侧桡神经运动单位电位低平;右侧桡神经运动传导速度正常。

(四)鉴定过程

1.被鉴定人 李××,男,壮族,居民身份证号码 4527301972××××
××××。

2.鉴定日期 2018 年 3 月 7 日。

3.鉴定地点 广西××司法鉴定中心法医室。

4.检查方法 依据《法医临床检验规范》(SF/Z JD0103003—2011)对被鉴定人进行活体检查;依照《法医临床影像学检验实施规范》(SF/Z JD0103006—2014)对送审医学影像片进行阅片。

5.检查记录 被鉴定人李××,男,步态正常,被动体位,问答切题,检查配合。自诉:左前臂乏力,左肘关节活动不便,左手五指不能活动,痛觉、温度觉减弱。查体:神清;唇下皮肤见一大小为 1.1 cm×0.1 cm 瘢痕;右手掌尺侧绕第五掌指关节至手掌背侧皮肤见一呈 U 形的瘢痕,大小为(8.1 cm×0.1 cm)-(8.1 cm×0.2 cm);左肘前中外侧桡内侧至左肘后桡侧皮肤见一大小为 15.8 cm×0.2 cm 手术缝合瘢痕;左肘关节、左腕关节、左手五指活动受限,左手不能握拳、不能对掌,可对指。测量肘关节活动度:屈曲,左 108°,右 143°;伸展,左 −8°,右 18°(过伸)。测量腕关节活动度:掌屈,左 46°,右 65°;背伸,左 48°,右 62°;桡偏,左 18°,右 25°;尺偏,左 20°,43°。测量拇指活动度:掌指关节屈曲,左 20°,右 55°;指间关节屈曲,左 61°,右 85°。测量示指活动度:掌指关节屈曲,左 70°,右 90°;近例指间关节屈曲,左 −5°-45°,右 98°;远侧指间关节屈曲,左 0°,右 76°。测量中指活动度:掌指关节屈曲,左右 88°;近侧指间关节屈曲,左 −29°-53°,右 93°;远侧指间关节屈曲,左 20°,右 86°。测量环指活动度:掌指关节屈曲,左 72°,右 83°。近侧指间关节屈曲,左 −26°-68°。远侧指间关节屈曲,左 30°,右 73°。测量小指活动度:掌指关节屈曲,左 63°,右 92°;近侧指间关节屈曲,左 −24°-50°;远侧指间关节屈曲,左 −15°,右 80°。左前臂尺侧肌、左大鱼际肌、左小鱼际肌、左背侧掌间肌萎缩,测量上肢周径:上臂,左 27.0 cm,右 28.7 cm;前臂,左 19.3 cm,右 21.0 cm。左前臂肌力 5 级,左手握力 3 级,左手尺侧皮肤两个半指痛觉、触觉迟钝,左手桡侧皮肤两个半指痛觉、触觉消失。左侧肱二头肌、肱三头肌、桡骨膜反射未引出;右侧肱二头肌、肱三头肌、桡骨膜反射存在;病理反射未引出。

6.阅片所见 送检医学影像片(广西××附属医院)。

(1)(2017-7-14,X 线片号 66988××)左尺骨近端骨质连续性中断,对位对线差,折端累及关面,可见骨质分离。诊断:左尺骨近端骨折。

（2）（2018—1—25,X线片号68636××）左尺骨近端骨折呈术后改变,折端对位对线可,内固定物在位,可见骨痂形成。诊断:左尺骨近端骨折术后。

（3）（2018—2—3,X线片号68665××）左尺骨近端骨折呈术后改变,折端对位对线可,内固定物已拆除,可见骨痂形成。诊断:左尺骨近端骨折内固定物取出术后。

（五）分析说明

根据现有送检材料,结合检查和阅片所见,综合分析认为:

1. 鉴定时机　被鉴定人于2017年7月14日受伤,2018年3月1日对被鉴定人进行损伤程度评定,伤情稳定,参照《人体损伤程度鉴定标准》第4.2条之规定,符合鉴定时机。

2. 评定损伤程度

（1）被鉴定人因本次损伤造成左肘部不全离断伤致左肘部正中神经断裂,左肘部尺神经、桡神经损伤,左肘部肌肉和肌腱损伤,手术证实存在左肘部尺神经、桡神经损伤,正中神经断裂,实施左肘部尺神经、桡神经、正中神经吻合术,神经肌电图证实存在左侧尺神经、桡神经、正中神经运动单位电位未引出,参照《人体损伤程度鉴定标准》附录C.7条（手功能计算）之规定,经计算现致左手功能丧失47.8%;左手功能丧失主要为左肘部刀砍伤,伤及左侧尺神经、桡神经、正中神经所致后遗症,参照《人体损伤程度鉴定标准》5.10.2a)"手功能丧失累及达一手功能36%"之规定,评定被鉴定人左手功能丧失47.8%的损伤程度为重伤二级。

（2）被鉴定人因本次损伤造成左肘部不全离断伤引起左肘关节、左腕关节活动障碍的后遗症,经查表计算左肘关节功能丧失25%,左腕关节功能丧失30%;参照《人体损伤程度鉴定标准》5.9.3a)"四肢任一大关节功能丧失25%以上"之规定,评定被鉴定人左肘关节功能丧失25%、左腕关节功能丧失30%的损伤程度均为轻伤一级。

（3）被鉴定人因本次损伤左肘部不全离断伤致左尺骨近端骨折,经阅片证实左尺骨近端骨折,折端骨质连续性中断,对位对线差,折端累及关节面,左尺骨近端骨折并累及关面为原发性损伤,参照《人体损伤程度鉴定标准》5.9.3f)"四肢长骨骨折累及关节面"之规定,评定被鉴定人左尺骨近端骨折累及关节面的损伤程度为轻伤一级。

(4)被鉴定人因本次损伤致左肱动静脉断裂,经住院手术证实存在左肱动静脉断裂,左肱动静脉断裂为与左肘桡神经伴行,符合《人体损伤程度鉴定标准》第6.11条规定的四肢重要血管,参照《人体损伤程度鉴定标准》5.9.4c)"四肢重要血管破裂"之规定,评定被鉴定人左肱动静脉断裂的损伤程度为轻伤二级。

(5)被鉴定人因本次损伤致左肘部不全离断伤,右手刀伤,经住院及手术治疗后,左肘部皮肤瘢痕长15.8 cm,右手皮肤瘢痕长8.1 cm;参照《人体损伤程度鉴定标准》5.9.41)"两处以上创口或者瘢痕长度累计15.0 cm以上"之规定,评定被鉴定人左肘部、右手皮肤累计瘢痕长23.9 cm的损伤程度为轻伤二级。

(6)被鉴定人因本次损伤致失血性休克的诊断不符合《人体损伤程度鉴定标准》附录B.8.7条休克分度的要求,被鉴定人的失血性休克应属于休克前期,不予评定损伤程度。

综合评定被鉴定人因本次损伤所致的损伤程度为重伤二级。

(六)鉴定意见

李××因本次损伤所致的损伤程度为重伤二级。

(七)附件

(1)照片陆张壹页。

(2)资质认定证书复印件。

(3)鉴定许可证、鉴定人执业证复印件。

司法鉴定人签名:×××

《司法鉴定人执业证》证号:4500100×××××

司法鉴定人签名:×××

《司法鉴定人执业证》证号:4500100×××××

二〇一八年三月十二日

二、案例评析

(一)鉴定时机

××鉴定机构按照原发性损伤在伤后1个月进行鉴定损伤程度是正确

的,但没有考虑损伤引起的功能障碍,以及骨折实施了内固定术后对左肘关节活动的影响。因此,对该案件的鉴定时机宜在内固定物拆除后,神经损伤鉴定时机应把握在伤后 6 个月以后进行。有时可延长至伤后 9~12 个月后再进行鉴定。

(二)分析说明

1.损伤的临床诊断 不能仅仅依据医学临床诊断进行损伤程度鉴定,尤其注意骨皮质的砍(刺)痕或者轻微撕脱性骨折(图 2-3),医学临床上常常诊断为骨折,而在损伤程度鉴定中则不属于骨折的范畴,因此在鉴定过程中必须依据入院记录、手术记录以及医学影像片等鉴定材料,对被鉴定人的损伤诊断是否成立进行确认。

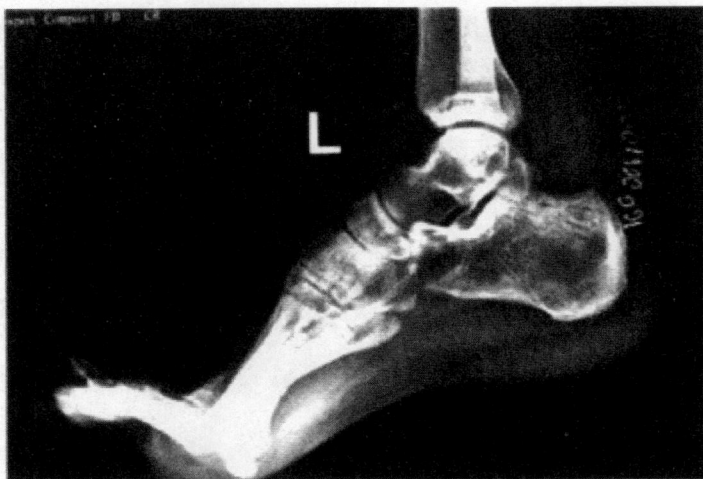

图 2-3 根骨上缘的撕脱性骨折

2.原发性损伤 损伤程度司法鉴定实践中,首先分清何种损伤为原发性损伤,针对每一损伤依据标准逐一进行评定。××鉴定机构仅对被鉴定人左尺骨骨折、左上肢重要神经损伤的原发性损伤予以评定,存在遗漏对左肘动静脉、肢体创口或瘢痕长度及损伤并发症——失血性休克进行评定的情况。

3.损伤致功能障碍 鉴定过程中应明确功能障碍是否有损伤的基础,是否为损伤所引起,在分析说明中应进行因果关系的认定,并依据被鉴定人的后遗症作为评定依据。如果公安机关在处理案件时需要尽早做出鉴定意见,一般以原发性损伤予以评定,此时在分析说明的最后应加上以下的文字予以表述:被鉴定人因他人砍伤左肘部所致的骨折及神经损伤会造成肌力下降及关节活动障碍,如鉴定委托单位有需要,待被鉴定人伤后满6个月后或拆除内固定物后再予以补充鉴定,或重新委托鉴定。这是在损伤程度鉴定中应该注意的问题,不然会造成同一损伤出现不同鉴定意见的异议,使人民群众失去对鉴定机构的信任,同时使检察机关、审判机关无所适从,难以取舍,常常需要鉴定人出庭接受质询。

4.对多处损伤分别评定　鉴定过程中对存在多处损伤时,应对每一处损伤进行评定,避免遗漏,虽然增加鉴定意见书的篇幅,但对于非专业人员可以清楚各种损伤对应的损伤程度。符合累计的,参照相关部位数值规定高的条款进行评定,例如额部损伤瘢痕长度1.5 cm,右前臂背侧损伤瘢痕长度8.0 cm,右侧胸背部损伤瘢痕长度6.0 cm,如果按照单处损伤瘢痕长度均为轻微伤;此时适用累计法(将额部、右前臂、右侧胸背部瘢痕长度相加为15.5 cm),按照《人体损伤程度鉴定标准》5.11.3b)"两处以上创口或者瘢痕长度累计15.0 cm以上",则损伤程度构成轻伤二级。

(三)鉴定意见

1.以最重者给出鉴定意见　如果加害人只有一人,受害人(被鉴定人)的损伤程度鉴定一般以最严重的作为鉴定意见,损伤程度有重伤二级、轻伤一级、轻伤二级,则鉴定意见为:被鉴定人因本次损伤所致的损伤程度为重伤二级。

2.分别或合加给出鉴定意见　如果加害人为多人,为了分清各自应当承担的法律责任,鉴定意见应予以分别表述,符合累计的给出合加的鉴定意见。例如加害人为2人,1人持木棒,1人持刀造成受害人损伤,入院检查:头顶部头皮见一长2.0 cm创口,创缘不整齐,创周围见头皮出血,创口渗血,右前臂尺侧见长度分别为5.0 cm、5.0 cm、3.0 cm创口,创缘整齐,深达肌肉,可见部分肌腱断裂,入院后予清创缝合术。法医临床检查见右头顶部见一大小为1.5 cm×0.2 cm瘢痕,右前臂上段背尺侧皮肤见一大小为5.0 cm×0.3 cm斜形瘢痕,右尺骨茎突上方背侧皮肤见两处大小均为4.5 cm×0.2 cm瘢痕;右腕关节活度正常。根据损伤形态特征分析头部损伤为钝性伤,右前臂损伤为锐器伤,右前臂损伤因肌腱断裂实施端端吻合术,依据瘢痕长度作为评定损伤程度的依据。鉴定意见应表述为:被鉴定人头部因钝器伤的损伤程度为轻微伤;右前臂因锐器伤的损伤程度为轻微伤。
两者合加的损伤程度(体表瘢痕长度累计 15.5 cm)为轻伤二级。

第三章　伤残程度鉴定

人体因损伤造成组织、器官结构破坏或者功能障碍，以及个体在现代临床医疗条件下难以恢复的生活、工作、社会活动能力不同程度的降低或者丧失，称之为残疾。伤残程度鉴定不仅为办理案件提供重要证据，也是法医临床司法鉴定中最常见的司法鉴定。

第一节　伤残程度鉴定的实施

伤残程度鉴定应参照《人体损伤致残程度分级》中的相应条款来进行，但司法鉴定实践与应用过程中仍存在一些问题，如部分具体标准缺失（如肾上腺损伤切除等）、鉴定人对标准理解不到位、标准僵化、鉴定依据不充分、缺乏人文关怀等问题。因此，必须从鉴定受理、鉴定材料、鉴定时机、伤病关系、鉴定注意问题等方面进行梳理，达成共识，增强可操作性。

一、鉴定受理

可以受理公、检、法等司法机关、其他单位以及个人的委托，对重新鉴定的应由司法机关或双方当事人共同委托。法医临床鉴定机构只能对躯体残疾的伤残程度进行鉴定。

以精神障碍作为认定依据的，可以由具备法医精神病鉴定执业资格的司法鉴定机构办理，需精神障碍医疗诊断服务的则需要到具备此项业务的认定机构开展，而法医临床认定机构既无法对精神伤残做出判断，也无法根据精神科的专业医生意见或者证明其符合由法医精神科认定机构所提供的精神检测结果、心理测试报告、智力功能障碍检查报告等，做出精神伤残判断。对于精神障碍、智力减退者的认定属法医精神病认定范围内,不构成法医临床认定工作业务范畴,本书不予阐述。

鉴定材料是实施伤残程度鉴定的主要依据之一,应注意收集以下鉴定材料。

(1)鉴定委托书(或县级以上公安局、检察院的聘请书),应加盖委托鉴定单位或委托人的签印章。

(2)人身伤害立案材料(案情简介、询问或讯问笔录等)、《道路交通事故认定书》、工伤事故或工伤认定证明材料等。

(3)病案材料(门诊病历、入院记录、出院记录、医嘱、手术记录、疾病诊断证明书等,需要时相关的病程记录、护理记录)。

(4)医学影像片(X 线片、CT、MRI 等)及相关检验报告(B 超、化验单等)。

(5)属于重新鉴定的应当提供原鉴定意见书。

(6)被鉴定人身份的有效证件(身份证或户口簿)。

(7)在场人员身份的有效证件(身份证或户口簿)。

二、伤残程度鉴定的时机

准确选择鉴定时机是伤残程度鉴定的关键一步,是伤残程度鉴定意见正确的基本保证,也是发挥鉴定意见法律效力的重要环节。然而在法医临床司法鉴定实践与应用过程中,因鉴定时机选择不准确,致使鉴定意见不被采信的案件时有发生。因此,鉴定时机的选择主要根据以下两方面进行把控。

(一)《人体损伤致残程度分级》明确的鉴定时机

《人体损伤致残程度分级》中第 4.2 条规定:"应在原发性损伤及其与之确有关联的并发症治疗终结或者临床治疗效果稳定后进行鉴定。"治疗终结,是指对受伤直接引起的原发损伤或受伤引起的并发症进行处理,以获得临床治疗或临床处理的效果稳定。临床治疗效果稳定是指临床医学中一般准则所指出的症状和体征基本保持稳定。对常见损伤临床治疗效果和(或)好转性的临床标准,包括:

1.体表损伤 创口完全愈合,缝线拆除,局部血肿和皮下血肿消失,症状基本消失,无感染者。

2.头颅损伤　局部症状缓解,伴随的皮肤损伤痊愈,没有再感染;合并骨折的碎骨块去除或局部经过整复;出血吸收;神经系统症状、体征改善或减轻,遗留后遗症的情况趋于稳定。

3.眼、耳、口腔损伤　局部水肿与出血消失,刺激症状好转或减轻,视、听觉和相关功能得以良好修复并趋于稳定。

4.脊髓损伤　其他的肢体活动已恢复正常,或症状、体征趋于稳定。

5.血、气胸及肺挫伤　局部出血消失,胸部体征改善或消失,经 X 线或 CT 等复查结果提示胸部无明显异常影像,并趋于稳定。

6.腹腔、盆部器官损伤　局部症状逐渐好转或减轻,而部分长期无法修复的后遗症也趋于稳定。

7.骨折　分为治愈和好转两方面。

(1)治愈。骨折恢复正常,骨折线消失,基本达到了骨性的愈合,身体功能得以有效修复,局部症状消失。

(2)好转。骨折线消失或者不再出现动态变化,功能部分恢复正常,症状与体征也趋于稳定。

8.肌肉损伤、周围神经损伤　肢体功能恢复或症状、体征趋于稳定。

9.肢体离断伤　损伤痊愈,残肢功能趋于稳定。

(二)法医临床司法鉴定实践与应用过程中的鉴定时机

1.损伤后 3 个月内鉴定　一般适用于以原发性损伤为主要的鉴定依据。主要依据的是形态学变化,有可能是治疗前的形态学变化,也有可能是治疗后的形态学变化,如肢体、组织器官缺失(甚至缺损),脏器摘除或修补术后,颅骨和颌骨缺损,肋骨骨折(6 根、12 根之上),肋骨缺失(4 根之上),牙齿严重缺失或折断(7 枚之上),颈椎压缩性骨折超过 1/3,椎体粉碎性骨折、椎管内骨性占位(不包含脊髓损伤),骨骺损伤,植入永久的人工假体损坏等。

2.损伤后 3 个月后鉴定　一般适用于组织器官功能障碍为主要鉴定依据。包括骨折、肌腱损伤、韧带损伤造成关节功能障碍(不包含神经损伤),手足功能障碍,体表瘢痕(不包含面部瘢痕)等。伤后间隔较长时间实施手术的,鉴定时机宜在术后 3 个月后鉴定。

3.损伤后 6 个月后鉴定　一般适用于以容貌损伤和组织器官功能障碍为主要的认定依据。包括颜面瘢痕、色素沉着,视觉、听力功能障碍,性功能障碍,颅脑损伤后的植物生活状态、大小便失禁、语言功能失调,中枢及周围神经受损所致的肢体麻痹,脏器受损后的运动功能障碍,非稳定性骨盆骨折等。

4.损伤后12个月后鉴定　一般应用于肢体长骨骨折并发的骨髓炎、骨不连,以及外伤性癫痫等。

5.不涉及刑事责任的案件鉴定　对不涉及刑事责任的案件,当事人请求在治疗结束时做出致残程度评估的,需双方当事人书面认可,评估机关和当事人签署评估委托书并特别说明,评估意见可能具有不确定性,已通知各方当事人,建议适时再次鉴定或重新鉴定。

6.未拆除内固定物的鉴定　内固定物不跨越关节,一般不影响伤残等级评定的,可按骨折愈合标准选择鉴定时机。部分学者认为不必取出内固定物须有实施内固定术的医疗机构出具证明(建议意见),而在司法鉴定实践中,一般医疗机构不会出具这样的医学证明(建议意见),因此,认为只要内固定物不跨越关节、不突入关节腔隙或没有破坏关节囊,即达到骨折愈合时就可以进行伤残程度鉴定。

内固定物在位构成对关节功能影响,并以该关节功能丧失作为评定伤残等级依据的,原则上需取出内固定物,并经适当功能锻炼2个月后予以鉴定。

7.疑难、复杂的损伤鉴定　对疑难、复杂的伤情认定时限无法确定者,依据《道路交通事故受伤人员治疗终结时间》(GA/T1088—2013)所规定的治疗终结时间为认定时限。如果外伤后进行较长时间护理的,鉴定时限相应拉长,原则上不得超过2年。

三、伤病关系

伤病关系是指身体所受的原发性损伤,或者同时本身具有身体疾患或自身残疾所产生的损伤或功能障碍,二者在损伤后果中互为因果关系。当在致残程度评估过程中,出现损伤与原有伤和(或)疾病并存情况时,应当将损伤与原有伤和(或)疾病间的关系进行正确评估,分析损伤与伤残结果之间的关系。将损伤与伤残结果中的原因力大小的伤病关系等级区分完全作用、主要作用、同等作用、次要作用、轻微作用和没有作用等6个级别。

伤残后果完全由原有损伤和(或)疾病引起,损伤与伤残后果不存在因果关系,则不宜进行伤残程度鉴定。

四、鉴定注意事项

伤残程度鉴定过程中应严格遵守鉴定原则,准确适用标准条款做出鉴定意见。在鉴定实践与应用过程中还应注意以下问题:

(一)颅脑损伤

局部症状消退,伴随的皮肤损伤已经愈合,无感染;合并骨折的碎骨片去除或局部已经整复;出血吸收;神经系统症状、体征好转或消失,遗留后遗症的趋于稳定。

1. 肢体瘫痪 医学影像片或手术记录能够证实有颅脑损伤的病理基础,除对肌力、肌张力检查外,还应测量肢体周径明确肌肉萎缩程度,深反射、浅反射及病理性反射检查,法医临床表现与颅脑损伤存在对应关系,必要时利用体感诱发电位检查来明确神经功能障碍的定位,鉴别神经源性、肌源性肌瘫痪。

2. 颅脑损伤后遗脑软化灶形成,伴有神经系统症状或者体征 其包含两层含义:一是脑软化灶形成;二是出现神经系统症状、体征两者之一。如被鉴定人因交通事故造成脑挫裂伤并蛛网膜下腔出血,医学影像片显示左颞叶脑组织软化灶形成,自诉经常头晕、头痛、记忆力下降,法医活体检查右侧上、下肢肌力5个一级,右膝反射、右跟腱反射减弱。这秦明被鉴定人有颅脑损伤的病理基础,出现头晕、头痛、记忆力下降的症状以及右侧肢体肌力5一级,右膝反射、右跟腱反射减弱的体征;而头晕、头痛、记忆力下降属于主观感受,难以得到证实,但活体检查发现存在神经功能障碍的体征。因此,依照《人体损伤致残程度分级》5.10.12)评定其伤残程度构成十级残疾。

3. 开颅术后 开颅术后特指颅脑损伤实施开颅手术(包括开颅血肿清除术、去骨瓣减压术、脑室引流术、钻孔引流术、颅内压监护探头植入术等)治疗后未遗留功能障碍,也包括无开颅术指征而医疗机构实施了开颅手术(手术记录证实)。例如被鉴定人头部外伤,自述受伤当时昏迷,入院后有头痛、头晕的症状,但无神经系统的体征,医学影像片无脑受压的影像学改变,入院诊断:开放性左侧额骨凹陷性骨折,左额部硬膜外血肿,左额叶脑挫裂伤,头皮裂伤,考虑颅脑损伤致颅内出血继续发展的可能,急诊予颅骨凹陷性骨折整复＋颅内血肿清除＋颅骨修补术,活体检查时无脑功能障碍的阳性体征,进行伤残程度鉴定应依据"开颅术后"评定十级残疾。

如遗留功能障碍者,应依据对应条款评定伤残程度,不能再依据本条款增加评定十级残疾。

4.外伤性癫痫　强调脑的器质性损伤3个月以上证实有癫痫发作的临床表现,而且医学影像片显示脑部存在器质性损伤病灶,不能只根据家属的描述而轻易做出认定,最好有医生或视频资料得以证实,必要时进行血液抗癫痫药物的定性检验。外伤性癫痫的分度严格按照《人体损伤致残程度分级》附录 B.6 的规定予以评定。

(二)四肢六大关节功能障碍

1.查表法

《人体损伤致残程度分级》的附录表 C.4 - 表 C.9 动度受限合并周围神经受损或后遗相关肌群肌力减弱,导致关节功能障碍的情形。

在法医临床鉴定实务上和应用的查表方法,要注意以下 4 点。

(1)测量健侧和患侧关节被动活动度。

(2)对于单纯中枢神经系统和周围神经损伤而引起关节功能障碍的特殊情形,应适用此专门性条款。如左肘部的桡神经根受损致左上臂肌力为四级以内者,则应按照《人体损伤致残程度分级》5.10.16"四肢重要神经损伤,遗留相应肌群肌力 4 级以下"认定十级伤残,不再考虑桡神经损伤对腕关节功能的影响。

(3)伤侧关节功能丧失值应与对(健)侧进行对比,即同样用查表法依次求出伤侧与对侧关节的功能丧失值,并以伤侧关节功能丧失值减去对侧关节功能丧失值,其差值即为伤侧关节功能实际丧失值。例如被鉴定人因左尺骨远端骨折并尺桡关节分离,神经肌电图提示左腕部尺神经运动波幅低平,活体检查测量腕关节活动度:掌屈为左 45°,右 58°;背屈为左 40°,右 60°;桡屈为左 15°,右 20°。尺屈为左 30°,右 40°;双上肢肌力 5 级。查表 C-6 对应方位左侧关节功能丧失值分别为 20%、20%、40%、40%,则左腕关节功能丧失值为 30%[(20%＋20%＋40%＋40%)/4＝30%];右腕关节功能丧失值分别为 10%、10%、20%、20%,则右腕关节功能丧失值为 15%[(10%＋10%＋20%＋20%)/4＝15%];左腕关节功能实际丧失值为 15%(30%－15%＝15%)。

(4)当关节运动受限于某一方向时,在同轴处的某一方向能力丧失的按百分之一百计算。如腕关节的掌屈与背屈,轴位一样,而位置却不同,则腕关节的功能范围约为掌屈 10°- 50°间,故掌屈按 40°计算(查表求得功能丧失值为 30%),背屈功能丧失值按 100%计算。

2.计算法　适用于因骨关节破坏、韧带受损、软组织缺损而导致的关节活动损伤。骨关节破坏引起关节活动异常的应测定关节被动活动程度;属于关节韧带破裂和(或)肌肉、肌腱破裂者应测定关节主动活动程度。

(1)例如,被鉴定人于 2017 年 9 月 26 日 11 时 45 分因"车祸伤致左膝肿痛、活动受限 6 小时"入院。入院诊断:左胫骨平台粉碎性骨折、左腓骨小头粉碎性骨折,于 2017 年 10 月 5 日行左胫骨平台、腓骨近端粉碎性骨折切开复位内固定术,2018 年 4 月 4 日 X 线片示左胫骨平台、左腓骨小头粉碎性骨折呈术后改变,左胫骨平台面呈塌陷畸形愈合,内固定物在位,可见大量骨痂形成。2018 年 8 月 3 日人民法院委托进行伤残程度鉴定,法医活体检查:左膝关节外侧至左小腿中段胫前皮肤见一大小为 18.0 cm×0.1 cm 缝合瘢痕,左膝关节下方内侧皮肤见一大小为 3.2 cm×0.2 cm 缝合瘢痕。测量双下肢长度:左 85.0 cm,右 83.5 cm。测量下肢周径:大腿为左 42.5 cm,右 46.3 cm;小腿为左 30.0 cm,右 27.3 cm。测量膝关节周径:左 34.5 cm,右 32.5 cm。左膝关节活动受限,测量膝关节被动活动度:屈曲为左 90%°,140°;伸展为左 0°,右过伸 10°。双下肢肌力 5 级,肌张力正常;生理反射存在,病理反射未引出。计算左膝关节功能丧失值为 40%[(140＋10－90)/150(膝关节从过伸 10°至屈曲 140°)×100%＝40%],根据《人体损伤致残程度分级》5.10.6 11)"四肢任一大关节(踝关节除外)功能丧失 25%以上"评定被鉴定人因交通事故造成左胫骨平台、腓骨近端粉碎性骨折致左膝关节功能丧失 40%的伤残程度构成十级残疾。

(2)例如被鉴定人于 2015 年 3 月 22 日 17 时 30 分因交通事故受伤入院。入院诊断:左股骨颈骨折,左股骨远端开放性骨折。于 2015 年 3 月 23 日行左大腿清创、VSD 术＋石膏外固定术,2015 年 4 月 3 日行左前臂清创植皮＋左膝关节清创 VSD 术,2015 年 4 月 10 日行左股骨颈骨折动力髋钢板螺钉内固定术＋左膝关节清创、外固定支架固定术,2015 年 4 月 23 日行左侧髂静脉、下腔静脉造影＋下腔静脉滤器人＋右股静脉导管拔除术,于 2015 年 6 月 10 日行左股骨骨折切开复位钢板内固定术＋取右髂骨术。2017 年 3 月 11 日因脑梗死致右侧偏瘫入院治疗。2019 年 4 月 30 日人民法院委托进行伤残程度鉴定,法医活体检查:左大腿中上段外侧见一大小为 18.0 cm×0.1 cm -18.0 cm×0.3 cm 缝合瘢痕。左大腿中下段外侧见二处大小分别为 22.0 cm×0.1 cm -22.0 cm×0.8 cm、21.5 cm×0.3 cm 缝合瘢痕;左大腿中段前侧见二处瘢痕大小均为 1.0 cm×10.0 cm。左膝关节下方见一大小为 0.6 cm×0.6 cm 瘢痕。测量双下肢长度:左 89.5 cm,右 90.5 cm;测量大腿周径:左 48.5 cm,右 50.5 cm;小腿周径:左 36.0 cm,左 36.0 cm;膝关节周径:左 41.0 cm,右 39.5 cm。右大腿中下段外侧见一大小为 11.0 cm×4.0 cm -11.0 cm×4.5 cm 瘢痕(取皮区)。右髂前上棘见一大小为 5.0 cm×0.5 cm 瘢痕(取皮区)。左髋关节、左膝关节活动受限,测量髋关节被动活动度:前屈为左 90°(正常值 140°);伸展为左 10°(正常值 15°);外展为左 30°(正常值 453);内收为左 25°(正常值 30°);内旋为左 20°(正常值 50°);外旋为左 25°(正常值 40°),测量膝关节被动活动度:屈曲为左 90°(正常值 150°);伸展为左 0°(正常值 0°)。右侧上、下肢肌力 4 级,右侧肌张力增高,右侧肱二头肌、肱三头肌、桡骨膜、膝、跟腱反射稍亢进;左侧上、下肢肌力 5 级,肌张力正常,左侧膝反射未引出。腹壁反射正常。提睾反射:右侧减弱,霍夫曼征右(＋),巴宾斯基征右(＋)。2017 年 3 月 11 日因脑梗死致右侧偏瘫与交通事故不存在因果关系,由于被鉴定人存在右下肢功能障碍,因此,其左髋关节、左膝关节活动度以正常值的上限作为参考值。计算左髋关节功能丧失:[(140−90)/140＋(15−10)/15＋(45−30)/45＋(30−25)/30＋(50−20)/50＋(40−25)/40]/6(髋关节 6 个活动方位)×100%≈36%。左膝关节功能丧失:(150−90)/150×100%＝40%。参照《人体损伤致残程度分级》5.10.6 11)"四肢任一大关节(踝关节除外)功能丧失 25% 以上"之规定,评定被鉴定人左髋关节功能丧失 36%、左膝关节功能丧失 40% 的伤残程度均构成十级残疾。

(3)例如被鉴定人于 2018 年 3 月 6 日 9 时 57 分许,因"交通事故致右上肢疼痛、活动障碍 4 小时余"入院。入院诊断:尺骨中上段骨折,右桡骨小头脱位。2018 年 3 月 26 日行右桡骨小头脱位复位,尺骨切开复位内固定＋克氏针内固定＋任意皮瓣成形＋石膏外固定术。2018 年 9 月 7 日行"右肘关节异位骨化病灶切除、关节松解,桡骨小头脱位内固定取出,尺神经嵌压松解术"。2019 年 1 月 18 日右上臂下段至前臂上段外侧见一大小为 10.0 cm×0.2 cm 缝合瘢痕;右上臂下段后侧至前臂上段后侧见一大小为 8.0 cm×0.3 cm 缝合瘢痕;右前臂外后侧中段见一大小为 11.0 cm×0.3 cm 缝合瘢痕;右肘关节活动受限,测量肘关节活动度:屈曲为左 135°,右 105°;伸展为左 0%右−20°;四肢肌力 5 级,肌张力正常,生理反射存在,病理反射未引出。计算右肘关节功能丧失:[(45-15)/45+(90-70)/90]/2×100%≈44%(注意:肘关节的功能位为屈肘90°)。参照《人体损伤致残程度分级》5.10.6 11)"四肢任一大关节(踝关节除外)功能丧失25%以上"之规定,评定被鉴定人右肘关节功能丧失44%的伤残程度构成十级残疾。

(三)听力障碍

听力损伤依据《听力障碍的法医学评定》(GA/T 914—2010)进行鉴定,评定时机应在伤后6个月以上。鉴定时不仅要有2~3次纯音听阈测定,而且纯音听阈测定结果重复性好,同时需要1~2项客观听力检查(如40 Hz听觉相关电位,听性脑干反应,多频稳态反应,听觉皮层诱发电位,声导抗测试,等等)表明听力损伤的客观性和可靠性,以识别伪聋。在具体案件鉴定中必须进行综合分析判断。

1.注重损伤的病理基础　常规颞骨薄层CT扫描,必要时进行内耳MRI检查,明确损伤的病理基础,不能仅以听力的检查报告作为评定依据,而忽视病因分析,造成鉴定意见偏差。尤其是在诉前委托鉴定时,被鉴定人常常考虑其自身利益,隐瞒或故意歪曲事实,误导鉴定人做出有利于被鉴定人的鉴定意见。

2.注意对主观、客观听力测试结果的统计分析,减少测试失败的机会　在对被鉴定人实施主观测听后,可以做纯音听检测,看检查结果能否较为稳定。若被鉴定人伪装听力降低,往往表现为二项结果差异超过10 dB,通常损伤时听力降低,但随着时间的延长,听觉降低水平也会出现不同程度的降低、甚至和损伤时听觉降低的水平相当,通常没有发现听觉降低水平较损伤时的水平更为严重的现象,若发生此种情形,则认为被鉴定人有意夸大听觉障碍的范围,因此,鉴定时不能仅依据纯音测听结果作为判断听力障碍。应用伪聋检测法对主观测听结果加以证实,客观测听法对医学诊断假聋、癔症性聋有着非常关键的作用,但这几种客观检查听觉手段都有着一定的特点,就个人来说,存在特殊性,必须要具体问题具体分析。

3.注意对临床症状、体征和相关影像学检查、生化检测等结果的统计分析　如影像学检查在颅底未见明显骨折现象,而临床怀疑脑脊液耳漏,对其生化检查、耳镜检测有着非常重要的价值;前庭功能测试则对诊断耳蜗损伤、迷路震荡等具有重要参考意义。

4.对被鉴定人伤前是否存在听力障碍要有合理性怀疑　如损伤一侧

耳,而双耳听力同时出现障碍,不要仅听取被鉴定人的陈述就判断受伤前无听力障碍。必要时要求委托人调查被鉴定人伤前的听力检查情况,如健康档案资料等。

5.分析损伤与听觉功能障碍的关系　全面了解被鉴定者损伤经过、临床表现、测试结果,结合伤前听觉情况,必要时请听觉力学医生会诊。无法判断受伤和听觉障碍之间存在关系的,不宜进行伤残程度评定。

听力减退程度评定取 0.5 kHz、1 kHz、2 kHz、4 kHz 四个频率气导听阈的平均值(见表 3-1),被鉴定人年龄为 30 岁以上应采取年龄修正值,特别注意伤残程度鉴定与损伤程度鉴定所参照的年龄修正值的区别。ASSR 反应阈图与纯音听阈图的相关性较好,通常比行为阈值高 10-20 dB,如检测实验室不提供校正值,则采取其 0.5 kHz、1 kHz、2 kHz、4 kHz 反应阈值的平均值减去 15 dB 作为听力的听阈值。

听力减退程度计算法:0.5 kHz、1 kHz、2 kHz、4 kHz 四个频率气导听阈级的平均值,即 4 个频率气导听阈值之和除以 4。例如被鉴定人男性,52 岁,右耳纯音听阈为 0.5 kHz 75 dB、1 kHz 75 dB,2 kHz 70 dB、4 kHz 70 dB,则右耳听力障碍(dB HL)=[(75-4)+(75-4)+(70-7)+(70-16)]/4≈65(保留整数,小数点后一位采取四舍五入)。

表 3-1　耳科正常人随年龄增长超过的听阈偏差中值(GB/T7582—2014/ISO7029:2000)

年龄/岁	男				女			
	0.5 kHz	1 kHz	2 kHz	4 kHz	0.5 kHz	1 kHz	2 kHz	4 kHz
30	1	1	1	2	1	1	1	1
40	2	2	3	8	2	2	3	4
50	4	4	7	16	4	4	6	9
60	6	7	12	28	6	7	11	16
70	9	11	19	43	9	11	16	24

(四)视力损害

一般将大于等于 1.0 的视力称为正常视力,小于等于 0.5 的视力称为视力降低。盲及视力损害分级标准(见表 3-1)。视力一定为矫正视力,不能以裸眼视力作为评定依据。

(六)足弓破坏

1.足弓破坏鉴定 足弓骨性结构包括内侧纵弓、外侧纵弓和横弓。内侧纵弓角度正常值113°~130°,外侧纵弓角度正常值130°~150°,前弓角度正常值13°以上,后弓角度正常值16°以上。因足损伤致跟骨、跗骨、跖骨等构成足弓的骨性破坏,拍摄半负重站立位足侧位X线片,足弓破坏鉴定的关键是准确测量各足弓的角度数,据此来判断足弓骨性结构的破坏程度。内侧纵弓角度、外侧纵弓角度、前弓角度不在临床参考值范围内,均视为足弓相应结构破坏,内侧纵弓、外侧纵弓均破坏,可视足弓完全破坏。

2.利用Photoshop(PS)软件测量内侧纵弓角度 在实践与应用中利用PS软件测量内侧纵弓角度的步骤。

(1)打开PS软件。

(2)在PS软件中打开图片,使用左边工具栏的裁剪工具,选取需要截取的部分,点击"√"确定完成截图。

(3)点击软件左下角,输入百分比可放大或缩小图片。

(4)在工具栏中选择直线工具,在测量的起点(跟骨最低点)单击鼠标按住不放,将鼠标拖至测量终点(距骨头的最低点)后放开,得到一条直线,在PS软件工具栏区域,填充、描边可选择线条的颜色;输入像素可调整直线的粗细。重复上一步骤画出第2条线,从距骨头的最低点至第一跖骨远端最低点画一直线。

(5)在工具栏中选择标尺工具(选择后鼠标光标旁边会有把小尺子),在线条中任一位置单击鼠标沿着线条按住不放拖到角的顶点再松开鼠标,松开后最好不要移动鼠标,同时按住Alt键,鼠标箭头旁边的尺子会变成量角度的符号;按住Alt键,从角的顶点单击鼠标并沿另一边线条拖动,到任一位置松开鼠标。此时,编辑区上方的数据显示:A表示测量的角度度数,L1、L2表示测量的边长,标尺单位默认为厘米(cm),边长的结果无实质性意义。

(6)记录好测量的角度度数后,点击选择背景图层,选择画笔工具,设置画笔颜色:点击前景色(默认是黑色的),在颜色框内选择和线条相近的颜色;画弧线,如果画得不好,可以直接同时按Ctrl+Alt+Z键撤销,或者选择后退一步,重新画弧线。

(7)选择文字工具,在弧形下方任一位置输入文本,在上方工具栏可以选择字体、文字的大小、文字的颜色,完成输入角度值后点击"√",可用移动工具将输入的角度值移动到适合的位置。

(8)点击背景图层,合并图像,储存文件,储存时注意选好储存的位置(如桌面)、改写文件名称(××内侧纵弓图),格式一定要选择 JPEG,点击保存,即获得内侧纵弓角度数值图片。

3. 利用 PS 软件测量外侧纵弓、前弓、后弓角度 利用上述内侧纵弓的同样方法可测量外侧纵弓、前弓、后弓的角度。

(1)外侧纵弓:由跟骨最低处至跟骰关节最低处作一直线,再由跟骰关节最低处至第五跖骨远端最低处作一直线,以衡量二线所形成的角度。外侧纵弓角度正常值:130°~150°。

(2)前弓:由第 1 跖跗关节中心点至第一跖骨头中心点作一直线,再由第一跖骨头中心点至跟骨中心点作一直线,以衡量二线所构成的角度。前弓角度正常值:13°以上。

(3)后弓:先由跟骰关节中心点至跟骨中心点作一直线,再由跟骨中心点至第 5 跖骨骼中心点作一直线,以衡量二线所构成的角度。后弓角度正常值:16°以上。

鉴定时也常利用双足半负重侧位 X 片进行比较评定是否存在足弓破坏。

构成足弓的软组织(皮肤、皮下组织、肌肉、韧带)严重损伤(挛缩、毁损、缺失),也可视为足弓破坏,如被鉴定人因交通事故碾压伤致右足皮肤脱套伤,实施植皮术,引起足底皮肤隆起畸形,则可评定为足弓结构完全破坏。

如存在足弓软组织损伤影响足底形态改变时,一般可采取双足底拍照进行对比,也可采足迹捺印盒捺印双足赤足印痕,对左右足底形态进行比对,判断足弓软组织损伤对足弓的破坏程度。

(六)同一部位和同一性质的残疾

"同一部位"系泛指所有解剖部位,如头颅、颜面、颈部、乳房、腹腔、盆部、脊柱、四肢等。而在内脏则应指同一脏器,如脑、脊髓、肺部、气管、心、胃、小肠、肝、胆、胰、脾脏、肾脏、子宫、卵巢、肾脏等。根据对《人体损伤致残程度分级》等标准的研究,应具体情况具体分析。如单侧肾脏损伤、单侧卵巢损伤等,条款中明确规定了单侧的对称性脏器损伤都应视为不同部位,但并未具体规定了任何一方或单侧的脏器损伤都应列为相同部位。例如被鉴定人被他人用刀刺伤左右肺,左肺上叶实施楔状切除缝合修补术,右下肺实施肺修补术,《人体损伤致残程度分级》中没有将肺脏划分一侧肺脏,虽然解剖学上分为左右肺,但应视为同一部位,对于同一部位损伤可采取"就高不就低"的原则,评定被鉴定人左肺上叶实施楔状切除缝合修补术构成九级残疾。

针对"同一性质"的问题,由于《人体损伤致残程度分级》将伤残界定为"各种因素造成的人体组织器官结构破坏和(或)功能障碍"。也即,可以把伤害的属性分成结构和功能二种,而功能方面则可以分成器质性功能和精神性功能二种。例如,大脑器质性损伤会引起肢体麻痹和精神障碍二种不同性质的损伤;脊髓损伤则会引起肢体麻痹和性功能障碍二种不同性质的损伤,鉴定时可分别给予评定。在伤残程度鉴定的实践与应用中对于同一部位和性质的残疾应注意以下5种情形。

1.中枢神经损伤或者神经丛性或者根性损伤引起肢体瘫痪,不能同时援引肢体瘫痪和肢体大关节功能障碍分别评定伤残等级,应适用神经损伤的条款予以评定。 例如被鉴定人因外伤致左臂丛神经损伤,造成左上肢肌力3级,左肩关节功能丧失80%,左肘关节功能丧失75%,左腕功能丧失67%,则只能依照《人体损伤致残程度分级》5.7.1 6)"单肢瘫(肌力3级以下)"评定七级残疾。

2.肢体重要神经损伤引起肢体全肌瘫、部分肌瘫,肢体大关节和手足功能障碍 不能同时援引肢体瘫痪、肢体大关节功能障碍、手足功能障碍分别评定伤残等级,可适用"就高不就低"原则予以评定。例如被鉴定人因右腓骨小头粉碎性骨折致右腓总神经离断,实施右腓总神经端端吻合术,活体检查,右小腿肌力3级,右踝关节功能丧失75%,右足5趾功能丧失50%。依照《人体损伤致残程度分级》5.9.1 7)"四肢重要神经损伤(上肢肘关节以上,下肢膝关节以上),遗留相应肌群肌力3级以下",5.9.6 10)"一踝关节功能丧失75%以上",5.10.6 16)"一足5趾功能丧失均达50%",则最终评定九级残疾。

3.关节骨折既可影响关节功能,又致肢体长度相差,可适用"就高不就低"原则只评定一次 例如被鉴定人因交通事故损伤致右股骨颈骨折,由于年龄80岁采取保守治疗,致右髋关节功能丧失51%,双下肢长度相差2.5 cm,则只能依照《人体损伤致残程度分级》5.9.6 9)"四肢任一大关节(踝关节除外)功能丧失50%以上"评定为九级残疾,不再对双下肢长度相差2.5 cm评定十级残疾。

4.足趾缺失和足弓机构破坏可影响足趾评分分值,又致足弓破坏,可适用"就高不就低"原则只评定一次 例如被鉴定人因交通事故致左足碾压伤,实施左足第一跖骨中段以远＋左第二、第三、第四趾跖趾关节以远截趾术,按足趾缺失评分功能丧失分值为 35 分,左侧内侧纵弓关系结构破坏,则只能依照《人体损伤致残程度分级》5.9.6 15)"手或者足功能丧失分值≥25分"评定为九级残疾,不再对左侧内侧纵弓评定十级残疾。

5.难以确定的处理 对难以确定是否属于同一部位和同一性质的残疾,宜适用"就高不就低"原则以级别高的评定伤残级别。

第二节　伤残程度鉴定的应用

一、伤残程度鉴定实例

广西××司法鉴定中心司法鉴定意见书

桂××司鉴中心〔2019〕临鉴字第 X 号

(一)基本情况

委托人:××县人民法院

委托事项:对吴××的伤残程度进行鉴定

受理日期:2019 年 3 月 8 日鉴定材料:

(1)××县人民法院《司法鉴定委托书》〔2019〕桂××鉴 12 号;

(2)××县公安局交通管理大队《道路交通事故认定书》第××20180000300 号复印件;

(3)××县人民医院入院记录、出院记录、手术记录、疾病证明书、检查报告单复印件;

(4)吴××医学影像片壹拾张;

(5)吴××居民身份证复印件。

(二)基本案情

2018 年 11 月 3 日 13 时 21 分许,在国道 324 线 1604km＋900m 处发生交通事故造成吴××受伤,吴××伤后到××县人民医院就诊住院。2019年 3 月 5 日××县人民法院依据《司法鉴定委托书》〔2019〕桂××鉴 12 号委托我中心对上述委托事项进行鉴定,2019 年 3 月 8 日吴××在家属陪同下到我中心接受法医临床检查,××县人民法院法官凌××在场见证。

(三)资料摘要

××县人民医院病历(住院号 2761××)资料中记载:

1.日期　住院日期:2018 年 11 月 3 日。出院日期:2018 年 11 月 22 日。

2.入院时病情摘要　因"外伤致左侧腰背部、左手疼痛 1 h 余"入院。查体:神清,精神尚可,左手可见皮肤擦伤,无活动性出血,双侧瞳孔等大等圆,直径 3 mm,对光反射灵敏。专科情况:脊柱生理弯曲存在,脊突无压痛、叩击痛,左侧腰背部压痛、叩击痛,未触及骨擦感,左手可见皮肤擦伤,无活动性出血,局部压痛,未触及骨擦感,肢端感觉及血运正常,余肢体未见异常。

3.入院诊断　左腰背部、左手软组织挫擦伤。

4.住院诊疗经过　入院后完善相关检查,……于 2018 年 11 月 4 日行剖腹探查术、脾切除术、胰腺挫裂伤修补术、后腹膜血肿清除术、肠粘连松解术、腹腔冲洗引流术,术后予抗感染、护胃抑酸,纠正水电解质酸碱平衡,营养支持治疗,……于 2018 年 11 月 17 日行左侧微创胸腔闭式引流术,术程顺利。

5.出院诊断　闭合性腹部内脏损伤;脾破裂出血;胰腺挫伤;左肾挫伤;后肢膜血肿;肠粘连;急性弥漫性腹膜炎;两下肺挫伤;两侧胸腔积液;左侧第 4-11 肋骨骨折;左腰背部、左手软组织挫擦伤;腰椎间盘突出症;低蛋白血症。

6.手术记录

(1)手术时间:2018 年 11 月 4 日,

(2)手术名称:剖腹探查术;脾切除术;胰腺挫裂伤修补术;后腹膜血肿清除术;肠粘连松解术;腹腔冲洗引流术。

(3)手术过程:取左肋缘下斜切口长约 20 cm,使用高频电刀常规切开皮下、肌层、腹膜,进入腹腔,探查如大体病理。因脾脏有活动性出血,脾蒂及肾蒂血管破裂无法修补,决定行脾脏切除术、胰腺挫裂伤修补术、后腹膜血肿清除术、肠粘连松解术、腹腔冲洗引流术……

(四)鉴定过程

1.被鉴定人　吴××,男,汉族,居民身份证号码 4521231961××××

××××。

2. 鉴定日期　2019年3月8日。

3. 鉴定地点　广西××司法鉴定中心法医室。

4. 检查方法　依据《法医临床检验规范》（SF/Z JD0103003—2011）对被鉴定人进行活体检查；依照《法医临床影像学检验实施规范》（SF/Z JD0103006—2014）对送审医学影像片进行阅片。

5. 检查记录　被鉴定人吴××，男，神清，步态正常，自由体位，问答切题，查体合作。查体：左上腹部肋下见一大小为17.7 cm×0.2 cm -17.7 cm×0.5 cm斜形手术缝合瘢痕；右下腹见两处瘢痕，大小分别为2.0 cm×0.8 cm、2.2 cm×1.0 cm；右下腹见一陈旧性手术缝合瘢痕；腹平软，无压痛及反跳痛；胸廓挤压征左（＋）。

6. 阅片所见

(1)（2018—11—20，X线片号627119××）左侧第4 -11肋骨骨折，左第5、7肋折端对位对线差，左侧第4、6、8 -11肋骨骨折对位可。诊断：左侧8肋骨骨折。

(2)（2019—3—8，CT片号3036××）左侧第4 -11肋骨骨折，左侧第5、7肋外侧呈向下稍错位畸形，左侧第4、6、8 -11肋骨骨折对位可，可见骨痂形成。诊断：左侧8肋骨陈旧性骨折；左侧第5、7肋骨畸形愈合。

（五）分析说明

根据现有送检材料，结合检查和阅片所见，综合分析认为：

1. 伤残评定时机　被鉴定人因2018年11月3日交通事故造成脾破裂出血，胰腺挫伤，左肾挫伤，后腹膜血肿，肠粘连，急性弥漫性腹膜炎，两下肺挫伤，两侧胸腔积液，左侧第4 -11肋骨骨折，左腰背部、左手软组织挫擦伤的诊断明确；经住院及手术治疗，伤后至今已4个月，根据《人体损伤致残程度分级》第4.2条之规定，符合评定时机。

2. 评定伤残程度　被鉴定人因本次交通事故造成损伤，本次鉴定主要依据原发性损伤作为残疾评定依据，脾破裂出血行脾切除术、胰腺挫伤实施胰腺挫裂伤修补术、左侧第4 -11肋骨（8肋）骨折，根据《人体损伤致残程度分级》5.8.4 2)"成年人脾切除术后"、5.10.4 2)"肝、脾或者胰腺修补术后"、5.10.3 7)"肋骨骨折6根以上"之规定，评定被鉴定人的伤残程度分别达到八级、十级、十级残疾。

其余损伤未构成残疾等级。

（六）鉴定意见

被鉴定人吴××因本次交通事故造成的伤残程度为多等级残疾：

（1）脾切除术后的伤残程度为八级残疾。

（2）胰腺挫裂伤修补术后的伤残程度为十级残疾。

（3）左侧 8 肋骨骨折的伤残程度为十级残疾。

（七）附件

（1）照片 3 张壹页。

（2）鉴定许可证、鉴定人执业证复印件。

司法鉴定人签名：×××

《司法鉴定人执业证》证号：4500100×××××

司法鉴定人签名：×××

《司法鉴定人执业证》证号：4500100××××

二〇一九年三月十六日

二、案例评析

（一）鉴定时机

本案例是以原发性损伤作为评定依据，被鉴定人因交通事故造成脾破裂、胰腺挫伤、左侧第 4 - 11 肋骨骨折，上述损伤为原发性损伤，脾破裂出血行脾切除术、胰腺挫伤实施胰腺挫裂伤修补术、左侧第 4 - 11 肋骨（8 肋）骨折属于原发性损伤的损害后果，治疗终结，按照在伤后 4 个月进行伤残程度鉴定符合评定时机。

（二）分析说明

1.关于损伤的诊断　不能仅仅依据医学临床诊断进行伤残程度鉴定，例如被鉴定人驾驶电动三轮车与重型半挂牵引车在县道 471 线 24km＋50m 路段发生交通事故入院，查体：脊柱生理弯曲变直，活动受限，左上肢及双下肢多处皮肤挫擦伤，皮肤大片瘀斑，伤口渗血，触痛，左髋部肿胀，左髋关节活动受限，左大腿根部压痛明显，左下肢纵轴叩击痛（＋），骨盆挤压试验阴性。入院时 DR 诊断：左耻骨上下支骨折，左股骨陈旧性骨折。住院 20 天后出院,出院诊断:左耻骨上下支骨折,左股骨陈旧性骨折。鉴定时重新阅片示左耻骨上下支骨折,左股骨颈骨折,表明医学诊断不正确,而且与医学影像表现不一致,原因有可能是放射科医生复制粘贴没有修改及出具医学影像报告,临床医生也不看片所致,其原因是什么?不是该案件讨论的问题,而是从鉴定人的角度去思考,要求鉴定人不断提高阅片水平,鉴定时不受临床诊断的影响。因此,在鉴定过程中必须依据入院记录、手术记录以及医学影像片等鉴定材料,对被鉴定人的损伤诊断是否成立进行确认。

2.原发性损伤　伤残程度司法鉴定实践与应用中,首先分清何种损伤为原发性损伤,再就每一损伤依据《人体损伤致残程度分级》条款逐一进行评定。

3.功能障碍或后遗症　鉴定过程中应明确功能障碍或后遗症是否有损伤的基础,是否为损伤所引起,在分析说明中进行因果关系的认定,并依据被鉴定人的后遗症作为评定依据。该案件被鉴定人8肋骨骨折,其畸形愈合未达到4处,因此,不能参照《人体损伤致残程度分级》5.9.3 11)"肋骨骨折8根以上并后遗4处畸形愈合"评定为九级残疾,而是参照《人体损伤致残程度分级》5.10.3 7)"肋骨骨折6根以上"评定为十级伤残。

(三)鉴定意见

该案例属于多发性损伤,依据"一伤一残、多伤多处"的鉴定原则,评定被鉴定人吴××因本次交通事故造成的伤残程度为多等级残疾:脾切除术后为八级残疾;胰腺修补术后为十级残疾;左侧8肋骨骨折(未达4处畸形愈合)为十级残疾。

鉴定意见的表述一般包含四个要素:一是被鉴定人的姓名;二是致伤原因,如因交通事故致伤、他人用刀砍伤、医疗因素损害等;三是损伤的性质及损害后果,如肝脏破裂实施肝修补术、脾脏破裂实施脾切除术、股骨颈骨折致髋关节功能丧失28%等;四是残疾等级,如伤残程度为二级残疾等。例如被鉴定人张××(男,28岁)因交通事故受伤入院,诊断为脾破裂,实施脾切除术,进行伤残程度鉴定依据《人体损伤致残程度分级》5.8.4 2)"成年人脾切除术后"评定伤残程度为八级残疾,则鉴定意见应表述为:被鉴定人张××因本次交通事故造成脾切除术后的伤残程度构成八级残疾。

第四章　颅脑及脊髓损伤司法鉴定

　　颅脑以颅骨为基础,外覆皮肤、筋膜和肌肉;颅腔内容纳脑。颅脑借下颌底、下颌角、乳突尖、上项线和枕外隆凸的连线与颈部分界,经前额发际下、两耳屏前与下颌下缘之间的连线与前下方的面部分界。

　　脊髓位于脊柱椎体椎管内,外包3层被膜。脊柱长度约40~45厘米,成前后稍扁平、粗细不均的长圆柱状。因为脊柱和脊髓的长度不相同,所以脊髓的节段和椎骨的节段位置也不一致。脊髓上端面在枕骨大孔处接续延髓,下端在成人平第1腰椎下缘。

第一节　头皮损伤

一、鉴定标准

　　头皮损伤鉴定标准见表4-1。

表 4-1　头皮损伤鉴定标准

条款	内容	损伤程度
5.1.2a	头皮缺损面积累计 75.0 cm² 以上	重伤二级
5.1.3a	头皮创口或者瘢痕长度累计 20.0 cm 以上	轻伤一级
5.1.3b	头皮撕脱伤面积累计 50.0 cm² 以上;头皮缺损面积累计 24.0 cm² 以上	轻伤一级
5.1.4a	头皮创口或者瘢痕长度累计 8.0 cm 以上	轻伤二级

续表 4-1

条款	内容	损伤程度
5.1.5c	头皮创口或者瘢痕	轻微伤
5.1.4b	头皮撕脱伤面积累计 20.0 cm² 以上；头皮缺损面积累计 10.0 cm² 以上	轻伤二级
5.1.4c	帽状腱膜下血肿范围 50.0 cm² 以上	轻伤二级
5.1.5b	头皮擦伤面积 5.0 cm² 以上；头皮挫伤；头皮下血肿	轻微伤

二、结构与术语

1.头皮　系覆盖在颅骨表面软组织的统称。头皮自表及里由皮肤、皮下组织、帽状腱膜、腱膜下疏松结缔组织及骨膜组成。

2.头皮擦伤　头皮受切线方向的外力摩擦而形成的一种浅表损伤。表现为损伤局部轻微疼痛,创面少许血清渗出,可见点状出血,愈合后不遗留瘢痕。

3.头皮挫伤　头皮受钝性暴力作用引起的皮内、皮下出血。可表现为局部肿胀,可伴有渗出和出血。挫伤形态尤其是皮内出血可反映致伤物作用面的特征。严重的挫伤可遗留有浅表瘢痕。

4.头皮血肿

多因钝性外力作用所致,按血肿出现部位的不同可分为头皮下血肿、帽状腱膜下血肿、骨膜下血肿。

(1)头皮下血肿:是钝性外力作用所致,血肿位于皮下组织层。由于此层与皮肤层和帽状腱膜层之间连接紧密,故血肿不易扩散而较小。血肿周围的组织肿胀增厚,触之有凹陷感。

(2)帽状腱膜下血肿:是外力作用造成小动脉或者导血管破裂出血所致,血肿位于帽状腱膜下层。因帽状腱膜下层组织疏松,血液易向四周扩散,故血肿范围较大,可延及整个帽状腱膜下层,触诊较软而有波动感。

(3)骨膜下血肿:一般不单独出现,常发生在骨折处,出血量较少,常以骨缝为界。因张力大,故波动感不明显。

5.头皮创　由钝器、锐器、火器作用所致头皮组织断裂的损伤,由创缘、创角、创口、创腔、创壁和创底构成。创深达头皮下组织,一般需手术缝合。

6.头皮瘢痕　是指物理性、化学性、生物性损伤后所遗留的结缔组织结构,通常是在头皮创口或缺损的基础上愈合形成的。

7.头皮撕脱伤 是较大暴力牵拉头发,使大块头皮甚至整个头皮自帽状腱膜下层或者连同颅骨骨膜被撕脱,以帽状腱膜下层撕脱为常见。

8.头皮缺损 是指外伤造成帽状腱膜以外头皮全层缺损,须手术治疗或者头皮永久性缺损。

三、鉴定要点

头皮损伤的损伤程度鉴定主要依据头部外伤史、临床病历资料和诊断、影像学资料以及法医学检验,与《标准》相关条款进行对照即可做出鉴定意见。在实践中,仍需注意以下几点。

1.头皮的分界 颅脑与颈部分界为下颌底、下颌角、乳突尖、上项线和枕外隆凸的连线,与前下方的面部分界为前额发际下、两耳屏前与下颌下缘之间的连线。应准确掌握枕部头皮与项部(颈后部)、面部皮肤的分界,不要把生长头发的枕外隆凸下皮肤误认为头皮,也不要把发际下无头发的额部(面部)皮肤误认为头皮(图 4-1)。

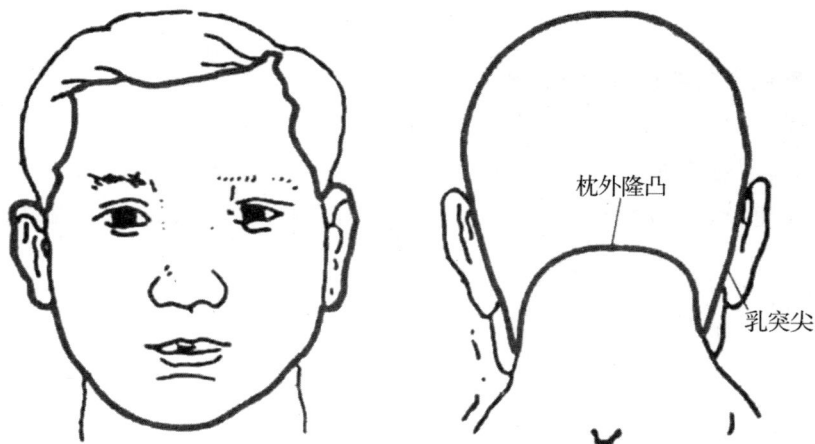

图 4-1 头面颈部分界

对于发际线后退的伤者,由于难以划清前额发际下的准确位置,推荐使用"三庭法"分界,并用彩笔描出拍照固定。即额部发际线到眉弓下缘的距离与眉弓下缘到鼻底线以及鼻底线到下颌下缘之间的距离相等。

2.证据的收集与固定　头部遭受外伤后,现场处置的民警应当尽可能多用随身携带的手机等电子设备对受伤人员伤口以及相关物品进行摄录、拍照固定,以便减少将来鉴定时的争议和难度。对头皮创口应及早拍照固定,拍照时应加比例尺或者放置参照物,对存在于创腔内的异物应及时拍照固定并提取保存,对遗留在现场的物品拍照收集,有利于对致伤工具的推断和认定。并应注意在清创缝合时有无手术对创口的延伸。头部的专科检查以及影像学系列复查可明确伤情动态变化。

3.防止造作伤　由于头皮创口长度对鉴定意见有重大影响,应当防止造作伤。法医鉴定人在接到委托或者知悉情况后,应尽早要求办案民警到首诊医院收集原始CT数据,CT原始数据可以重建面部软组织,重建后的图像可能观察到创口长度和缝合针数,结合致伤工具、受伤部位分析,防止因造作伤延长创口而引起鉴定误判。

4.头发被揪掉后缺失并不再生长,如何鉴定?　若检见头皮毛发脱落较多,局部头皮有出血点或者红肿等改变,比照头皮擦伤、挫伤进行鉴定。头发大面积缺失,可能伴有头皮下血肿或者头皮帽状腱膜下血肿,甚至伴有头皮缺损,可根据相应情况进行鉴定。头皮毛发被揪掉后,呈片状缺失且不再生长,有碍外观,可比照头皮撕脱伤鉴定损伤程度。

案例 4-1:头皮造作伤的鉴别

青年男性伤者,左额部不规则 8.6 cm 创口,缝合 10 余针,怀疑造作延长创口,侦查访问未发现此类情况。法医鉴定人员将伤者第一次的CT原始数据调出重建,发现原始创口仅缝合 3 针,测量长度 3.2 cm,从而证实造作行为。

第二节　颅骨骨折

一、鉴定标准

颅骨骨折鉴定标准见表4-2。

表4-2　颅骨骨折鉴定标准

条款	内容	损伤程度
5.1.2b	开放性颅骨骨折伴硬脑膜破裂	重伤二级
5.1.2c	颅骨凹陷性或者粉碎性骨折,出现脑受压症状和体征,须手术治疗	重伤二级
5.1.2d	颅底骨折,伴脑脊液漏持续4周以上	重伤二级
5.1.2e	颅底骨折,伴面神经或者听神经损伤引起相应神经功能障碍	重伤二级
5.1.3c	颅骨凹陷性或者粉碎性骨折	轻伤一级
5.1.3d	颅底骨折伴脑脊液漏	轻伤一级
5.1.4d	颅骨骨折	轻伤二级

二、结构与术语

头颅由23块颅骨围成,颅骨多为扁骨或不规则骨。除下颌骨和舌骨以外,其他的颅骨借缝或软骨牢固连接。

1.颅骨　脑颅骨和面颅骨的合称,一般指脑颅骨。共8块,包括不成对的额骨、筛骨、枕骨、蝶骨和成对的颞骨、顶骨。

2.颅骨骨折　暴力作用于头部引起颅骨连续性的中断。本《标准》规定的颅骨骨折特指脑颅骨骨折,不包括面颅骨骨折。通常是指额骨、筛骨(纸板构成眼眶内侧壁除外)、枕骨、蝶骨、颞骨和顶骨的任意形式骨折。

3.开放性颅骨骨折　是指颅骨骨折同时伴有骨折部位的头皮创口,骨折处与外界相通,与头皮无创口的闭合性颅骨骨折相对应。开放性颅骨骨折可并发颅内积气或者颅内感染。

4.脑膜 位于颅腔内颅骨内板与脑组织表面之间,由外向内依次为硬脑膜、蛛网膜和软脑膜。其中,硬脑膜与颅骨内板紧密相连,软脑膜贴在脑组织表面,硬脑膜和软脑膜之间有一层蛛网膜。三层脑膜下有一定间隙,在外伤后可能有血液集聚于此,形成血肿和相应征象。

5.颅骨凹陷性骨折 颅骨全层骨折,并向颅内凹陷,最常见为半圆、圆锥形、舟状、角状以及阶梯状。凹陷较深,可引起脑受压体征和症状。

6.颅骨粉碎性骨折 颅骨碎为3块以上或者多发性骨折线交叉,碎骨片的大小、形状以及数目不一,常发生于暴力作用点处,特别是多次打击时。以额骨粉碎性骨折最常见,顶骨次之。

7.颅底骨折 多由颅盖骨折延伸至颅底所致,或者头部挤压造成颅骨整体变形致颅底薄弱部位发生断裂。颅底骨折以线形骨折为主,可以局限于某一颅窝,亦可横行穿过两侧颅底或者纵行贯穿颅前、中、后窝。

8.面神经功能障碍 颅中窝骨折累及颞骨岩部可使经过此处的面神经受损,表现为周围性面瘫征象,即睑裂闭合不全、鼻唇沟变浅或者消失,示齿伸舌时口角偏向健侧,也可出现舌前 2/3 味觉丧失。面瘫可伤后立即出现,也可迟发出现,系因血肿压迫或者水肿所致,一般预后良好。

9.听神经功能障碍 颅中窝骨折累及颞骨岩部可使经过此处的听神经受损,表现为不同程度的听力下降、耳鸣、眩晕。

10.脑脊液漏 脑脊液流出脑室和蛛网膜下隙的循环,漏出于鼻孔、外耳道、皮肤创口等处,分别称为脑脊液鼻漏、脑脊液耳漏、脑脊液皮肤漏,常见原因为外伤引起颅底骨折,同时伴有硬脑膜以及蛛网膜的破裂。

11.脑受压症状和体征 症状是指头部损伤后出现意识障碍、头痛、头晕、呕吐等。体征是指瞳孔变化、对光反射迟钝或者消失、颈项强直、失语、肢体瘫痪、腱反射亢进、病理征阳性、四肢肌张力改变等。

三、鉴定要点

颅骨骨折是法医实践中经常遇到的损伤类型。颅骨骨折的损伤程度鉴定主要依据头部外伤史、临床病历资料和诊断、影像学检查特别是CT以及三维重建片的阅读,结合法医学检验,确认损伤诊断。再与《标准》相关条款进行对照即可做出鉴定意见。在实践中,仍需注意以下6点。

1.避免单纯用X线片诊断颅骨骨折造成的误诊 一些原因也可影响头

颅 X 线片的检查准确度,如单纯颅骨外板、内板的骨折,在 X 线片上仍可表现不清;尚未愈合的颅缝、头骨构造的重叠、头骨表面的血管压迹以及板障静脉的影像等都容易被误诊为骨折。一般法医临床损伤程度鉴定不单纯依靠 X 线片作为鉴定的唯一依据。头颅 CT 扫描可补充上述缺陷,具备诊断意义,并能揭示骨折的性质。

2. 颅骨新鲜性骨折与陈旧性骨折的鉴别 由于成人颅骨膜的成骨力相对较弱,因此颅骨骨折后可长期无骨性愈合,而新鲜的骨折 CT 切片则可发现骨折边界比较清晰锐利,相应部位软组织肿胀,陈旧性骨折常显示骨折断端钝化圆滑,边缘硬化。

3. 外伤性颅缝分离的认定 编者认为,外伤性颅缝分离是一种特殊形式的颅骨骨折,表现为颅缝明显增宽、错位或者重叠,少数正常人颅缝也并非完全闭合,因而颅缝分离的认定有一定的难度。通过颅骨两侧对比,结合头部损伤部位、致伤方式以及伴发损伤,有助于综合判断。

4. 无错位线性骨折与血管沟的鉴别 血管沟在毛细血管解剖部位,通常呈水平的轻微曲折的向终末处渐渐变细的带状分支或透亮影,血管沟周边的骨骼密度常轻度增加,且血管沟常呈均匀性划分。无错位线性骨折可发生在头部任意位置,骨折线常与作用力的大小方向相关。

5. 颅底骨折与颅盖骨折要求不同 头颅 X 线片与普通 CT 数字化扫描,对颅底骨折的检查阳性率一般都较低,其主要治疗价值为发现骨折即治愈,即使未能查出骨折也无法否定颅底骨折的存在。高分辨率螺旋 CT 多方位扫描加三维重建是必要的加固或者确定手段。

对于临床诊断考虑为脑脊液漏的,应尽早进行生化检查,以减少可能在诊断上出现的争议。对伴有面神经、听神经损伤的伤者,应进行神经肌电图以及诱发电位等相应检查。

6. 《标准》中相关条文的理解 《标准》5.1.4d,颅骨骨折是指达到板障的骨折,不包括颅骨骨皮质的砍(刺)痕。

《标准》5.1.3c,颅骨凹陷性骨折是指凹入颅腔的骨折,不包括单纯颅骨外板凹陷的骨折。

《标准》5.1.2b,开放性颅骨骨折伴硬脑膜破裂,是指外开放性颅脑损伤,即头皮创、颅盖骨骨折、硬脑膜破裂脑组织与外界相通。不包括内开放性颅脑损伤,如颅底骨折伴脑脊液漏。硬脑膜破裂除病历记载外,还应有影像学检查的支持,如 CT 显示颅内积气,积气位置在脑组织深部或者游离在非骨折部位。

《标准》5.1.2e,须手术治疗是指有手术指征,并且经过手术治疗的情况。

案例 4-2:陈旧性颅骨骨折的法医学鉴定

青年男性伤者被人用铁棍打伤头部。法医鉴定人员检查见其头顶部创口 3 cm,头颅 CT 示右额顶颅外软组织肿胀,颅骨多发性骨折,但骨折断端钝化圆滑,边缘增白硬化,表现为陈旧性骨折特征。经查,该伤者 5 年前曾因车祸摔伤头部,当时造成多发颅骨骨折伴右眼眶骨折。(案例由安徽省合肥市公安局提供)

第三节　脑损伤

脑是中枢神经系统的重要组成部分,是人体的生命活动中枢,控制和调节人体的生理功能。颅脑损伤中最为重要的当属脑损伤。脑损伤的基本类型主要包括脑震荡、脑挫(裂)伤、脑干损伤、弥漫性轴索损伤以及颅内出血。结合《标准》相关条文,本节主要阐述脑挫(裂)伤和颅内出血。

一、鉴定标准

脑损伤鉴定标准见表 4-3。

表 4-3　脑损伤鉴定标准

条款	内容	损伤程度
5.1.2f	外伤性蛛网膜下腔出血,伴神经系统症状和体征	重伤二级
5.1.2g	脑挫(裂)伤,伴神经系统症状和体征	重伤二级
5.1.2h	颅内出血,伴脑受压症状和体征	重伤二级
5.1.3e	脑挫(裂)伤;颅内出血;慢性颅内血肿;外伤性硬脑膜下积液	轻伤一级
5.1.4e	外伤性蛛网膜下腔出血	轻伤二级
5.1.5a	头部外伤后伴有神经症状	轻微伤

二、结构与术语

1.脑挫裂伤 脑挫裂伤是脑损伤中比较严重的一种类型,是脑挫伤与脑裂伤的合称,脑挫伤脑组织损伤程度一般比较轻微,仅大脑实质出现点状缺血而软脑膜基本完好,但脑裂伤软脑膜、毛细血管与脑组织一并损坏,并伴有大量蛛网膜下腔出血。因为脑挫伤与脑裂伤往往一并存在,加之无法仔细辨别原因,常合称之为脑挫裂伤。脑挫裂伤既可发生于着力部位,也可发生于着力部位的对侧。

2.硬脑膜外血肿 硬脑膜外血肿,是指颅内出血后聚积在颅骨和硬脑膜中间所产生的血肿。因为颅盖部的硬脑膜与颅骨附着较松、易剥离,且颅底部硬脑膜与颅骨粘附较密切,导致的硬脑膜外局部血肿多出现在颅盖部。最常用于颞部,其后为额部、头顶。绝大部分表现为急性血肿。

3.硬脑膜下血肿 硬软膜下血肿指颅内出血聚积在硬脑膜下腔所产生的血肿。在颅内血肿中最为常用。其产生过程与外力作用的类型、位置及其颅骨构造的性质直接相关。通常表现形式为急性、亚急性和慢性。

4.脑内血肿 脑内血肿为脑实质内出血所造成的血肿,好发于额、颞叶。按照临床反应发生的时段,外伤性脑内血肿又可分成急性和迟发性二种,但绝大部分为急性。

5.蛛网膜下腔出血 蛛网膜下腔出血指软脑膜和蛛网膜下腔中的毛细血管破损或流出,血液径直流入蛛网膜下腔。

6.脑受压症状和体征 脑受压症状和体征是强调颅内占位(包括出血、骨折)为主引起颅内压增高的一组变化。症状指在外伤后出现意识障碍、头疼、眩晕、呕吐等。脑受压体征则是指瞳孔颜色改变、眼睛对光反射迟缓,甚至消失、颈项强直、失语症、肢体麻痹、腱反射亢进、病理征阳性表现、人体的四肢肌肉张力改变等。

7.神经系统症状和体征 神经系统症状与体征是强调的脑神经实质损伤(包括挫裂伤、梗死)为主引起颅内压增高和脑膜刺激征的一组变化。症状:头疼、眩晕、呕吐、认知功能障碍等;体征:瞳孔颜色改变、对光反射迟钝,甚至消失、单侧甚至双侧肢体麻痹、生理腱反射亢进、病理反映为阳性,或者发生脑膜刺激征、肌痉挛、人体的四肢肌肉张力改变等。

另外,记忆力下降、失眠多梦、耳鸣耳聋、注意力下降、情感失常等精神障碍等,都是颅脑受损后最常见的问题。

8.神经症状　患者自觉发生的恶心、眩晕、意识困难,有时伴有呕吐。头痛泛指眉毛以上至枕下部为止范围内的疼痛。而头晕则是指自觉眼前熏黑、头重脚轻,且闭目时常消失。认知功能障碍是指大脑皮层和皮层以下网状结构遭到控制的一个状态,可有以下各种程度的表现:昏睡、意识模糊、昏睡、谵妄、甚至昏迷。而恶心则是指胃肠内容物从贲门逆流出口腔的一个复杂的反射动作。另外,记忆力下降、失眠多梦、耳鸣耳聋、视力下降、情感异常和精神状态紊乱等,都是在颅脑严重受损后产生的症状。

三、鉴定要点

颅内出血的损伤程度鉴定,主要依靠外伤史、临床表现、影像学检查,特别是影像学片的前后对比和手术记录所见,结合法医学检验,确认损伤诊断。再与《标准》相关条款进行对照即可做出鉴定意见。在实践中,仍需注意以下几点。

(1)对于诊断脑挫裂伤成立的伤者,常常由于意识障碍给神经检查造成的障碍,加之脑挫裂伤最易出现于额极、颞极以及底面等"哑区",因此伤者一般并无局灶表现和体征,而颅脑 CT 和 MRI 扫描不仅可以确定脑挫裂伤的有无,同时还可以提示出脑挫裂伤的部位、程度和范围,以与其他种类颅脑损伤相区分。对于诊断脑震荡但有局灶症状,而普通颅脑 CT 或者 MRI 扫描显示颅内无明显异常,应该尽早行 SWI(磁共振磁敏感加权成像)检查,以发现可能的脑挫裂伤。

(2)凡老年人在发生慢性颅压升高后,智力和精神出现异常,尤其是在以前有过头部创伤的病史时,都要考虑慢性硬脑膜下局部血肿的可能性,并及早开展影像学检查,以确定正确诊断。对诊断为慢性硬脑膜下血肿的患者,要充分考虑慢性硬脑膜下血肿所产生的因素,并注意鉴别由外伤的病变所引起,或共同影响的后果。

(3)对于早期颅脑 CT 检查证实的少量的蛛网膜下腔出血,在 CT 上要与小脑幕的条状高密度征象、脑血管畸形显示的血管增宽以及条状高密度的大脑镰相鉴别。应适时做好检查以确定判断。轻度的蛛网膜下腔出血,1～3 d 可以吸收完全。需要注意的是,饮酒后在外力作用下易引起蛛网膜下腔出血。

(4)开放性颅脑损伤与闭合性颅脑损伤　在临床上,经常出现对开放性颅脑损伤和封闭性颅脑损坏的诊断,也会出现颅脑损伤(轻、中、重、特重度)的诊断,上述诊断与鉴定意见存在一定的对应关系。开放性颅脑损伤是指钝器、锐器和火器等导致头皮、颅骨、硬脑膜破坏,并导致脑组织直接或者间接与外界相通的颅脑损伤,硬脑膜有无破损是区别闭合性和开放型的主要界限。而开放性颅脑损伤也包括了外开放型和内开放性颅脑损伤,外开放型是指头皮、颅骨、硬脑膜在相关部位同时破碎以及脑组织直接与外部沟通,而内开放型是指硬脑膜已经破碎,而头皮、颅骨并未在相关部位同时断裂,以及脑组织之间地与外部沟通的。外开放性颅脑损伤相应鉴定意见为严重损伤,内开放性颅脑损伤相应鉴定意见则多为重大损伤。闭合性颅脑损伤,指的是头皮、颅骨之间可以有或无开放性创口,但硬脑膜仍保持完全状态,脑组织则与外部没有联系交界。颅脑外伤的在医学上分型主要有轻、中、重型和特重伤等 4 种类别,轻型相当于法医对伤害强度评估结果的轻伤或者轻微伤;中等或相当于法医损伤程度鉴定结论的轻伤和重伤;重型或特别严重,相当于法医损伤程度鉴定结论的重伤,临床分型与鉴定结果有关联性。

(5)对于头部既往有过伤病,甚至采取开颅手术后再次受伤的人员,要详细了解本次外伤的受伤诊治过程,调取既往病历、影像学资料,收齐鉴定资料,根据外力大小、受伤部位、损伤结果,重点分析损伤与既往伤病关系,依据《标准》4.3.2 及相关条文进行鉴定。

(6)《标准》相关条文的理解与运用。《标准》5.1.5a 头部外伤后伴有神经症状,对于此条轻微伤的操作意见:头部受到明确的外伤包括拳脚伤、磕碰伤、钝器打击伤、撞击伤、震荡伤等,在这之后较短时间内出现神经症状(头痛、头晕、呕吐、意识障碍等),一般需要有短时间内就诊病历支持,至少有伤后伤者的首次询问笔录或者其他证人证言材料证明。凡符合以上情况均可鉴定为轻微伤。颅脑损伤致颅内出血须开颅手术治疗的,参照《标准》5.1.2h 鉴定为重伤二级。

案例 4-3:迟发性硬膜下血肿的法医学鉴定

熊某,男,69 岁,2015 年 8 月 22 日在自己家中被其子殴打,致头面部受伤。当日医院检查见面部充血、肿胀以及压痛,双眼上下睑红肿、青紫伴有淤血。头部+鼻骨 CT 示:颅内未见占位性改变,右侧鼻骨骨折以及左侧上颌骨额突骨折。

因头痛持续于 2015 年 9 月 25 日再次就诊。头颅 CT:左侧大脑半球慢性硬膜下血肿。根据硬膜下血肿形成时间、出血部位、易发年龄段、临床表

现,确定为慢性硬膜下血肿。依据《标准》5.1.3e,被鉴定人慢性硬膜下血肿属轻伤一级。(案例由安徽省合肥市公安局提供)

案例 4-4：头部开颅手术后再次外伤致脑挫裂伤的法医学鉴定

宋某,男,33 岁。2017 年 3 月 27 日,因纠纷被他人用铁棍打伤头部。医院检查:头顶部伤口约 3 cm。嗜睡状,GCS14 分,双瞳孔等大等圆,光敏,左侧上下肢肌力Ⅲ级,感觉障碍,左手精细功能障碍,右侧肢体肌力肌张力正常,巴氏征(一)。2017 年 3 月 28 日头颅 CT 示:1.右侧颞顶叶硬膜下血肿术后;2.右侧颞顶叶脑挫裂伤伴血肿形成;3.外伤性蛛网膜下腔出血。入院后给予止血、预防癫痫等对症支持治疗。2017 年 4 月 12 日头颅 CT 示:右侧颞顶叶脑挫裂伤伴血肿形成(较前吸收)。出院时生命体征稳定,神志清楚,双瞳孔等大等圆,光敏,左手肌力减退,精细运动功能障碍,左侧肢体感觉障碍。

经查,宋某曾于 2012 年 3 月 27 日摔伤头部,造成右额颞顶急性硬膜外血肿,行右颞顶开颅硬膜外血肿清除手术治疗。出院时一般情况可,双瞳孔等大等圆,直径 3 mm,光敏,颈软,心肺腹阴性,四肢活动可。

法医学鉴定情况(2017 年 7 月 26 日):宋某伤后经 CT 检查,为蛛网膜下腔出血、右颞顶叶硬膜下出血、右颞叶脑挫裂伤伴血肿形成,且伤后出现神志呈嗜睡状、左侧肢体肌力下降、感觉障碍、左手精细功能障碍等神经系统症状体征。被鉴定人宋某本次头部棍棒伤致头皮创口,不伴有颅骨新鲜骨折,颅内出血位于外伤着力点附近,量不大,后渐吸收,说明本次外力本身不是足够强大。既往曾行右颞顶开颅硬膜外血肿清除术治疗,本次头皮创口位于既往开颅术瘢痕上方,当颅骨受到外力作用时,能够活动的颅骨瓣与脑组织的撞击和摩擦加剧,形成的颅脑损伤较颅骨完整封闭时较重;既往颅脑外伤手术后,脑组织可能形成局部瘢痕、粘连或软化,当脑组织在外力作用下运动或震荡,更容易引起牵拉、撕裂而出血。另外,也不排除头部多次外伤后,伤者出现神经系统症状体征的易感性。因此认为,宋某伤后出现蛛网膜下腔出血、脑挫裂伤伴神经系统症状体征,系本次外伤与既往伤共同作用的结果。依据《标准》5.1.2g、4.3.2 之规定鉴定为轻伤二级。(案例由安徽省合肥市公安局提供)

案例 4-5：颅脑 CT 片的同一认定

某公安分局对辖区美容院、站街女实施清查与抓捕行动,某美容院组织人员使用砍刀、铁锹、棍棒等凶器对办案人员殴打,造成一名派出所协警被打伤住院。该协警通过办案委托单位先后送来两组颅脑 CT 片。经法医检验,后送来的 CT 片与先送来的比较,额窦形态不一,额窦形态不一,颅腔长径与横径比不同,脑室宽度不同,眼球后壁在眶内的距离,视神经厚度、眼眶厚度、鼻骨形态不同等。

结论意见:两组 CT 片不是来自同一人员拍摄。

第四节　脊髓损伤

损伤程度鉴定中,脊髓损伤多见于坠落伤、交通工具伤以及锐器、火器直接作用脊髓相应部位。脊髓是感觉和运动神经的重要通路,除头面部外,全身的深、浅感觉和大部分内脏感觉冲动,均经脊髓传导。另外,脊髓还进行着某些简单的反射活动,包括对躯体运动和内脏反射。脊髓损伤按照损伤机理和病理变化分为原发性脊髓损伤(脊髓震荡、脊髓挫裂伤)、继发性脊髓损伤(脊髓水肿、脊髓压迫、脊髓缺血性坏死)、迟发性脊髓损伤;按照受损伤的部位分为颈髓损伤、胸髓损伤、腰髓损伤、骶髓损伤和马尾神经损伤。

一、鉴定标准

脊髓损伤鉴定标准见表 4-4。

表 4-4　脊髓损伤鉴定标准

条款	内容	损伤程度
5.1.2r	脊髓损伤致重度肛门失禁或者重度排尿障碍	重伤二级
5.1.3g	脊髓损伤致排便或者排尿功能障碍(轻度)	轻伤一级
5.1.3h	脊髓挫裂伤	轻伤一级

二、结构与术语

1.脊髓震荡 脊髓在受外力作用后,立即发生的一过性脊髓功能丧失的情况。脊髓震荡并不是明显的器质性变化,是对脊髓功能暂时的限制,随时间推移而逐渐恢复。

2.脊髓挫裂伤 脊髓挫裂伤,一般是由脊柱骨折、脱位以及从椎间盘中脱出的髓核刺破、压迫脊髓,或以锐器、枪弹等直接作用于脊髓而引起。指脊髓表面的轻度挫伤、不全性裂伤、横贯性损伤,和脊髓全部横断等。

3.脊髓水肿 脊髓损伤后,指受伤的脊髓以及脊髓周围的组织对损伤后所引起的各种创伤性反应。脊髓的组织水肿、结构疏松等,可波及上下或多个脊髓段。水肿吸收后脊髓功能也随之缓解或停止。

4.脊髓受压 脊髓外伤后,移位的骨折片、椎体或椎间盘等组织,或由椎管内出血直接挤压脊髓。如果脊髓压力短时间减少,部分脊髓功能可复原,若压力持续时间太久或压力太重,会导致脊髓功能永久性损伤。

5.脊髓缺血性坏死 脊髓缺血性坏死,主要由脊髓的血管遭受牵拉以及脊髓血管破坏后血栓形成所引起。最常见的外伤因素是脊柱骨折和蛛网膜粘连。

6.脊髓休克 脊髓遭受破坏时,在损伤平面以下即刻出现的完全型迟缓性瘫痪,其间各种反射、动作、知觉、括约肌功能全部失效。脊髓休克的持续时间长短,除了与损伤的性质相关之外,也与受害者的年龄、受伤位置密切相关。

7.肛门失禁

(1)重度:排便无法控制;肠道括约肌收缩力很微弱,甚至丧失;肛门括约肌紧缩反映也很微弱甚至没有;根据直肠内的压力试验,肛门注水法为<20 cmH_2O。

(2)轻度:稀便不能控制;肛门括约肌收缩力相对弱;肛门外括约肌收缩反射相对弱;直肠道压力测定,肛门注水法为20-30 cmH_2O。

8 排尿障碍

(1)重度:出现真性重度尿失禁或者尿潴留残余尿≥50 mL。

(2)轻度:出现真性轻度尿失禁或者尿潴留残余尿<50 mL。

三、检查与诊断

以 X 线、CT、MRL 影像学检查为主。X 片可显示脊柱的骨折情况。CT 可显示脊髓水肿以及脊髓内出血或硬膜内、外出血,还可显示脊柱骨折,骨折块移位和对脊髓的压迫。MRI 可显示外伤性椎管狭窄、脊髓的损伤类型、部位、范围和程度,特别是后期对脊髓水肿、变性、萎缩诊断有很大价值。根据外伤史,脊髓损伤的症状与体征,影像学检查结果以及相应临床表现可以诊断。

四、鉴定要点

脊髓器质性损伤应有客观检查证实,对于脊髓损伤病人所表现出的脊髓功能障碍程度是否准确真实,要根据神经学检查结果、CT 和 MRI 所见来综合分析。进一步认定,可通过体感诱发电位、运动诱发电位和脊髓诱发电位来判定感觉、运动及性功能障碍的程度。

应当在临床治疗终结后或伤后 90 日以后进行鉴定。

案例 4-6:脊髓挫伤的鉴定

张某,女,52 岁。2014 年 6 月 20 日晚,因工资问题与龚某发生纠纷,后龚某在明知张某拽住其燃油助力车的情况下,骑车离开,导致张某被带倒受伤。

医院诊断:

(1)面部多发挫裂伤。

(2)颈椎 C_4 棘突骨折,脊髓损伤伴不全瘫,脊髓内出血。

(3)左肘部挫伤。

(4)左手部挫伤。并于 2014 年 6 月 27 日在气管麻醉下行后路椎管减压单开门术。后多次门急诊诊治脊髓损伤伴不全瘫、中央管综合征,双上肢肌力减弱,双手肌力零级。肌电图(2014 年 9 月 23 日)影像。NCV 左侧正中神经损伤(运动传导波幅较右侧降低),双侧胫神经运动传导速度减慢,右侧正中神经、左侧尺神经及双侧腓浅神经感觉传导速度减慢。EMG 被检肌 MUP 波募集相减少(双上肢 EMG 不能配合)。

被鉴定人张某颈部损伤后颈 4 棘突骨折,脊髓损伤伴不全瘫,脊髓内出血,并行颈椎后路减压内固定术。在损伤 90 d 后检查见颈部活动受限,右上肢肌力Ⅳ级,左上肢肌力Ⅲ级;双下肢能站立,可缓步行走,右下肢肌力Ⅳ级,左下肢肌力Ⅲ级。伤后颈部 MRI 及 CT 检查示颈 4～6 段脊髓内见有条状异常信号影,颈 4 棘突骨折,碎骨片稍移位。鉴定人认为,本次损伤致颈 4 椎体棘突骨折、脊髓挫伤为目前单肢瘫痪(肌力 3 级以下)的主要作用,颈椎自身病变为次要作用。依据《标准》5.1.2q、4.3.1,被鉴定人张某的颈部损伤属重伤二级。

第五章　头颈部与五官损伤司法鉴定

第一节　鼻损伤与口损伤

一、鼻损伤

外鼻突出于脸部中间,容易受到外力而造成伤害。造成鼻伤的因素比较多有锐器切割、钝头压打、碰撞、动物咬伤、火器和化学性外伤。

(一)鼻部离断或缺损

1.鉴定标准

(1)重伤二级　鼻部离断或者缺损30%以上。

(2)轻伤一级　鼻部离断或者缺损15%以上。

(3)轻伤二级　鼻尖或者一侧鼻翼缺损。

2.结构与术语

(1)解剖结构　外鼻以鼻骨和鼻软骨为支架,外覆皮肤和少量皮下组织。上端位于两眶之间,连于额部,称鼻根,下端向前突起,称鼻尖,两者之间为鼻梁,鼻梁两侧为鼻背。鼻尖两侧的半圆形隆起部分称鼻翼。锥体的底部称鼻底,其上有左、右两个前鼻孔,两前鼻孔之间的软组织分隔称鼻小柱。鼻翼和面颊交界处有皮肤略呈凹陷的鼻唇沟。

(2)名词术语　外鼻缺损:包括鼻尖缺损、鼻翼缺损、侧半鼻缺损或者全鼻缺损等外鼻的离断或者缺损可造成毁容或者发音障碍等。

3.鉴定要点

(1)缺损面积的测定　可按照比例把外鼻部分的眉间区域、左侧鼻背区、右侧鼻背区、左侧鼻翼区、鼻尖区、右侧鼻翼区、鼻小柱区,依次赋予 10∶16∶16∶16∶16∶16∶10 的权重,其中对左侧和右侧鼻背区域以中线为界,加以测算。解剖学部位未完全缺失的,可采用坐标纸法或计算机图形处理技术来计算缺损面积。

(2)对受伤当时形成的口鼻部离断,即便已经再植获得成功,仍根据受伤当时离断的严重程度判断伤情,因此鼻部离断后再植存留的情况不影响鉴定结论。

(二)鼻部骨折

由于口鼻部骨骼比较薄弱,故鼻部骨折亦为鼻外伤中比较常见的形式之一。一般是因为钝性的直接冲击或锐器所引起,另外人体在摔跌时外鼻撞击在地板或其他东西上也会导致外鼻骨骨折。

1.鉴定标准

(1)轻伤二级 鼻骨粉碎性骨折;双侧鼻骨骨折;鼻骨骨折合并上颌骨额突骨折;鼻骨骨折合并鼻中隔骨折;双侧上颌骨额突骨折。

(2)轻微伤 ①鼻骨骨折或鼻出血;②上颌骨额突骨折。

2.结构与术语 鼻的外形依赖于鼻的骨部与软骨部的支架支撑。鼻的骨性支架主要包括成对的鼻骨、上颌骨额突和组成鼻中隔的犁骨、筛骨垂直板等。鼻骨上部窄而厚,较坚固,下部宽而薄,又缺乏支撑,故鼻骨骨折多累及鼻骨下部。老年人发生鼻骨骨折多为粉碎性,,而青少年的鼻骨骨折则往往大块骨片脱臼。

3.检查与诊断

(1)症状:伤后发生局部疼痛,周围软组织水肿以及皮下淤血等。见鼻梁倾斜、骨折侧鼻背坍塌、外鼻致畸等。在伤后早期,因软组织肿胀明显而可掩盖其外鼻的畸形。在伤及鼻黏膜后,可见鼻出血、鼻黏膜水肿等,擤鼻时还可发现伤侧下眼睑和颜面部的皮下气肿。

(2)检查方法:由于电脑影像科学技术的提高,鼻部各类骨折的确诊率也愈来愈高,鼻部冠状位加轴状位薄层 CT 扫描(多层螺旋 CT 三维立体重构)能够更精确的判断有无严重骨折、确定骨折部位、判断骨折的种类及其对周边结构的破坏程度。

4.鉴定要点

(1)鼻部骨折的鉴别诊断 ①鼻缝及鼻颌缝,由于鼻部解剖的复杂性,使鼻部骨折的治疗比较麻烦,也易于导致误诊。伤后及时行鼻部薄层CT扫描可明确诊断,减少漏诊。同时,由于鼻骨间的鼻缝隙、骨间缝隙、鼻颌缝的生理空隙过大,常可引起误诊。鼻缝、骨间缝、鼻颌缝CT在图像上有锯齿形、细带线、或"S"形线影,纵断层则从鼻骨产生直至消失,各层影片上都能看到,形成直角或稍斜过鼻骨的短路线影。而鼻颌缝则是在影片中最容易和骨折所相混的骨缝;②缝间骨:当扫描线横贯于锯齿形骨缝之间时产生的缝间骨像,出现于鼻间缝鼻颌缝处成点状,且紧邻骨缝,并与相邻连接骨走行相同。外伤时鼻颌缝极易出现错位、成角,将互相咬合的骨骼破坏后出现大量游离小骨片,且与其相邻的连接骨骼走行不一致;③鼻骨孔:鼻骨孔和鼻骨内面生理特征压迹,也易被误认为骨折。鼻骨孔作鼻骨上的一个小骨孔,有小动脉、静脉和神经系统等穿过其间,垂直或斜行于鼻骨中下部。横断位扫描表现为相应部位垂直于或斜行于鼻骨上的透亮影,部分不穿过鼻骨,平滑、自然,不同于锐利的骨折线;④鼻骨正常变异:鼻骨的变化绝大多数体现在鼻骨远端的生长发育特别,鼻尖部可出现小孔洞形如V、M字型等,而鼻骨尖的正常变化在CT某一扫描水平上可显示为部分骨骼缺失及骨质断裂,在连续层面检查时则显示为骨质的逐步靠拢及接合。

(2)愈合时间　骨折的愈合是一项很繁复而持续的阶段,大致可分成血肿炎症机化期(约在骨折后二周进行)、最初骨痂形成期(4~8周)、以及骨痂转化与塑型阶段,而建立稳定的骨性结构则大约需要8~12周。

(3)新鲜、陈旧骨折的鉴别诊断　鼻骨薄层CT扫描,在软组织窗可以观察鼻部软组织及鼻腔粘膜损伤情况。鼻部在外力影响下,鼻部软组织和鼻黏膜出血引起水肿。不过,对鼻粘膜增厚还必须注意区分的是,对于一般性鼻炎以及鼻部其他病变所致的鼻粘膜增厚,可以在诊断中通过检查鼻骨CT,或者通过观察鼻粘膜的影像学动态变化来鉴别与判断。鼻部骨折断端形状变化是判别骨折新或陈旧最重要的特点,由于陈旧骨折往往经历了从骨折修复转归的形态变化,其断端常呈现为圆钝形、杵状及不连续性等,利用三维CT检查观察骨折断端形状变化是区分陈旧骨折及新骨折的良好途径。

在鼻骨骨折鉴定时,首先要全面掌握受伤的全部情况、受伤的位置、损伤后发生的情况(有无鼻腔的出血、鼻部肿胀畸形等)以及充分掌握被鉴定人的过往损伤病史,必要时调阅受伤时照片。然后,再检查鼻部CT(必要时进行鼻部三维CT复查),观察鼻背部软组织肿胀、鼻黏膜水肿、以及骨折断端状态等的影像学变化。

案例 5-1:鼻骨骨折的法医学鉴定

2015 年 9 月 8 日,白某因纠纷与同村村民发生争执,致额头、手、胳膊等处受伤。伤后检查见:右前额部压痛,左手大拇指内侧可见咬伤伤痕,右前臂外侧多处组织伤痕。CT 检查见:双侧鼻骨侧块稍后移,鼻颌缝略增宽,鼻骨中段局部骨皮质稍折曲,但骨折线未见清晰显示,双侧眼眶内侧壁局部凹陷,双侧内直肌局部稍增粗,但周围软组织未见明显肿胀,局部脂肪组织影较清晰,双侧筛窦未见明显渗出。调取伤后视频、照片,伤后未见鼻腔流血。本次检查见眶周软组织肿胀。根据影像学资料,白某鼻骨中段局部骨皮质稍折曲,但骨折线未见清晰显示,不符合新鲜骨折修复转归的影响学特点,对其骨折不予评定。

二、口损伤

(一)舌损伤

舌体存在于固有口腔中,舌腹正中的系带与口底相通。舌与人的说话、吞咽和饮食搅拌习惯有关。舌损伤常见于局部刺伤、下面部受撞击时被自身牙列咬伤以及他人咬伤。舌头缺损和许多颌面的软组织缺失不同,不仅关系着个人外貌的美丽,更为重要的是涉及说话、吞咽、咀嚼,以及唾液分泌等各种口腔功能。

1.鉴定标准

(1)重伤二级:舌体离断或者缺损达舌系带。

(2)轻伤二级:舌缺损。

(3)轻微伤:口腔粘膜破损;舌损伤。

2.结构与术语　舌是以骨骼肌为基础,表层覆以黏膜所形成。具备搅拌食品、辅助吞咽、感知味道和辅助发声等功能。

舌分为上、下两面。上面又叫舌背,舌背上有一向前开放的"V"型沟叫界沟,将舌分为前 2/3 的舌体和后 1/3 的舌根。舌体的前端叫舌尖,舌根对向口咽部。舌下面较舌背短,粘膜光滑而松软,与口底粘膜相续。舌下面的粘膜在舌的正中线上形成一粘膜皱襞,向下连接于口腔底前部,称舌系带。

3.鉴定要点　法医鉴定中,依据舌头受损后的状况,假如舌体离断或缺损到达舌系带可评估为重伤两级,而假如没有到达舌系带则可认定为轻伤二级。单纯的舌挫伤、创伤均确定为轻微伤。

(二)牙齿损伤

牙齿损伤主要是暴力直接原因,常见因素包括摔跌、敲击、冲撞和交通事故等,在创伤案例中更为普遍,多见于前牙。可单个出现,也可和颌面部的任何局部损伤一起出现。

1.鉴定标准

(1)重伤二级　牙齿脱落或者牙折共7颗以上。

(2)轻伤一级　牙齿脱落或者牙折共4颗以上。

(3)轻伤二级　牙齿脱落或者牙折2颗以上。

(4)轻微伤:牙齿脱落或者缺损;牙槽突骨折;牙齿松动2颗以上或者Ⅲ度松动1颗以上。

2.结构与术语　牙齿是人体中最坚硬的器官,有着咀嚼进食和协助发声等功用。包括了牙冠、牙颈和牙根三个组成部分。牙冠是指显露在口腔,或显露在牙齿之外的组成部分。牙根是镶嵌在齿槽内的组成部分。牙颈是牙冠与牙根之间的部分,被牙龈所包绕。牙由牙质、釉质、牙骨质、牙髓组成。

3.鉴定要点

(1)《标准》中所说的牙齿折断、根冠折或者牙冠折断露出牙髓。牙齿松动指三级以上松动无法保留的情形。凡有明确面部损伤病史,进行医学检验可以判断。

(2)《标准》中的牙齿脱落或折断,包括恒齿、乳牙以及固定义齿中的种植牙,不包含严重损伤后无需手术替换和修补的义齿。

(3)对牙齿折断主要根据影像学表现进行诊断,在必要时还可作各种角度X线投照,以期观测到牙根折线。若伤时的折断线不明确,可于伤后2周以内再次摄片,并行CT扫描检查。对冠折和冠根折伤后的X线征象,可当作牙损伤的重要依据。

(4)经过评估后,要明确受伤时牙的生长情况,并利用受伤时的口腔检验、影像学数据判断受伤时有无发生牙病变,包括有无根管疾病、龋齿充填情况,牙隐裂、牙釉本质有严重损伤情况等。进行了牙髓处理后的死髓牙,牙齿外观虽然完好,但因为它们内部缺乏了牙髓的滋养,牙质地变脆易碎,与一般人受外力易引起的牙折。出现了重大牙周病,且牙齿比一般牙齿更容易松动,此时就可做出伤病关系研究了。在外伤和自身的牙疾病都可能造成牙折断时,亦即在外伤和疾病关系很难有主次时,外伤与牙折为共同因果关系。

(三)唾液腺损伤

1.鉴定标准

(1)轻伤一级 腮腺总导管完全断裂。

(2)轻伤二级 腮腺、颌下腺或者舌下腺实质性损伤。

2.结构与术语　唾液腺由左右对称的三对大唾液腺,即腮腺、下颌下腺和舌下腺,以及遍布于唇、颊、腭、舌等处粘膜下的小粘液腺构成,各有导管通向口腔,排出唾液。

腮腺是大唾液腺中最大的 1 对,位于颜面两侧,颧弓之下,外耳道前下方,下颌支后外方,大部分位于下颌后窝内,最后开口于上颌第二磨牙相对的颊粘膜上,开口处形成一个乳头。

下颌下腺位于两侧颌下三角内,在下颌骨体的内面与舌骨舌肌和茎突舌肌之间,开口于舌系带两侧的舌下肉阜处。导管开口较大,易受损伤。

舌下腺是三对大涎腺中最小的 1 对,由多数小腺体组成,位于口底粘膜舌下皱襞的深面,下颌舌骨肌上方,舌下腺的输出管有大、小两种。舌下腺小管为 8 ~20 条短而细的小管,多数各自在舌下皱襞处开口于口腔,部分导管通向颌下腺导管。舌下腺大管与下颌下腺导管共同开口舌下肉阜,或单独开口于舌下肉阜。

一般情况下,人类唾液每天的平均分泌量大约为 1 ~1.5 L,而唾液不但对消化吸收的功用有较大影响,还和味觉、语言、吞咽等功能和口腔健康、保护黏膜,以及龋病防治都有密切联系。

3.鉴定要点

(1)鉴定时,首先应明确损伤部位以及有无伤及唾液腺的外伤基础;其次应有涎液外漏的临床表现,如伤及腮腺导管,需手术证实腮腺总导管完全断裂。

(2)腮腺腺体损伤易于修复,后遗症不严重,而腮腺导管损伤修复较困难。继发感染后经手术治疗,面部将留下显著瘢痕。鉴定时,应结合面部创口大小、有无合并面神经损伤以及有无对容貌造成影响,进行综合评定。

(3)由于腮腺及腮腺导管位置较为暴露,对于面部开放性创口,容易损伤腮腺及腮腺导管,应注意检查有无涎液外溢,必要时进行造影剂检查。

(四)损伤致张口困难

损伤致张口障碍常见为颌面部的钝器和锐器损伤。而颞下颌关节磨损也是降低张口的主要原因。颞下颌关节在解剖学上是人类中最复杂多变的主要关节之中。在正常状态下,影响这个关节活动的各种因素可以分成以下两种。①对解剖的直接影响:为双侧颞下颌关节与牙的咬合面接触关系。②生理性影响:如神经肌肉结构。因损伤或破坏了以上二种因素的正常结构与作用,均会导致颞下颌关节功能障碍。

1.鉴定标准

(1)重伤二级:损伤致张口困难Ⅲ度。

(2)轻伤一级:损伤致张口困难Ⅱ度。

(3)轻伤二级:损伤致张口困难Ⅰ度。

2.结构与术语

(1)解剖结构:颞下颌关节为全身唯一的联动关节,具有转动和滑动两种功能,其活动与咀嚼、语言、表情等功能密切相关。颞下颌关节上由颞骨关节窝、关节结节构成,下由下颌骨髁突以及位于两者间的关节囊和周围的韧带构成。

(2)名词术语:张口困难:颞颌关节主动或被动活动受限,使口腔张开困难,常影响言语、吞咽等日常活动。

3.鉴定要点

(1)在鉴定时,要确定有颌面部的外伤基础以及确定了引起颞下颌关节和其附近软组织损伤的外伤基础。颞下颌关节区中直接发生了外力损伤,髁突骨折、下颌骨受外伤等直接导致了髁突骨折,和关节部位内出血等引起了关节部位的强直,尤其颏部受到外力可对冲性损伤颞下颌关节。

(2)在评估时,根据颌面部受损状况和损伤的后遗症、并发症,结合张口困难程度,进行综合评定。

(五)颌骨骨折

1.鉴定标准 颌骨骨折(牙槽突骨折及一侧上颌骨额突骨折除外),轻伤二级。

2.结构与术语 (1)上颌骨:上颌骨是面中最大的骨骼,由上下二个形状结构对称而不规则的二块骨骼所组成,并与腭中缝部连为一体。上颌骨由一体四突组成,一体为前上颌骨体,四突为额突、颧突、牙槽突和腭突。前上颌骨体与鼻骨、额骨、筛骨、泪骨、犁骨、下鼻甲、颧骨、腭骨、蝶骨等邻近骨相接,形成了眶底、鼻底部和口腔顶部。

(2)下颌骨:下颌骨是人类颌面部唯一能够动的最坚固的骨骼。在正中线处的二个下颌骨共同呈马蹄形,包括上下颌体和下颚支二组成部分(图5-1)。因为上下颌骨在髁状前突颈部、下颌角处、上颏孔部、正中联合部等处的结构上相对脆弱,故外伤后时常容易引起骨折。

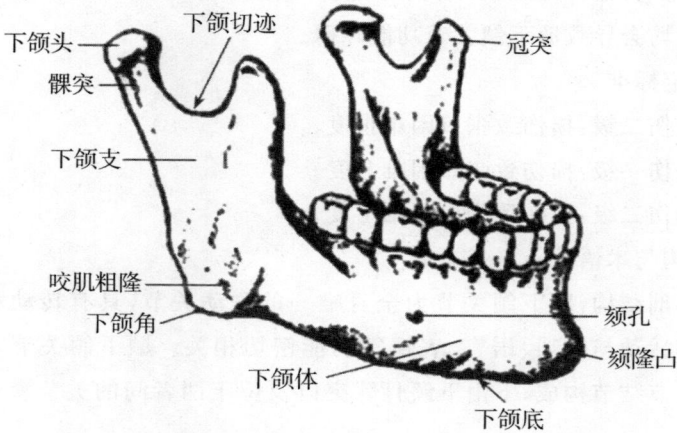

图 5-1 下颌骨

3.检查与诊断

(1)临床表现

1)上颌骨骨折

A.眶区出血:因为眼睑周边组织较疏松,当上颌骨破碎时眶周易发生水肿、皮下淤血、青紫,形成了经典的"眼镜"症,在球结膜下也可出现出血。

B.骨折段移位与咬合功能紊乱:上颌骨骨折段移位,主要是由于受到暴力的程度与方式及其上颌骨对自身力量的影响作用。触诊后,上颌骨可能出现异常活动力。暴力来自侧方或挤压时,会导致上颌骨的塌陷,咬合功能紊乱。

2)下颌骨骨折

A.功能障碍:咬合紊乱、开口受限,局部出血水肿、疼痛等,造成咀嚼、呼吸、吞咽等方面功能障碍。

B.骨折段异常活动:多数可出现骨折段的异常活动。

(2)检查方法　可进行 X 线、CT 或者 MRI 检查,明确骨折类型及移位情况,同时了解临近骨质损伤情况。

4.鉴定要点　评估时,根据上颌骨受损情形,有明显的颌骨骨折可以评估为轻伤二级(牙槽突骨折及单侧上颌骨额突骨折除外),但如果在颌骨骨折手术结束后遗有张嘴障碍,可根据受损所致的张开嘴困难情况加以评估。

第二节　耳部损伤

耳损伤是法医学鉴定中较常见的损伤,可单独发生,亦可合并发生。耳损伤后常伴有耳鸣、耳痛、听觉、平衡等功能障碍与容貌毁损。耳损伤除涉及原发性损伤的鉴定外,对于遗留听功能障碍的,应注意把握鉴定时机、损伤与损害后果之间的关系以及伤病关系的分析论证。

耳损伤内容主要包括耳的结构损伤以及听力功能、前庭平衡功能损伤程度的鉴定。

一、耳廓损伤

耳廓显露于外,易遭受各种机械性损伤以及烧伤、冻伤等,其中以擦挫伤及撕裂伤多见。

(一)鉴定标准

1.重伤二级　耳廓离断、缺损或者挛缩畸形累计相当于一侧耳廓面积50%以上。

2.轻伤一级　耳廓离断、缺损或者挛缩畸形累计相当于一侧耳廓面积30%以上。

3.轻伤二级

(1)耳廓创口或者瘢痕长度累计 6.0 cm 以上。

(2)耳廓离断、缺损或者挛缩畸形累计相当于一侧耳廓面积 15% 以上。

4.轻微伤　耳廓创。

(二)结构与术语

1.解剖生理　耳廓位于头部两侧,一般与头颅约成 30°,左右对称,由弹性软骨和结缔组织构成,表面覆盖着皮肤,分前(外)面和后(内)面。耳廓前(外)面凹凸不平,主要表面标志有:耳轮、耳轮脚、耳轮结节、三角窝、舟状窝、耳屏、对耳屏和耳屏间切迹等。

耳廓的形状有利于收集声音、聚集声波能量,还可以判断声源的位置。耳廓缺损、畸形后一方面使容貌明显改变,影响面容的整体美观;另一方面使声音的传导受到一定的影响。

2.损伤特点及术语 耳廓皮肤和软骨粘连牢固,皮下组织较少,在外伤后出现血肿时,可挤压周围神经而致剧痛。如出现血肿或渗出物较难吸收,血肿机化可使耳廓明显增厚变形。若处理不当,则会引起软骨膜炎、软骨发生坏死,纤维化和瘢痕挛缩,软骨增厚、卷曲,正常支架结构和轮廓消失,耳廓挛缩畸形,影响容貌。

交通事故、咬伤、切割伤等可造成耳廓离断伤,包括耳廓全部或部分完全离体或仅残存少量皮肤相连。

外伤、感染等造成耳廓软组织、血管严重损伤后,耳廓部分或完全坏死、无法存活,或因医疗所需予切除可造成耳廓部分或全部缺损。

另外,因耳廓血管位置浅表、皮肤菲薄,故易冻伤。

(三)检查与诊断

1.临床症状 耳廓损伤可表现为局部红肿、擦伤,挫裂创、出血,组织缺损甚至耳廓部分或完全离断,并伴有触痛、压痛、牵拉痛等不适症状。鉴定时应注意观察并详细记录耳廓的形态、大小,是否有缺损、畸形,解剖标志是否清楚或消失等。

2.测量方法 由于耳廓表面不平整、形态不规则,耳廓缺损或畸形的面积测量是临床法医鉴定的难点。目前常用的方法有毫米平方格坐标纸法、棉纸粘贴比拟片法和数码照相图像软件处理法等。

耳廓创痕长度的测量推荐使用可随意弯曲、定形、伸缩性较小的细铜丝紧贴耳廓表面,依照不规则创痕形状弯曲,使其与创痕长度吻合,标记起始点后将细铜丝拉直,用直尺测量长度。该方法亦可用于其他部位体表不规则创痕长度的测量。

(四)鉴定要点

(1)耳廓完全离断,但经再植、重塑手术存活的,按当时受伤情况确定伤害程度。认定耳廓离断应要求委托鉴定单位提供当时损伤的相关证据材料予以证实。

(2)耳廓缺损、致畸形,如有明显且足够的证据证明为外伤性,后由于其他外因介入如医疗条件不良或伤者自伤等人为因素而加重的,则以原发性损伤或当时受损者的伤情确定其损伤程度,否则应当以损伤的最后结果确定伤者的损伤程度。

(3)耳廓缺失面积、创痕长度测量应采取多人多次或多方法进行,然后计算平均值,力求结果更准确。

(4)耳廓贯通创、撕裂创所致的创口或者瘢痕,按耳廓前后分别测量累加计算长度,长度达到 6 cm 以上评定为轻伤二级,不足则评定为轻微伤。

(5)耳廓擦伤、挫伤、血肿可比照头皮损伤的相应条款(5.1.5b)鉴定损伤程度。

二、外耳道损伤

轻微的外耳道外伤常由挖耳或机械动作不当引起;严重的外耳道外伤,多见于锐器、因高温烧伤及化学物质侵蚀而引起。颅脑外伤及颌面部外伤有时也可并发外耳道创伤,最典型的如鼓室骨折可殃及后外耳道中 2/3 的骨性部分,乳突外伤、手术不慎,则后遗外耳道狭窄甚至关闭。

(一)鉴定标准

1.轻伤一级 双耳外耳道闭锁。
2.轻伤二级 一耳外耳道横截面 1/2 以上狭窄。

(二)结构与术语

1.解剖生理 外耳道是人体唯一被覆皮肤的盲管,起自耳甲腔底,向内止于鼓膜,略呈 S 形弯曲,长 2.5~3.5 cm,成人外耳道外 1/3 为软骨部,内 2/3 为骨部。外耳道皮下组织甚少,皮肤与软骨膜和软骨紧密相贴,当感染肿胀时易导致神经末梢受压而引起剧痛。外耳道主要功能为收集、传导声波,并保护耳深部结构。

2.名称术语 外耳道狭窄、闭锁:外耳道损伤后因结缔组织增生、瘢痕收缩或骨折移位等可造成外耳道狭窄或闭锁,外耳道狭窄或闭锁可对伤者听力造成影响。

外耳道闭锁也可为先天性改变,进行损伤程度鉴定时应注意加以鉴别。

(三)检查与诊断

1.临床表现　外耳道外伤的早期出现于外耳道皮下撕裂,主要表现为外耳道血肿、渗血、皮下积血和皮下损伤。若继发感染引起剧烈的外耳道炎症,外耳道内出现肉芽组织的增殖。而后期则常由于结缔组织增生,纤维间隔成形,而出现外耳道瘢痕性狭窄乃至闭合。

外伤性外耳道狭窄一般无自觉体征,经耳镜检发现患侧的外耳道比健侧更狭窄,位置一般在外耳道下段,使耳腔分泌物、角蛋白碎屑排出受阻,轻者可影响听力,重者可发生外耳道胆脂瘤。

2.检查方法　外耳道发炎所引起的外耳道狭窄和闭锁临床通过常规耳镜检测就可以确定,而继发外耳道胆脂瘤则可累及鼓膜中耳和乳窦,通过 X 线检测可以掌握中耳和乳突的状况。

单纯外耳道骨折则比较罕见,常并发头颅骨及面颅的骨骼破坏,双外耳道骨折则可伴有外耳道骨骼的致畸性及外耳道塌陷,经 CT 扫描检测有助于确定诊断。

外耳道狭窄或闭锁所致的传导作用聋,则可以采用纯音测听、听觉诱发电位法等检查听觉功能减退的情况。

(四)鉴定要点

(1)根据外伤病史、伤后症状,并结合临床检验,判断与外伤有关的原因。一般用外耳道窥镜摄像及 MRI 检查外耳道狭窄的情况。

(2)双侧外耳道均闭锁须与先天外耳道闭锁相区分,由于先天外耳道闭锁常伴耳廓以及中耳的畸形,因此大多都必须手术,但手术所见可证实合并了其他部位的畸形。

(3)单纯外耳道狭窄通常不会导致听力下降 41 dB 以上,损伤程度以外耳道的狭窄长度判断伤情,因此听力测试检查并不是必要检测内容。

三、鼓膜损伤

鼓膜最常见的损伤为外伤性鼓膜穿孔,直接外力(如挖耳、外耳道异物、颞骨骨折等)或间接外力(如掌击耳面部、爆震伤等)均可导致鼓膜穿孔,法医临床鉴定遇到的绝大多数为间接外力所致的鼓膜穿孔。

(一)鉴定标准

1.轻伤二级

外伤性鼓膜穿孔6周不能自行愈合。

2.轻微伤

外伤性鼓膜穿孔。

(二)结构与术语

鼓膜位在外耳道和鼓室中间,为一半透明膜,在幼儿时期呈圆形,成人为椭圆形。成人鼓膜长径约9 mm,宽约8 mm,厚约0.1 mm。鼓膜周缘较厚,下3/4固定于鼓膜环沟内,坚实紧张,为紧张部。其前下部有一三角形的反光区,称光锥。鼓膜上1/4的三角形区,薄而松弛,为松弛部。组织学上鼓膜从内向外分为3层,分别为粘膜层、固有层、非角化鳞状上皮层,鼓膜穿孔后仅内层和外层可以再生。

为便于描述,临床上常沿锤骨柄作一假想线,另经鼓膜脐作一与其垂直相交的直线,将鼓膜分为前上、前下、后上、后下4个象限。

鼓膜通过振动将声波传递到中耳,鼓膜的振动完全跟随声波,具有良好的频率响应特性和较小的失真性。另外,鼓膜还具有保护中耳、声能增益及阻抗匹配的作用。

(三)检查与诊断

1.临床表现　鼓膜破裂即刻发生耳痛、耳鸣、听力下降,有时少量鲜血由外耳道排出或擤鼻后的空气自耳中溢出。若并发内耳外伤则可出现头晕、恶心,混合性或感音性耳聋,并发颅底骨折则可见脑脊液耳漏。

2.损伤机制　间接外力多见于压力性损伤,如掌击耳部、爆震伤。当外耳道内空气压力突然改变,超过一定生理限度致使鼓膜破裂。

直接外力导致的鼓膜穿孔常见于异物刺伤,或者腐蚀性化学物质,或者高温液体灼伤等。颞骨岩部纵行骨折也可造成鼓膜撕裂。此外鼓膜穿孔亦常见于造作伤。

3.检查方法　耳镜检查可以直接观察鼓膜穿孔的位置、形态,是诊断鼓膜穿孔、鉴别穿孔形成机制最直观、有效的手段。间接损伤穿孔多发生在鼓膜紧张部,穿孔多为一个,早期多呈裂隙状、梭形,有时可呈三角形、不规则形,穿孔边缘锐利、不整齐或内翻,有少量出血或附有血痂,1周左右穿孔边缘增厚,形状圆钝。直接损伤穿孔常位于紧张部后上象限,穿孔形态各异,类似刺入物横截面;颞骨骨折合并鼓膜穿孔的,鼓膜裂伤始于上方,有外耳道出血或脑脊液耳漏。

声阻抗检查鼓室图因漏气无法引出呈 B 型,故在耳镜检查不能明确穿孔是否愈合时,可结合声阻抗检查予以确定。

纯音听力测试表现为传导性轻度听力障碍。双侧乳突 X 线多表现为双侧鼓室正常或伤侧硬化。

(四)鉴定要点

(1)法医临床学鉴定时应明确耳部外伤史、临床症状与体征,行内窥镜检查照相,确定为外伤性鼓膜穿孔才能参照《标准》进行损伤程度鉴定。

(2)鉴定时应注意观察、记录鼓膜穿孔的形态、大小和部位,以及有无出血等外伤性特征。结合外伤史、临床表现以及内窥镜照相记录的鼓膜穿孔初期表现和损伤的演变、转归等,为鉴定提供客观依据。

(3)鼓膜穿孔后因治疗或护理不当易继发感染化脓,可延迟或影响穿孔的愈合。笔者认为除能证明被鉴定者为延迟穿孔愈合时间,故意造成感染外,对外伤性鼓膜穿孔后继发感染化脓 6 周不能自行愈合的,可评定为轻伤二级。

(4)外伤性鼓膜穿孔后随着时间的延长以及继发感染化脓,穿孔形态可发生变化,逐渐变成类圆形或圆形,对鉴别鼓膜穿孔性质带来困难。鉴定时,对耳面部有明确外伤史,自诉有耳痛、耳鸣、听力减退等症状的,应及时进行乳突 CT、高分辨鼓膜内窥镜检查、摄像,建议每隔 1~2 周定期复查耳镜至鼓膜愈合,或者在鼓膜未愈合情况下,定期复查时间须满 6 周。

(5)外伤性鼓膜穿孔鉴定为轻伤二级应严格把握 6 周不能自行愈合的期限。对 6 周内自行鼓膜修补的,因不能确定其 6 周内是否自行愈合,评定为轻微伤。

(6)病理性鼓膜穿孔、鼓膜穿孔造作伤鉴别。

慢性化脓性中耳炎所致鼓膜穿孔常有反复流脓病史,表现为混合性聋,以大穿孔为多见,周围无充血或血痂,可有脓性分泌物,穿孔形态多为圆形或椭圆形,边缘圆钝、整齐,有上皮覆盖,未穿孔部位厚薄不一,有时可见钙化斑。乳突 CT 片多呈硬化型改变,气房密度增高或有骨质破坏。

鼓膜穿孔造作伤耳面部外伤史常不明确,常缺乏伤后临床表现记录,耳镜检查外耳道通常会出现人为损伤痕迹,鼓膜穿孔的形态、部位、数量及病理演变等常与压力性损伤导致的穿孔不相符。

案例 5-4:鼓膜穿孔的法医学鉴定

简要案情:2017 年 11 月 17 日,沈某某(女,32 岁)与他人发生厮打,沈某某面部多处抓伤,其自诉左耳疼痛,要求鉴定。

资料摘要:伤后 2 h 入院,病历中无耳部损伤记录,耳镜检查提示双耳外耳道通畅,左耳鼓膜可见穿孔,边缘圆钝,右耳鼓膜完整,标志清晰。2018 年 1 月 11 日中耳 CT 提示双侧乳突呈气化型,气房气化良好,两侧中耳、内耳各结构、听小骨形态、位置正常,局部未见骨质破坏及硬化环。伤后多次复查(伤后 2 h、14 d、28 d、43 d 及 2 个月)耳镜检查穿孔形态。

分析说明:沈某某受伤后主诉左耳疼痛,入院查体病历资料无耳部损伤记录,伤后耳镜检查左耳鼓膜中央较大穿孔,边缘圆钝,外耳道无血迹,鼓膜无充血,后多次复查耳镜,鼓膜穿孔形态、大小无明显变化,不符合外伤性鼓膜穿孔特征及愈合转归演变,且耳部外伤史不明确,此例鼓膜穿孔应为伤前即存在的病理性穿孔,故不宜对该鼓膜穿孔进行损伤程度鉴定。(本案例由阜阳市公安局提供)

四、听力损伤

声音主要经由气流传递和骨传导形式传入内耳,以气流传递为主。气流传递的声经外耳道传来,然后经过耳鼓、听骨链、前庭窗,发生在耳蜗螺旋器上的基底膜震荡,并刺激毛细胞,从而引起感音神经冲动,经听觉神经纤维再传到脑干或更高级的听中枢,引起听觉。当头部受到外伤后引起听觉传导径路上任一环节出现病变都会引起不同程度的听力障碍。

(一)鉴定标准

1.重伤一级 双耳听力障碍(≥91 dB HL)。

2.重伤二级

(1)一耳听力障碍(≥91 dB HL)。

(2)一耳听力障碍(≥81 dB HL),另一耳听力障碍(≥41 dB HL)。

(3)双耳听力障碍(≥61 dB HL)。

（4）一耳听力障碍（≥81 dB HL），伴同侧前庭平衡功能障碍。

3.轻伤一级　双耳听力障碍（≥41 dB HL）。

4.轻伤二级　一耳听力障碍（≥41 dB HL）。

5.轻微伤　外伤后听力减退。

(二)名词术语

1.听力障碍　因为外伤或者病变等因素,造成的听力解剖结构完全遭到损伤,甚至功能障碍,出现的听觉损失甚至丧失。

2.听阈　听阈是指刚能产生人耳听觉的最小声强值,阈越高代表听觉越差,而听阈最低代表听觉正常。听阈常常以听力级的分贝数（dB HL）来表达。

3.听力　听觉系统对声音的感知能力和识别能力,在临床上一般以听阈的高低程度来描述,正常听力范围为 25 dB HL 以下。

4.听力零级　听力零级,是某国或地区对健康青年正常耳听阈的声压等级（SPL）统计的平均数,是指纯音听力计的听力损失值或听力等级为"0"分贝的含义值,也表示了某个国或地区的正常听力标准。

5.听力级（dB HL）　听力级是指人耳对某一信号的听阈比正常听阈（听力零级）高出的分贝数。

6.正常听力级(dB NHL)　正常听力级在实验室中的听觉脑干诱发电位（ABR）试验中形成的,由一个正常听觉年轻人所听见的最大刺激音频率的与最小刺激音频率的平均数。

7.主观测听　主观测听也叫做行为测听,由被检查者根据声音的信息做出行为决策,进而做出某种行为反应。主观的测听结果可与被检查者年龄、智力、文化程度、主观心理等因素支配。

8.客观测听　客观测听是以受检查者在受到声波影响后所引起的生理反应,判断受检查者的听力状况及受损部位。不受受检查者年龄、智力、精神状态等主观因素影响,检查结果客观、准确性高。

9.传导性聋　传导性耳聋是传音、变压结构受损,导致声音通过内耳的声能量下降,神经末梢所引起的刺激降低,引起听觉下降,病灶位置大多在外耳和鼓室。常见的损伤类型包括耳廓缺损、外耳道狭窄、外伤性耳鼓穿孔、听骨链断裂、鼓室积血（液）等。一般听力损失不超过 60 dB HL,可伴有低调耳鸣。

10.感音性聋 感音性耳聋亦称为耳蜗性耳聋,其病灶在耳蜗,大多由于耳蜗螺旋器听毛细胞受损引起。由于感音性耳聋与神经性聋的临床表现基本相同,过去通称为感音神经性聋,常见损伤为内耳(迷路)震荡伤。

11.神经性聋 神经性聋亦称蜗后性耳聋,其病灶大多在听神经、耳蜗核、脑干、中脑以及听皮层,通常由于听神经及传导通路的破坏而引起听觉功能障碍,称为神经性聋,常由颞骨骨折、脑挫裂伤造成。

12.混合性聋 混合性耳聋是指耳的传音系统和感音神经系统都有损伤,表现为传导性聋和感音神经性聋的双重特征。

(三)鉴定要点

(1)熟悉案情:在提交检查资料时应清楚认识引起听觉功能障碍的损伤记录,询问听觉功能障碍的诊断应用情况和治疗反应,细致完整地完成耳科检查和体格检查,并尽量收集损伤的病历资料和损伤早期的听力资料。

(2)为确定严重外伤和听觉功能障碍之间的直接关系,通过定期摄颞骨薄层 CT 扫描,可以确定中耳或内耳的损伤,以消除病变和畸形,在必要时开展内耳 MRI 检测,排除病理性聋、诈聋。对无法判断损伤和听觉损伤之间具有直接关系的,不能直接依据《标准》做出损伤的判断。

(3)评估时间:对受伤后主诉听觉减退的,应当于受伤后 1 周内开展常规听觉检测,于受伤后 3~6 个月及医疗结束后听觉障碍程度较为稳定时复查听觉检测,判断听觉减退后果。

(4)对听力测验,应与主观和客观测听方法相结合,做出听力损伤类型的诊断。建议选取纯音听阈,听性脑干反射和 1~2 个有一定频谱特征的听力诱发电位(如 40 Hz 听觉相关电位、短纯音或短音听性脑干反应、听性稳态反应、皮层诱发电位)为检查的主要内容。

(5)听觉减退程度取 0.5 kHz、1 kHz、2 kHz、4 kHz 四种频率气导听阈级的平均数,若所得平均数是非整数时,其小数点后尾数可用"四舍五入"方法进为整数。

(6)当噪声的强度级为 0 dB SPL 以上时,正常人也应该听见声音,而言语听觉减退在 25 dB 以内的,则仍属于正常听力范畴。正常人随着年纪的增加,听觉功能也会减退,当年纪达到 60 周岁时,就需要进行老年性听觉损伤修正,年纪每增长一年,递减 0.5 dB。

案例 5-3：听力下降的法医学鉴定

简要案情：刘某（男，18 岁）被人持械打伤入院就诊，自诉外伤后头痛头晕，耳鸣、听力下降。

资料摘要：伤后查体神志清楚，GCS15 分，左侧颞顶部有两处分别长 2 cm、2.5 cm 创口。入院后给予清创缝合、对症治疗，请五官科会诊，伤者耳鸣症状缓解不明显。

伤后 10 d 的纯音测听结果显示为左耳中度混合性耳聋；伤后 1 月的纯音测听结果为重度感音性耳聋。但声导抗和诱发电位均未见异常。

伤后 3 月余鉴定。体格测试左侧颞顶部二处头皮瘢痕，双耳乳突无明显疼痛，双耳廓颜色无畸形发展，双外耳道畅通，双耳鼓膜均完好。脑部 CT 提示左颞顶部软组织明显肿大，但头骨和颅内未见外伤性变化。

中耳阻抗：由双耳鼓室图呈 A 型，双耳镫骨肌由反射引起。

40 Hz 听觉相关电位（500 Hz、1000 Hz、2000 Hz、4000 Hz）阈值：右耳分别为 10 dB HL、15 dB HL、15 dB HL、30 dB HL；左耳分别为 20 dB HL、15 dB HL、15 dB HL、30 dB HL。

双耳听性脑干反应短音阈值：15 dB HL。

分析说明：外伤性听觉功能障碍的判断，要确定外伤和听觉功能障碍的关系，同时鉴别伪装和夸大听力减退的情况。本例中，刘某头部外伤性史明显，电测结果显示听力为重度感音性耳聋，而客观听力学检测未见其听觉系统存在异常，电子影像学和内耳检查也未发现听力系统存在损伤。刘某听觉功能障碍没有外伤基础，主、客体听阈检测结果不一致，存在伪装和夸大听觉减退的情形，故本次外伤性引起其听觉功能障碍的证据不足，不宜对刘某听力进行损伤程度鉴定。

第三节　眼部损伤

眼是人类最主要的感知部位,其结构精密而脆弱,容易被破坏。眼部损伤后不但会引起其组织功能不同程度的损伤,引起视觉功能障碍,而且可发生眼球缩小、眼部附属器破坏而改变外观。

眼损伤常见的有:钝挫伤、眼球穿通伤、眼异物伤、眼附属器外伤、化学伤、热烧伤、辐射伤等。

一、眼球结构损伤

从眼球的结构上区分,眼球结构损伤主要分为:眼球萎缩(缺失)、眼球穿通伤(眼球破裂伤)、眼前段损伤、眼后段损伤。

(一)眼球萎缩(缺失)及眼球穿通伤(眼球破裂伤)

1.鉴定标准

(1)重伤二级:一侧眼球萎缩或者缺失。

(2)轻伤二级:眼球穿通伤或者眼球破裂伤。

(3)轻微伤:眼部挫伤;眼部外伤后影响外观。

2.结构与术语

(1)解剖结构:眼的结构包括眼球、眼眶、眼的附属器、视路以及眼部的相关血管和神经结构。眼球分为眼球壁和眼内容两大部分。

眼球壁分外、中、内 3 层。外层主要是角膜和巩膜,角膜就是瞳孔前缘,巩膜就是常说的白眼珠;中层包括虹膜、睫状体、脉络膜;内层为视网膜,视网膜中央部可见黄斑,其中央凹为视觉最敏锐部分,黄斑鼻侧为视盘。眼内容包括房水、晶状体和玻璃体三部分,与角膜一并称为屈光间质,构成眼的屈光系统。

(2)名词术语。①眼球萎缩:是指由于外伤造成眼睛内炎症而导致的眼球萎缩变形而失明;②眼球缺失:由眼外伤所造成的眼球缺失或眼部功能毁损无法保留而进行手术摘除;③眼球穿通伤:指锐器作用致眼球全层穿孔性损伤,包括角膜穿通伤、角巩膜穿通伤和巩膜穿通伤。眼球穿通损伤一般出现在外力的直接影响部位;④眼球裂伤:指钝性外力作用致眼球全层破裂,眼球内外沟通。眼球破裂伤可发生于外力直接作用部位,但更多远离打击点,可发生于眼球后壁巩膜,尤其是眼外肌止点处。

3.检查与诊断

(1)眼球萎缩:临床表现为眼压下降,光感逐渐消失,前房颜色变浅或变深,角膜深层新生毛细血管,眼球逐渐缩小或变形。

(2)眼球破裂:临床表现有疼痛、畏光、流泪、视力障碍、眼睑痉挛等。检查可见角膜伤口、前房改变、眼内容物脱出、虹膜与瞳孔改变等。较深的损伤可致晶状体、玻璃体甚至视网膜损伤,在某些情况下,可见眼球内有异物。

4.鉴定要点

(1)损伤认定 根据外伤史、致伤物、致伤方式、病历记载以及影像学检查可以认定。

(2)无论是眼睛穿透损伤还是撕裂伤,都导致视野开放,内容物可能丧失,且有潜在的眼内感染危险,甚至治愈后还会在角膜及巩膜留下瘢痕,所以也可在受伤当时就认定为轻伤二级。

(3)保留重度视觉功能障碍的待伤情稳定后再行复检,视功能(眼力、视野)依据检查结果做出补充评估,并再次检查确认伤情。

(4)眼球壁非全层损伤,如视网膜浅层裂损、球结膜裂损等,不在本条例规定的范围。

(5)眼球萎缩应与眼眶骨折、眶内炎症后结缔组织牵引等原因所致的眼球内陷区别,眼球内陷援引标准其他条款。

(二)眼前段损伤

眼前段损伤常见的有:角膜斑翳或者血管翳、前房出血、外伤性瞳孔散大、外伤性白内障、睫状体脱离与房角后退、虹膜根部离断或者虹膜根部缺损、晶状体脱位、外伤性青光眼、外伤性低眼压。

出现上述眼前段结构损伤性改变的,一经确诊,即可直接评定为轻伤二级;遗留严重视力障碍的,待伤情稳定后再行复检,视功能(视力、视野)检验结果重新评定伤情。

1.角膜斑翳或者血管翳

(1)鉴定标准:轻伤二级。

(2)结构与术语:角膜损伤根据程度不同,由轻到重分别是:Ⅰ度即角膜云翳,角膜损伤累及浅层,在角膜上遗留挫伤痕,对视力影响较少;Ⅱ度即角膜斑翳,损伤角膜外层,尚未达到全层时可形成斑翳,对视力影响较大;Ⅲ度即角膜白斑,损伤累及角膜全层,严重影响视力。

血管翳:角膜上本无血管,但因为缺氧等原因,角膜无法与空气直接接触,获得的氧气减少,于是结膜上的血管便会长入角膜为其供氧,以保证角膜的正常活动,血管一般会长入角膜前弹力层、基质层,外来的血管异物会导致角膜产生损伤,角膜翳也就产生了。

(3)检查与诊断:角膜损伤后可出现眼痛、流泪、畏光等症状。角膜损伤后经修复,常遗留有肉眼可见的改变,影响角膜的透明度。裂隙灯检查可以明确范围、部位。

(4)鉴定要点。①明确的外伤史(损伤后照片支持)、角膜检查瘢痕明确存在(临床上需拍照固定)、鉴定应在损伤 90 日后进行;②若留有视力障碍,则须待视力恢复稳定后,根据视力下降情况进行补充鉴定;③须注意与既往陈旧性角膜损伤进行鉴别,通过调查既往病史及就诊病历可以明确。

2.外伤性前房出血

(1)鉴定标准:前房出血须手术治疗,轻伤二级。

(2)结构与术语:眼球挫伤时,眼球前后径受压、眼球赤道部扩张、瞳孔括约肌反射性收缩、晶状体受压及反跳、房水的作用,这些因素均可以导致虹膜及睫状体撕裂、移位、血管破裂,出血积存于前房,形成外伤性前房出血。

(3)检查与诊断:前房积血,可根据积血占前房的容量可分为三级。Ⅰ级:少于前房容量的 1/3;Ⅱ级:介于 1/3 至 2/3 者;Ⅲ级:多于 2/3 者。

(4)鉴定要点:①裂隙灯检查,明确积血等级;②损伤性前房出血与外伤系直接因果关系,不考虑伤病关系;③外伤性前房出血的法医学鉴定需在病情稳定后进行。前房出血须手术治疗的(主要包括前房冲洗术及凝血块清除术),评定为轻伤二级。Ⅰ级积血,一般数天后会完全吸收,眼压正常,无其他不良后果的,评定为轻微伤;Ⅱ级以上积血,一般多伴有房角、虹膜、睫状体等结构损伤,可能遗留继发性青光眼、角膜血染等不良后果,根据具体检查情况,进行评定。

3.外伤性瞳孔显著变形或者散大

(1)鉴定标准:轻伤二级。瞳孔括约肌损伤致瞳孔显著变形或者瞳孔散大(直径 0.6 cm 以上)。

(2)结构与术语:外伤性瞳孔显著变形或散大,是因眼球挫伤后导致瞳孔括约肌、睫状肌或支配神经麻痹而形成。

（3）检查与诊断：应在光线柔和的室内，瞳孔光反射（直接或间接）检查，外伤性瞳孔散大，瞳孔多为不圆，对光反射迟钝或消失。

（4）鉴定要点。①鉴定时机通常在损伤 90 d 后；②瞳孔显著变形是指瞳孔形态极度不规则；瞳孔散大须用裂隙灯检查测量其直径；直径大于 0.6 cm 的，才能评定为轻伤二级；③注意有无药物散瞳的可能（多次并间隔一段时间进行检查），并应排除伤前原有瞳孔异常改变；同时应充分考虑导致其瞳孔散大的病理基础；④若遗留视力障碍，要考虑视力障碍的损伤程度。

4. 外伤性白内障

（1）鉴定标准：轻伤二级。

（2）结构与术语：透明的晶状体受伤后，晶状体囊和皮质遭到破坏，可因房水进入晶状体内，上皮水肿；也可因组织受伤、变性或瘢痕化而发生晶状体混浊。

（3）检查与诊断：主要表现为晶状体混浊、视力下降。视力下降与晶状体混浊部位和程度有关。裂隙灯显微镜检查可明确诊断。

（4）鉴定要点。①根据外伤史、病历资料及裂隙灯显微镜检查的结果可认定，多选择 90 d 后进行鉴定；②外伤后白内障的形成严重影响视力而未白内障手术治疗的，可根据《标准》相应条款鉴定为轻伤二级。待白内障手术治疗后，若仍然存在严重视力障碍的，可再行检验、鉴定，明确视力障碍的原因，重新评定损伤程度；③鉴定须注意与先天性白内障、年龄相关性白内障以及并发性白内障等自身疾病鉴别。

在鉴定时，应当排除疾病或自身因素的影响。伤后病历记载的病情发展与变化可作为鉴别的依据，外伤性白内障多为一侧，病情发展为渐进的过程。同时对于老年人还要注意既往病史的收集。

案例 5-4：外伤性白内障的法医学鉴定

2013 年 10 月 20 日 8 时许，王某某（男，21 岁，在校大学生）被人用钢管打伤左眼。

2013 年 10 月 20 日检验：神清，VOS：光感（＋），左眼上眼睑皮肤不规则挫裂伤 2 处，左眼颞侧球结膜下血肿，角膜透明，前房积血，瞳孔窥不清，右眼球（－）。

2013 年 10 月 21 日检验：左眼视力指数/眼前，左眼上睑肿胀，缝线在位，结膜充血，水肿，角膜透明，前房欠清，下方见积血，可见渗出膜，瞳孔光反射消失,晶状体轻度浑浊,玻璃体、眼底窥不清,双侧眼压均为 2.1 kPa。左眼行彩超检验提示玻璃体混浊、脉络膜上腔积液。

2013 年 11 月 15 日检验:VOD:0.5,VOS:0.3;左眼:上睑轻度红肿,结膜充血,角膜尚透明,前房清,深浅正常,瞳孔圆,轻度散大,光反射迟钝,晶体轻度浑浊,玻璃体浑浊;眼压:左眼:19 mmHg,右眼:18 mmHg。

2013 年 11 月 26 日检验:视力右 1.2,左 0.2,左眼瞳孔中度散大,眼底朦胧,隐见视盘(一);眼压右 20 mmHg,左 19 mmHg;B 超左眼玻璃体混浊。

2013 年 12 月 23 日彩超检查示:左眼玻璃体混浊,双眼轴偏长。

2014 年 1 月 17 日超声检查示:左眼晶体混浊,玻璃体混浊,视网膜浅脱离。2014 年 3 月 19 日检验:左眼晶体浑浊,角膜透明,瞳孔轻度散大;彩超示:左眼晶体浑浊,玻璃体浑浊,网膜浅脱离。矫正后 VOD 1.5,VOS 0.12。

2014 年 4 月 7 日鉴定时检验:双眼矫正视力:VOD 1.5,VOS 0.12。左眼闭合完全,左上眼睑细小疤痕长约 3 cm,左眼角膜透明,瞳孔轻度散大,对光反射稍迟钝,晶体混浊,眼底窥不清。右眼(一)。

被鉴定人受伤当日检查见,左眼上眼睑皮肤不规则挫裂伤 2 处,左眼颞侧球结膜下血肿,前房积血。后眼科专科检查晶状体轻度浑浊,视力不同程度下降。伤后 3 个月及 5 个月行超声检查,均示左眼晶体浑浊。综合分析认为符合外伤性白内障病理变化过程。

5.睫状体脱离与房角后退

(1)鉴定标准:轻伤二级。

(2)结构与术语睫状体脱离:是指睫状体与巩膜之间的分离。形成原因多为闭合性眼外伤,如拳击伤,外力造成眼球瞬时变形,睫状体受到牵拉导致睫状体脱离。

房角后退:是指睫状肌的环形纤维和纵形纤维的分离,虹膜根部向后移位,前房角加宽、变深。形成原因系外力将房水压向前房角,使睫状体撕裂,虹膜和内侧睫状体向后移位所致。

(3)检查与诊断:睫状体脱离的症状体征主要有:眼压下降、前房变浅、近视现象、视网膜水肿等。检查方法:超声生物学显微镜检查(UBM)、测量眼压。

房角后退的症状体征主要有:眼压增高、镜检房角后退。检查方法:前房角镜、UBM、前节 OCT。

(4)鉴定要点:①睫状体脱离与房角后退均为外伤所致;②睫状体脱离鉴定选择时间一般在损伤 90 日后;③房角后退无须明确后退的范围;④房角后退是引起青光眼的危险因素。房角后退的程度越重、范围越大,发生青光眼的概率也越高。若出现外伤性青光眼,则按相应条款进行鉴定;⑤睫状体脱离的特征性表现为持续性低眼压,后期若导致黄斑和视神经功能的损害,则根据相应条款进行鉴定。

6.虹膜根部离断或者虹膜根部缺损

(1)鉴定标准:①轻伤一级:一眼虹膜完全缺损;②轻伤二级:虹膜根部离断或者虹膜缺损超过 1 个象限。

(2)结构与术语虹膜根部离断:是指虹膜根部与睫状体相连处分离。形成原因是,眼部受较强大外力打击后,眼球瞬间变形,因虹膜根部较为薄弱,其与睫状体相连处所受外力超过其生理弹性限度,即可发生断离。

损伤性无虹膜症:是指因损伤导致虹膜根部与睫状体相连处完全分离。表现为棕色虹膜完全不见。

(3)检查与诊断:虹膜根部离断出现患眼肿胀疼痛、视力下降等,瞳孔呈"D"形或"双瞳孔征"以致单眼复视。眼科裂隙灯检查可明确诊断,伴有其他损伤可行 OCT、超声、UBM 检查。

(4)鉴定要点。①虹膜根部离断或者虹膜缺损均为外伤所致。根据外伤史,结合伤后出现伤眼视物模糊、视力(主要是指近视力)下降、单眼复视、畏光、眼部肿胀、红视等不适症状,经检查证实存在虹膜根部断离、虹膜缺失、前房出血等体征,即可诊断。当虹膜根部离断或者虹膜缺损范围超过 90°时,符合本条款规定的轻伤二级;②应待出血吸收,经临床治疗,病情相对稳定后进行鉴定;③应排除陈旧性虹膜损伤改变及先天性无虹膜。若伤后即来鉴定,可通过是否有新鲜出血来鉴别;若伤后数月来鉴定,主要依据损伤当时的病历记载有无新鲜性出血来判断;④若合并其他损伤致重度视力损害,则再以其视力损害程度进行评定。

案例 5-5:外伤性虹膜离断的法医学鉴定

2015 年 6 月 16 日 6 时 30 分许,韦某某(男,1961 年出生)被他人用疑似木条物品打伤面部,导致左眼受伤。

2015 年 6 月 16 日检查:VOS 手动/眼前,左眼下睑见皮肤裂口,裂口小,球结膜充血,角膜透明,前房血性混浊,虹膜 7 -8 点根部离断,晶体轻混,眼底朦胧。眼压:L 10 mmHg。

2015 年 6 月 17 日检查:VOS 手动,VOD 0.8,左眼内下虹根离断。左眼眶 CT 示左侧眶前软组织肿胀。左眼彩超示左眼晶状体混浊,左眼玻璃体混浊。

2015 年 6 月 18 日检查:VOS 手动/10 cm VOD 1.0。左眼:眼睑红肿,结膜充血,鼻侧纤维血管组织长至角膜缘约 2 mm,角膜尚透明,前房房水轻浑,稍浅。虹膜 6-8 点方位虹膜根部离断,伴震颤;瞳孔欠圆,约 3.5 mm,偏向颞上方、光反射消失,晶状体稍混伴震颤;玻璃体浑浊;眼底窥不清。眼压:Tn/T—1。

2015 年 6 月 29 日检查:VOS 手动/10 cm,VOD1.0。

2015 年 11 月 7 日检查:VOS 手动,VOD0.8。左眼:内眦赘皮,鼻下方虹膜根部离断,瞳孔变形,晶体混浊,可见晶体震颤,玻璃体混浊,眼底示视网膜浅脱离。

2015 年 11 月 10 日,在局麻下行"左眼超声乳化白内障吸出＋张力环植入＋人工晶体植入术"。术中植入张力环＋23.0D 人工晶体一枚。

2015 年 11 月 23 日检查:VOS0.1,VOD1.0,左眼虹膜周边断离,人工晶体位正。眼底:乳盘界清,后极部网膜色可,网膜平伏。OCT:黄斑红色变性增厚,网膜欠平滑。

2016 年 1 月 20 日检查:左眼视力优于 0.05,低于 0.1,右眼视力 0.8。左眼角膜透明,瞳孔变形,虹膜根部离断,人工晶体位正,黄斑部污暗。视觉电生理示左眼波幅较对侧明显降低。

被鉴定人因外伤致左眼虹膜根部离断、睫状体脱离、玻璃体积血、外伤性白内障。行"左眼超声乳化白内障吸出＋张力环植入＋人工晶体植入术"。鉴定时检查其左眼瞳孔明显变形,人工晶体位正,左眼视力下降属重度视力损害。根据病程,其左眼重度视力损害为本次外伤所致。其左眼虹膜根部离断、睫状体脱离、玻璃体积血、外伤性白内障,评定为轻伤二级。其左眼视力重度损害,评定为轻伤一级。

7.晶状体脱位

(1)鉴定标准:轻伤二级。

(2)结构与术语:任何机械性外力作用于眼部,导致晶状体前后震荡,晶状体悬韧带部分或全部断离,晶状体脱离原来的正常位置,即为晶状体脱位

（图 5-2）。脱位的方向与悬韧带断裂的方向相反。分为晶状体半脱位和全脱位。

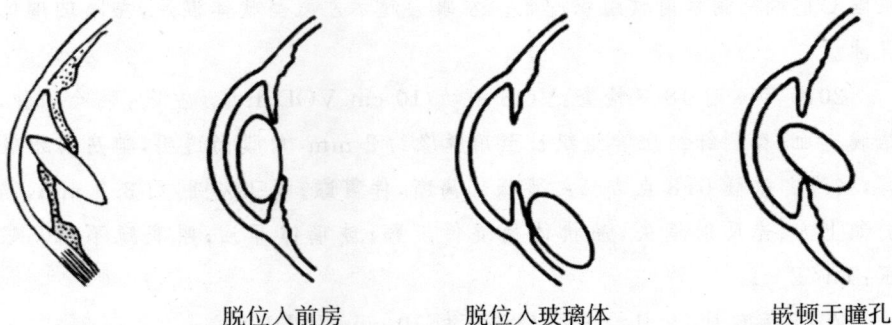

脱位入前房　　　　脱位入玻璃体　　　　嵌顿于瞳孔

图 5-2　晶状体脱位

（3）检查与诊断：①晶状体全脱位：裂隙灯检查可见瞳孔区晶状体缺失。可向前脱入前房，或向后脱入玻璃体腔内，或嵌顿在巩膜与睫状体之间；眼球破裂者可脱出眼球之外。可行 B 超检查辅助诊断；②晶状体半脱位：裂隙灯检查瞳孔区可见晶状体边缘。因悬韧带部分撕裂或松弛，晶状体前后径增加，远视力下降，近视力尚可。有时会出现单眼复试。部分伤者也会发生白内障、继发性青光眼或虹膜睫状体炎。对于轻度的半脱位，可行 UBM、OCT 等辅助检查。

（4）鉴定要点：①多为外伤所致，需鉴别与本次外伤之间关系，可通过是否同时伴有眼睑肿胀、前房积血、虹膜睫状体炎等新鲜性损伤来进行判定；②轻伤二级中的"晶状体脱位"包括全脱位与半脱位；③诊断明确于伤后即可进行鉴定。对于因晶状体脱位引发的并发症，可根据具体情况进行补充鉴定；④需注意与一些先天性疾患造成的晶状体位置异常相鉴别，如先天性晶状体异位、马方综合征等。

8.外伤性青光眼

（1）鉴定标准：①轻伤一级：外伤性青光眼，经治疗难以控制眼压；②轻伤二级：外伤性青光眼。

（2）结构与术语：青光眼：系指由于眼内压升高超出患者可以忍受的限度，而引起视神经损伤、视力缺损和视力减退以及各种视觉功能损伤的疾病。各种类型的眼部损伤均可能导致眼压异常升高，从而引起青光眼的出现。典型的外伤性青光眼，包括由眼内出血或晶体受损而引起的青光眼（与房角处房水回流受阻有关），或钝性挫伤致房角后退的青光眼。炎症因素也可引发。

（3）检查与诊断：

1）房角后退性青光眼：单眼发病，眼压升高，病程发展缓慢，房角加深加宽，晚期可有视神经损害及视野缺损。

2）由眼内出血引起的青光眼：①前房出血性青光眼：由于前室大量积血，眼压急骤增高，容易引起继发病变的不可逆视神经损伤，多伴有晶状体混浊或角膜血染。②血影细胞性青光眼：有玻璃体积血病史，眼压骤然增大，人体角膜水肿伴有黄褐色沉着物，用抗青光眼药治疗并无显著疗效，但对清洗前房有效。③溶血性青光眼：有一定量玻璃体积血，眼压骤然上升，全身视网膜毛细血管水肿并伴有褐色沉着物质，房水有褐色颗粒浮游而混浊。

3）晶状体脱位性青光眼：是指在眼睛钝挫伤后，导致晶体半脱位或全脱位所导致的继发性青光眼。

（4）鉴定要点 ①明确的眼外伤病史，存在引起外伤性青光眼的损伤，但眼科检查中未见明确病理性变化。青光眼的检查中不是仅仅以眼压测量的平均值作为青光眼检查的标准，还应结合其他检查。如果在眼睛钝挫伤后，发生了一过性眼压突然升高而迅速恢复且未留下严重视野功能障碍后遗症的，则不能确定是外伤性青光眼。②外伤性青光眼，若遗留视力或视野损害，则根据具体情况进行评定。③重点是注意外伤性青光眼与病理性青光眼鉴别。注意有无外伤导致其眼压增高、房水回流障碍的因素，并注意病程发展过程，同时收集其既往眼部疾患的调查。

（三）眼后段损伤

1. 玻璃体积血

（1）鉴定标准：轻伤二级。

（2）结构与术语：在眼睛挫伤后，引起视网膜、脉络膜、睫状体毛细血管破损出血，经玻璃体的后界膜再进入玻璃体而产生玻璃体积血。通常从玻璃体出血后 3 d 或 6 d 开始，多数红细胞溶解，被巨噬细胞所吞噬；而浓密的凝血块和膜状混浊吸收得十分慢，反复出血后所产生的机化膜体则永不吸收。

（3）检查与诊断：视力不同程度的减退，量少时可见飞蚊症，量大则视力减退明显。在裂隙灯下见飘动的红细胞，大量出血时眼底可见红光反射，但出血量大而密集者则无法窥见眼底。后期还可出现玻璃体混浊、继发性青光眼、外伤性增生的玻璃体视网膜疾病(外伤性 PVR)和牵拉型视网膜脱离等。通过裂隙灯显微镜、检眼镜、B 超等的检测,就可以确定诊断。

(4)鉴定要点。①明确诊断即可进行鉴定。如严重玻璃体积血致视力达盲目程度,需待玻璃体切割术后再就视力情况进行损伤程度评定;②应注意与眼部或全身性病变所致的玻璃体出血相鉴别。眼底视网膜血管炎、视网膜血管瘤、糖尿病性视网膜疾病等,均可导致玻璃体出血。根据致伤方式、伤后病历、检查所见、双眼对比等有助于判定伤病关系。

2.外伤性视网膜脱离

(1)鉴定标准:轻伤二级。

(2)结构与术语 "外伤性视网膜脱离:是指外伤所造成的视网膜神经上皮层和色素上皮层脱离。眼睛受到强烈挫伤可导致眼球扭曲,对眼结构形成牵拉作用,同时受到周围玻璃体基质的强烈牵拉,可导致锯齿缘断离以及玻璃体基质的附着部位周边视网膜撕裂,从而导致眼底视网膜脱落。视网膜内出血、渗出等都可导致继发性视网膜剥离。

(3)检查与诊:根据损伤的位置、范围、有无并发的眼睛损伤及其眼底视网膜剥离的性质,症状不尽相同。早期主要症状是眼时有飘浮物及闪烁感,视物模糊不清;视网膜的剥离或继续扩展可产生视力缺陷;如波及黄斑,使中心的视力明显减退甚至丧失。

眼底检测以及 B 超、OCT、眼底荧光血管造影等可确定判断。

(4)鉴定要点:①严重外伤的视网膜剥离,根据《标准》,确认为轻伤二级。需要做视力测试,根据眼睛状况进行损伤的判断,以重者定级;②应注意外伤视网膜剥离与非外伤视网膜剥离的区分。非外伤的视网膜剥离必然以眼底视网膜(或)玻璃体变性为基础,视网膜细胞退化后越来越薄或供氧缺失时产生裂口,导致剥离。外伤性视网膜剥离一般有明显的外伤病史,但在受伤后不久即可发生,常并发眼睛的其他部分损伤。二者裂孔位置亦有差异。外伤性裂孔多位于锯齿边缘处,而无外伤性的多在赤道部;③若伤前存在引起视网膜脱离的自身因素,应判定外伤是主要原因还是疾病为主要原因,或者共同作用,再根据鉴定原则进行损伤程度评定。

在法医学鉴定实践中,以高度近视者因视网膜、玻璃体变性造成的非外伤性视网膜脱离多见。

3.外伤性视网膜出血

(1)鉴定标准:轻伤二级。

(2)结构与术:当眼球挫伤时,视网膜受到钝力的作用,导致视网膜中央血管破裂或层间毛细血管破裂,形成视网膜出血。视网膜内毛细血管出血称为视网膜内出血;位于视网膜神经纤维层和内界膜之间或内界膜和玻璃体之间的出血称为视网膜前出血;而受伤当时未出血,伤后一段时间后发生的视网膜出血,则多是因为视网膜下新生血管膜出血引起。

(3)检查与诊断:浅层出血沿神经纤维层走向分布,呈线状或火焰状,颜色由新鲜逐渐变为暗红。深层出血,眼底所见呈类圆点状,色暗红。视网膜下出血,若出血位于色素上皮层下时,呈黑灰色或黑红色;若出血位于神经上皮层下时,颜色鲜红,境界清楚。

后节OCT检查,可判断出血的部位、来源、原因。眼底照相有助于了解出血的范围、位置、双眼视网膜状况。B超检查对于视网膜前出血有诊断价值。眼底荧光血管造影(FFA)可明确视网膜出血并与其他眼病相鉴别。

(4)鉴定要点:①判定为外伤性视网膜出血,伤后即可进行损伤程度鉴定;若出现视力损害,则依据视力损害情况进行补充鉴定;②视网膜出血与多种自身疾病或病理基础相关,外伤只是可能的原因之一,需注意伤病关系的分析、判断。某些全身性疾病,如糖尿病、高血压均可产生视网膜出血性改变。患有眼底动脉硬化、血管炎等病变者,在遭受外伤后较易引发视网膜出血。

4.外伤性黄斑裂孔

(1)鉴定标准:轻伤二级。

(2)结构与术语:当眼睛钝挫伤后,因玻璃体牵掣或黄斑区网膜水肿、出血继发斑点囊样变性,均可产生黄斑裂孔。裂孔出现多在外伤后2周或4周。另外,在全部的创伤式斑点裂孔者中,几乎都出现在玻璃体后剥离,表明了即使外伤是黄斑裂孔的主要因素,自身原因也很可能发挥着一定的影响。

(3)检查与诊断:①出现不同程度的视力下降,视物变形,中心注视点为暗点。全层裂孔时中心视力损害明显。②眼底见黄斑中心凹或中心凹旁裂孔:在中央凹陷的裂孔边界较清晰,稍突出,但大小远不达视盘;而在中心凹陷处的则较大,且边界并不整齐。裂孔基底部存在分散的白点和色素,有时在附近发现了视网膜皱褶和黄白色病灶。③可采用眼底光相干断层扫描

(OCT)与眼底荧光血管造影(FFA)等辅助方法诊断黄斑裂孔。

（4）鉴定要点：①外伤性黄斑裂孔若出现视力受影响时，要同时综合视力情况进行损伤程度评定。②鉴定时需要依据其伤后的诊断经过，以研究眼睛疾病改变过程能否符合外伤性黄斑裂孔的病理生理规律，同时注意排除由高度近视眼和各种玻璃体、视网膜疾病所引起黄斑裂孔的可能性。

案例 5-6：外伤性黄斑前膜形成的法医学鉴定

2016 年 1 月 6 日 14 时许,仇某某(男,44 岁)被他人打伤左眼。

2016 年 1 月 6 日检查：VOD 0.6 VOS 0.4。左眼睑肿胀青紫,局部明显隆起,角膜外侧上皮大片擦伤,前房水尚清;散瞳查眼底:视网膜前可见絮状混浊,眼底视网膜平伏,黄斑中心反光不见。左眼 B 超:左眼玻璃体混浊。

2016 年 1 月 11 日检查：VOD 1.5 VOS 0.4。左眼睑仍淤青,球结膜下出血,眼底视乳头周围有黑色色素沉着,黄斑中心反光可见,略水肿。

2016 年 3 月 15 日检查：VOD 1.2 VOS0.15,左:$+0.50DS:-0.50DS \times 68°=0.8$。眼底检查:右眼底未见明显异常,左眼底视盘色界尚可,黄斑区色素分布不均匀,左眼后极部网膜可见广泛变性。

2016 年 3 月 20 日检查：R:PL:1.0;L:$+0.50DS/-1.00DC \times 90:0.3$。眼底:视乳头界清,左侧色略淡,右黄斑区中心反光可见,左侧黄斑区结构紊乱。

2016 年 4 月 18 日检查：VOS:$-0.50DC \times 65=0.3$。OCT 检查示:左眼网膜表面前膜牵引反射灶中心凹曲线消失。

2016 年 7 月 14 日检查：VOD 1.0 VOS 0.15。左眼玻璃体混浊,黄斑前膜中心反光不清。

2016 年 12 月 14 日检查：VOD 1.0 VOS 0.15。;OS:$+0.50DS:0.2$。

2016 年 12 月 21 日鉴定时检查:双侧瞳孔对光反射灵敏。VOS0.15(矫正 0.2)。

被鉴定人伤后当日检查见其左眼睑青紫,局部肿胀,角膜上皮大片擦伤,左眼视力 0.4。后经多次、多家医院视力检查,显示其左眼视力持续下降,视力在 0.15-0.2,被鉴定人伤后多次检查显示其左眼黄斑前膜形成,后出现黄斑皱褶。故分析认为其视力下降系黄斑前膜及黄斑皱褶引起,黄斑前膜及黄斑皱褶系本次外伤所致。依据《标准》5.4.4f 之规定,其左眼的损伤程度评定为轻伤二级。

三、损伤致视力下降

(一)鉴定标准

1.重伤一级

(1)一眼眼球萎缩或者缺失,另一眼盲目3级。

(2)双眼盲目4级。

2.重伤二级

(1)一眼盲目3级。

(2)一眼重度视力损害,另一眼中度视力损害。

3.轻伤一级 一眼重度视力损害;双眼中度视力损害。

4.轻伤二级 一眼矫正视力减退至0.5以下(或者较伤前视力下降0.3以上);双眼矫正视力减退至0.7以下(或者较伤前视力下降0.2以上);原单眼中度以上视力损害者,伤后视力降低一个级别。

5.轻微伤 眼球损伤影响视力。

(二)结构与术语

1.盲及视力损害分级标准(见表5-1)

表5-1 盲及视力损害分级

分类	远视力低于	远视力等于或优于
轻度或无视力损害		0.3
中度视力损害(视力损害1级)	0.3	0.1
重度视力损害(视力损害2级)	0.1	0.05
盲(盲目3级)	0.05	0.02
盲(盲目4级)	0.02	光感
盲(盲目5级)		无光感

2.眼球萎缩 眼球萎缩是指眼球作为视觉功能的主要结构已经出现全部或者部分存在,而视觉功能却已经消失或者仅存位置不正确的弱光感

视力。

判断标准包括：①眼球形状变化、全面萎缩，改变外观。②眼睛突出度比健眼明显降低。③经过超声波或 CT 等超声影像学检测表明，眼睛的周围组织已经严重萎缩、破坏。④视力在光感以下。⑤眼压降低。⑥无继续治疗的价值，具有对眼球摘除的长期治疗适应证。

3.眼球缺失　眼球缺失是指眼睛作为视觉功能的主体结构已经缺失，而不具有其他的视觉功能。

(三)检查与诊断

视力，是指分辨物体表面两点之间最小距离（夹角）的能力，分为远、近视能力。远近视力是在法医学鉴定中，评判视敏度时最常见的技术指标。远视力测试目前大多依据传统心理物理学检测方式，如视力表视力测试。目前在评估实践中，仍将最佳矫正远视力作为主要衡量指标。

1.视力的检验和记录方法

(1)一般方法　常用标准视力表用作评估远视力的检测仪器，检测间距为 5 米，以小数视力或对数视力方式记载视力程度（鉴定标准所称的视力程度均为小数视力）。检查时，由鉴定人指定视标，嘱被鉴定人读取，由其所读取的最小视标判断其视力程度。

检验有遮蔽非被检眼睛，检验无遮蔽眼。通常采用前"健"眼、后"伤"眼的次序，但也有前右眼、后左眼。

采用对数视力表获得视力值为 5 分记录，按表 5-2 换算为小数视力。

表 5-2　视力小数记录与 5 分记录结果换算表

小数视力	5 分记录
无光感	0
光感	1
手动	2
0.01（数指/50 cm）	3
0.02（走进至 1m 距离看清 0.1 视标）	3.3
0.05（走进至 2.5m 距离看清 0.1 视标）	3.7
0.1	4.0

续表 5-2

小数视力	5 分记录
0.15	4.2
0.2	4.3
0.25	4.4
0.3	4.5
0.4	4.6
0.5	4.7
0.6	4.8
0.8	4.9
1.0	5.0
1.2	5.1
1.5	5.2

如被鉴定人无法辨别最大视标的方位时,应使其逐渐接近于新国标视力表(最小距离不能小于 1 m),直到完全可以辨别最大视标方位为止。如果走近至 1 m 后还无法辨别视标位置,则应按照要求测试其数手指的水平、辨认手动的水平和辨别光感的水平。

检验数手指能力时,如果被检眼仅能辨清距被检眼 50 cm 处的手指数功能,其记录为数指/50 cm(CF/50 cm)。

在识别手动能力过程中,当被检眼只能够识别眼前 20 cm 的手晃动后,将记录为手动/20 cm(HM/20 cm)。

检测光感能力之后,如果被检眼可以看见的光,则记为光觉(LP),必要时记下可以辨认光觉的最高间距(如 3m 光感或 LP/3m);否则标记为无光感(NLP)。

(2)矫正视力的检验和记录方法 普通法医学鉴定规范中所称的视力一般均为矫正视力,在鉴定时须对被鉴定人的被检眼进行充分的屈光矫正检查后,了解其最终矫正视力。可通过屈光镜片、接触镜以及针孔镜矫正,以检测和记录最佳的矫正远视力。

若受检眼在针孔镜下视力可获得提高,可记录针孔镜视力。如裸眼视力为 0.3,针孔镜下视力为 0.6,则记录为:0.3,+针孔镜→0.6。

经验光后试插镜片,视力有提高者,可记录插镜视力。如裸眼视力为 0.3,插-2.00Ds 镜片时视力为 0.8,则记录为:0.3,-2.00Ds→0.8。

若存在屈光不正,但经插片试镜仍无法提高视力的,应记录为视力不能矫正。

2.改变测试距离检验时的视力换算　获知被鉴定人的走近视力表能看到视标的最大高度,再根据公式 $V=(d/D)$ 或 V0 换算被测眼的视力。这里,V 为真实视力,而 V0 则为所看到最小视标代表的视觉程度,D 为正常眼看清该视标的实际程度,d 为被鉴定人所看到该视标的实际程度。也因此,在 2 m 处就可以看到 0.1,亦即真实视力为 $(2/5)×0.1=0.04$。

3.伪盲或伪装低视力的检验　伪盲及伪装为低视力者的检查技术在法医学鉴定中十分关键,一般要求鉴定人员必须熟练掌握和运用。目前,伪盲或伪装性的视力检测手段主要还是以心理或物理学手段为主。

此处所谓的"盲"系指彻底失明(无光觉),也即盲目 5 级。"伪盲"是指假装失明。而伪装视力下降即指行为在视觉测定结果与真实视觉不相符合时,被鉴定者存在夸大视觉而降低度数的现象。

(1)双眼伪盲的检验,常用以下方法。①行为观察:让被鉴定人的双目注意眼前某处目标,让鉴定人多故意向其他方位看;双眼伪盲者经过障碍物时通常都没有绊脚,但真盲者却常常被障碍物所绊脚。②视动性眼球震颤实验:使被鉴定人特别注意眼前快速转动、与画面有垂直线条的视动鼓,则伪盲者就可发生水平性、快慢相间、有一定节律的跳跃式眼球震颤,即视动性眼球震颤;但真盲者不会发生此种震颤。③瞬目实验:用指尖或棉棒,当被鉴定人不注视时,作忽然显现在真盲眼时的行动,但不能碰到睫毛或眼睑,若是真盲则无反映,假盲则立刻发生瞬目行动。

(2)单眼伪盲的检验,常用以下方法。①障碍读书方法:嘱被鉴定人读相距约 30 cm 远的横排书报时,让头和读物均固定不动,而后在被鉴定人双眼与读本的中间放置一直笔杆,距眼约为 10 个 cm 以内。如仅为单眼,肯定会因眼前笔杆所挡住的视力而产生阅读障碍;如被鉴定人继续读书而未受影响,即说明其是以双目注视书籍时,其所谓"盲眼"为伪盲。②瞳孔检查时,伪盲者的双眼瞳孔可等大(需注意排除药物扩瞳)。检查中瞳孔对光线反射,伪盲眼径直对光线反射出现,健眼间接对光线反射则不存在,仅检查外侧膝状体以后的部位,则可不出现瞳孔位置、形态特征和对光线的反映等异常。③瞬目测试:将健眼遮住后,用指尖或棉棒,当被鉴定人的眼睛不小心时,可以做突然刺向真盲眼的操作,但不能碰到睫毛或眼睑,如是真盲则无反映,假盲则立刻发生瞬目运动。

另外有同视机检查、三棱镜测试、柱镜重合测试、雾视法、雾视近距阅读测试、视野检测法、红绿色测试等。

(3)伪装视力降低的检验,常用以下方法。①变换测试距离法:遮盖健眼,检测时若在五米处看到了0.2视标,然后使其走近视力表减少检测距离,再观测其视力改变情况,若在二米处仍可以发现0.2视标,该眼很可能是在伪装视力的减退。②视野检查法:检查视野,对不同举例、以不同光标检测的人视野,如检查结果显示视野没有改变,则可能是伪装视野的。③雾视法:当双目分开检查眼力时,将镜架戴在被鉴定者面前,在检查健眼前放一个+12.0 Ds的球镜片,在检查低眼力时侧放-0.25Ds的球镜片,若双目共同检查视力,且视力远比单查低视力眼的视力好时,则该眼为伪装视力降低。

案例 5-7:伪装视力降低的法医学鉴定

2015年4月1日,张某某(男,1971年出生)被他人打伤全身多处。

2015年4月1日检查,前额处可见3 cm×3 cm的皮下血肿,右眼肿胀,诉视力模糊。

2015年4月2日检查:VOD 0.05,VOS 0.3,双眼结膜充血,角膜透明,前房清,晶体透明。眼底:双眼视盘边清、色正,黄斑反光可见。矫正视力:右眼0.2,左眼0.4。

2015年4月4日检查:角膜透明,前房清,晶体密度增高,瞳孔光反射可见,玻璃体稍混浊,视盘界清A:V＝2:3,未见明显出血及渗出,黄斑反光欠清,后极部网膜色稍淡,眼压:Tn。

2015年4月7日视野检查:右眼中心30度视野缺损,左眼周边视敏度下降。

2015年4月10日视觉电生理检查:双眼P波时程延迟。

2015年7月6日检查:视力 VOD0.07,VOS0.9,前房(—),晶体(—),OCT(—)。

2015年7月170检查:右眼0.08,无提高,左眼0.6+0.50Ds→1.0,角膜透明,前房正常,晶体透明,视盘欠清,黄斑区色素紊乱,中心反光未见。视觉电生理检查:右眼潜伏期稍延长,幅值降低。

2015年7月18日,鉴定时检查,诉右眼视力明显下降。对数视力表检查:VOD 0.12,VOS 0.4,经雾视法检查,其右眼矫正视力为 0.6。角膜透明,视盘(一),视网膜未见明显异常。

被鉴定人外伤后主诉视物不清,多次视力检查示右眼视力明显下降,但眼科专科检查未见明显器质性病变。本次鉴定时,经雾视法检查其右眼矫正视力为 0.6。故分析认为,被鉴定人目前右眼无明显视力障碍,也未发现导致其视力下降的病理基础,故对其损伤程度不予评定。

4.视觉电生理检查　视觉电生理检查可以作为视力评估的重要参考,以视诱发电位(VEP)为首选。

(1)视诱发电位:VEP 指视觉器官接受光或图形激发时在一定区域内所记载到的电位变化,通常是指在枕叶皮层中所记载到的电位发生变化。VEP 一般用来观测视神经和视觉传导通路功能变化,,从视网膜到视皮层中神经纤维病变也可产生不同的 VEP。VEP 技术包含闪光视诱发电位(FVEP)、图像视诱发电位(PVEP)。图像翻转视诱发电位(PRVEP)是一个瞬态的 PVEP 反应,在目前医学上应用眼科技能和法医学诊断的过程中已经比较普遍。

PVEP 主要由 N1、P1、N2 和 P2 等构成。因正常情况下各波的潜伏期基本一致,故在 P-VEP,通常以各波的潜伏期值作为 N1、P1、N2 的标记,将这三个波分别记录为 N75、P100 和 N135。

以 PRVEP 波形为例,在分析测量时,主要关注波形的分化情况(波形的完整性)以及各波的潜伏期值以及振幅,其中最主要的判断指标依次为 P100 波的潜伏期与振幅。P100 的振幅为 P100 减去 N75 的值。正常 PVEP 的判断有三条标准:①双眼 VEP 波形振幅之差小于 30%;②刺激双目的 VEP 振幅较刺激单眼的 VEP 振幅增加约 25%以上;③双眼 P100 潜伏期之差少于 5 ms(或双眼差值小于 10%)。

VEP 完全消失也是很有意义的,这就表示视通路已经被完全切断。PVEP 是一类客观的视觉功能检查方法,主要用于进行"客观视力"的检验推断工作。在法医学实验中,当通过检测眼球结构,并未发觉其具有能够导致视力能力降低的损伤性变化或其他疾病原因,但视觉检查结果却表明视力水平已经非常低时,就可以采用 PVEP 的客观视觉检查结果。

虽然 VEP 是一种视功能评定的客观方法,但在实际应用时应注意:①VEP 属于皮层电位,被鉴定人的精神状态对结果有一定的影响;②被鉴定人的注视程度对于检测结果影响很大,注视不良可造成波形潜伏期延迟、振幅降低甚至完全消失;③多种眼病可能影响 PVEP 结果,应注意排除自身疾病的影响;若周边视野受损而中心视力尚可,PVEP 可能引出较正常的波形;④PVEP 波形有一定的个体差异,因此双眼比对具有重要意义,同时,检测时务必考虑屈光不正和屈光间质混浊的影响,应进行充分的屈光矫正。

PVEP 分析是主观的,且受到受检者合作程度的影响,只是在一定条件下才能反映视力障碍的大致程度,在实际鉴定中仍只能作为参考依据,应结合眼部结构检查结果、视力的心理物理学检验结果综合评定。

(2)视网膜电图 视网膜电图(ERG)是另一种重要的视觉电生理技术。ERG 也可用以判断眼底视网膜的功能,现代法医学诊断常要求结合运用 ERG 和 VEP 的测定技术。当被鉴定者"伤眼"PVEP 异常,鉴定人无法判断该结论的可信度时,可记载双眼 P-ERG,特别注意"伤眼"的 P-ERG,如 P-ERG 就是异常的,那么"伤眼"由视觉功能障碍或器质性损伤所引起的概率就很大。

检查注意事项:①充分散瞳;②一般明适应或暗适应至少 20 min,如先前曾进行眼底照相等检查,则暗适应需 1 h;③眼球保持固视。

5.眼底荧光血管造影 利用眼底荧光血管造影可以发现脉络膜、视网膜、黄斑以及视神经乳头的损伤。

6.光学相干断层扫描(OCT) OCT 对视网膜特别是黄斑部的多种疾病诊断具有重要的价值,也可用于青光皮的神经纤维层厚度定量测量及随诊检查等。

案例 5-8:OCT 在视网膜病变中的检查应用案例

2012 年 8 月 19 日,徐某某(男,62 岁)被人殴打致伤全身多处。

2012 年 8 月 19 日检查:右侧眉弓见长约 1.5 cm 皮肤裂口,伤缘整齐,深致骨质,全身可见多处挫擦伤。

2012 年 8 月 22 日主诉右眼外伤后看不见。检查:VOD 0.2,VOS 0.5。前房清,晶体(一),视盘界清,黄斑中心凹反光弥散。

2012 年 8 月 23 日 OCT 检查:右眼黄斑前膜伴水肿。

2012 年 10 月 11 日检查:VOD 0.2,VOS 0.7。OCT 示:右黄斑前膜伴水肿,左黄斑大致正常。

2012 年 10 月 18 日多焦电生理检查:右眼黄斑功能中度受损;左眼黄斑

功能轻度受损。

2012 年 11 月 27 日 OCT 检查:右眼黄斑前膜伴水肿。

2012 年 12 月 11 日检查:VOD 0.12,VOS 0.5。OCT 示:左眼大致正常;右眼黄斑水肿,前膜形成。

2012 年 12 月 12 日鉴定时,经雾视法检查,VOD 0.6,VOS 0.6。

被鉴定人在 2012 年 8 月 19 日受伤时,眉间有一创口,在受伤后的 4 日经 OCT 检测确认了其右眼黄斑水肿、以及黄斑前膜的产生,而外伤所致黄斑前膜的产生机理则是在外力作用后产生的黄斑水肿、出血以及发炎反应,随后就会产生纤维增生症状,在 4 天时间难以形成;而在随后的多次 OCT 试验中均显示其右眼黄斑前膜伴水肿,同时前膜形态也显示基本一致,且未见变化现象。故鉴定人员指出,该被鉴定人的右眼黄斑前膜伴水肿并不属于本次外伤所引起,因此不能参照《标准》对其右眼损伤范围做出进一步判断。

(四)鉴定要点

(1)若针对视觉功能障碍实施损伤程度评估,原则上须在损伤及因损伤程度而产生的并发症、后遗症医疗结束后方可实施。所谓临床治疗终结系指经临床医学一般准则所允许的所有医疗措施进行后达到临床疗效稳定状态,即眼睛的损伤症状基本消失或稳定,眼睛症状和视野功能状况则趋于相对稳定。

一般来说,较轻的并不遗留严重视功能的眼睛损伤,可及时加以鉴定;如果出现视力功能障碍或将以视力功能为基础判断损伤范围的,建议其评估时间在受伤的 3～6 h 之后。

(2)眼睛经用镜片(包含接触镜、针孔镜等),矫治超过通常视觉区域(0.8 以上)或超过正常人视觉区域(0.5～0.8)的,都不属于视觉功能障碍范畴。

(3)在法医学鉴定的很多案例中,由于受害者对眼睛检测不配合,过度夸大了其眼睛的受损程度,伪盲或伪装视力逐渐下降。实践中,需要开展对相应伪盲及伪装视力下降的检测工作,并根据视觉电生理学的检测结论。

(4)对被鉴定人的自叙伤后发生视功能障碍,鉴定人应当通过对眼部器官结构的检测结果,分析其伤性疾病基础与伤情有关。对无法用损伤性质、部位、程度等说明的视觉功能障碍,则应当排除了损伤程度与视觉功能障碍之间的关系。

（5）鉴定实践中,往往很难获取伤者伤前的真实视力资料,法医检案时应有明确证据证明其伤前视力情况。对于伤者提供的驾驶证体检表,由于驾驶证体检不规范,所以法医在鉴定时应慎用。

（6）由于眼科专业性较强,法医检案时,可请求眼科医生会诊支持。

案例 5-9:眼部伤病共存的法医学鉴定

2013 年 12 月 13 日 7 时,杨某某(男,1966 年)因纠纷被他人打伤左眼部。

2013 年 12 月 13 日就诊时诉左眼视物不清,既往高血压病史 1 年,2-DM 病史 2 年,血糖控制欠佳。检查:VOD 0.4,VOS 0.1;左眼 10 点钟方向距角膜缘约 2 mm 处可见一个约 2 mm 巩膜裂伤,伴少许虹膜嵌顿,前房混浊,虹膜面少许积血,深度正常,瞳孔不规则,向 10 点钟方向牵拉,瞳孔区少许絮状渗出物,光反射未引出,人工晶体位正,眼底窥不清。

2013 年 12 月 13 日行"左眼角巩膜缘破裂伤清创缝合＋探查＋前房冲洗术",见角巩膜缘从 10 点半至 12 点裂伤伴虹膜嵌顿。

2013 年 12 月 28 日检查:VOS 0.02,鼻上方角巩膜缘缝线可见,眼底视盘可见,视网膜平伏,网膜面可见散在出血点。

2014 年 8 月 15 日复查:VOD 0.6,VOS 指/20 cm,鼻侧球结膜伤口对合好,缝线在位。虹膜 9 点至 12 点处后粘连,瞳孔欠圆,偏右上方移动约 3 mm,晶体夹挂,后囊混浊。

后经调查,该被鉴定人曾于 2013 年 11 月 29 日行 IOL 植入,切口以角巩缘为基底,10 点 -2 点。术后第三天(2013 年 12 月 2 日),视力 0.6。

被鉴定人杨某某曾于 2013 年 11 月 29 日行左眼白内障手术,手术切口以角巩缘为基底在 10 点至 2 点范围。2013 年 12 月 13 日 7 时,杨某某被他人打伤左眼,致左眼巩膜破裂伤伴虹膜嵌顿及左眼外伤性前房积血,故其左眼所受外伤是客观存在的,本次巩膜破裂位于角巩膜缘从 10 点半至 12 点,在其 2013 年 11 月 29 日左眼白内障手术的手术切口范围之内,由于手术切口无缝线,且手术后仅 2 周该部位即受到外力作用,本次巩膜破裂处位于左眼球结构的薄弱部位,故被鉴定人杨某某 2013 年 12 月 13 日外伤后左眼巩膜破裂伴虹膜嵌顿系左眼白内障手术与本次左眼外伤共同作用所致。

2013年12月2日被鉴定人杨某某左眼视力0.6,而2014年8月15日其查左眼视力指数/20 cm,分析认为导致其左眼视力下降的原因为左后发障和虹膜粘连。2013年12月13日其左眼外伤后查其左眼瞳孔区少许絮状渗出物,符合"后发障"(后发性白内障)的病理表现,属于白内障手术的常见并发症,与左眼外伤之间无直接因果关系;而虹膜粘连系其左眼白内障手术与左眼所受外伤共同作用导致的虹膜嵌顿引发,故认定其左眼所受外伤对其左眼视力下降起次要作用。

案例5-10:视神经萎缩致盲目的法医学鉴定

2013年3月11日,蔡某某(男,69岁)被他人用拳头和螺丝刀打伤左眼。

2013年3月11日查体:左眼颞侧皮下可见一条长1-2 cm开裂口,左眼远视力光感,左上睑水肿,皮下淤血,眶压(＋＋＋＋),眼球各方运动受限,左侧结膜充血(＋＋),颞侧结膜下淤血发黄,瞳孔直径6 mm,直接对光反射完全消失,眼底见左视乳头水肿,苍白,眼底视网膜平伏,黄斑中心凹欠配合。行眼眶CT或MRI检查显示左眶内侧壁骨折,左眼前方、球后间隙高密度影,左视神经和眼外肌水肿,眶周软组织水肿。

2013年4月1日经检查:VOD0.4VOS无光感。左眼上睑皮下淤血呈青紫色较以前的范围明显缩小,左眼球结膜下充血水肿(＋),上房颜色深浅均正常,窥见视乳头水肿,境界略模糊,较以前的略清,色稍红,视网膜平伏,黄斑中心凹反光未见。

2013年6月4日,视力:VOD:0.2,VOS:无光感,电生理检查:左眼P100潜伏期延迟;P100振幅降低;(左眼加做FVEP)左眼可诱导出FVEP波形。

2014年3月5日,左眼底见视乳头边界清楚,但颜色苍白,且黄斑变性中心凹反光消失,视神经萎缩;遮盖了右眼后,左眼对光、物刺激已无瞬目反应;左眼视觉光感可疑。视觉诱发电位:左侧P100波潜伏期显著延长。

被鉴定人伤后左眼发生炎症、视物不清等情况,其入院后检查显示左眼眼压明显增加,眼底见左视乳头水肿、苍白,视网膜平伏,黄斑中央凹陷欠配合。影像系统检查显左侧眼眶内侧壁骨折,左眼前方、球后积血,左视神经及眼外肌水肿,眶周软组织水肿等。伤后3个月检验视力为:VOS:无光感,左眼P100潜伏期延长,P100振幅明显减弱等。伤后1月检查左眼瞳孔直接光反射微弱迟钝,乳头边界清楚,白色苍白,黄斑变性中央凹拉线反光消失等,左眼对光、物刺激无明显瞬目反应,左眼视力光感可疑。视觉诱发电位检查显示,左 P100 波潜伏期明显延长。综合研究结果表明,被鉴定人蔡某某具有外伤型所引起的左眼视神经萎缩的病理变化特征,现左眼视力为盲目。

三、损伤致斜视或者复视

(一)鉴定标准

轻伤二级。

(二)结构与术语

1.斜视　正常人眼睛在平视前方时为第一个眼位,当眼球向上方、下方、颞侧、鼻侧注目时为第二个眼位,眼睛向颞下、颞上、鼻下、鼻上注视时为第三个眼位。外伤性致一个或多个眼外肌肉或其支配神经受损(或麻痹),会引起眼睛在一个方位或某多个方位的运动受限,引起外伤性斜视。

外伤性斜视的常见原因:

(1)眼外肌肌腱断裂:在肌腱切断后即发生眼部运动障碍,后期可出现复视。

(2)眼外肌的陷入或嵌顿:若眶部壁爆裂性骨折,且眼外肌嵌顿在骨折的眶壁处,则可致眼部动作功能障碍,甚至导致限制性斜视。

(3)眼外肌肉瘢痕的形成:由于外伤使瘢痕与其他组织粘连,从而导致眼位异常和活动受限。

(4)眼球移位:因眶部外伤,致眼球在眼眶内向的某一方位出现偏移,眼外肌肉运动得不到补偿,可致眼球运动受限。

(5)运动神经损伤:如外展神经、滑车神经、动眼神经损伤,都会导致相应的眼位异常和活动限制。

2.复视　存在眼位异常以及眼肌麻痹等原因时,也可出现双目视物重影,称为复视。复视即同一物体在眼睛视网膜上的非相应部位同时被感知,而形成了二个物像。

外伤性复视的常见原因有:①对眼外肌的损伤如水肿、离断等。②支配肌肉的运动神经麻痹。③由眼外肌、眼球、悬韧带、眶骨膜和筋膜嵌顿骨裂隙内。④局部瘢痕粘连等。

需注意,有时也会由于眼睑水肿、眼内组织及视神经损伤而导致的视觉功能减退而掩盖性复视症状。

(三)鉴定要点

(1)在实际诊断时,应注意与自身病变所致的斜视和复视等进行鉴别,包括颅内占位性病变、代谢特征疾病、恶性肿瘤转移、血液循环不良、周围神经系统疾病,以及退行性病变等疾病。

(2)弱视与复视既与眼睛附属器的结构有关,同时也直接关系着眼睛的视功能。诊断中,宜注意并严密观察治疗过程中的功能变化特点,在必要时还应了解伤前状况。

(3)虹膜根部离断、晶状体脱位或半脱位等眼外损伤可导致单眼复视,不构成本条例所规定的情况。

(4)合并视力损害的,应以其视力损害程度对其伤情进行评定。

案例 5-11:外伤性斜视并盲目的法医学鉴定

2014 年 4 月 5 日下午,韩某某(男,1974 年出生)与他人发生纠纷被人打伤头部。

2014 年 4 月 5 日入院时头痛呕吐,自诉有短暂昏迷史。检查:烦躁不安,嘴唇可见缝合伤口,脑电图示轻度异常脑电图,头部 CT 示左侧枕叶高密度影,考虑脑挫伤,MRI 示左侧颞枕交界区小斑点状异常信号,考虑脑挫裂伤出血。

2014 年 4 月 18 日眼科会诊记录:VOD 1.2,VOS 指数,左眼角膜尚明,瞳孔圆,光反射消失,眼底见视乳头界清,色苍白。

2014 年 4 月 21 日视神经诱发电位检查示左侧 VEP 异常,左眼视乳头环形扫描示 RNFL 完全消失,眼科诊断为左眼视神经萎缩。

2014 年 4 月 29 日查体:VOD 1.2,VOS 指数/2 尺,左眼瞳孔 6 mm,对光反射迟钝,玻璃体混浊,视盘色淡,左侧 VEP 异常。

2014 年 6 月 27 日 CT 示右额顶慢性硬膜下血肿,住院行"右额顶慢性硬膜下血肿钻孔置管外引流术",术中见暗红色陈旧性血液流出。

2014 年 10 月 10 日检查:VOD1.0VOS 指数/眼前,左眼外斜视,角膜(一),前房清,瞳孔 3.5 毫米,对光反射消失,视盘界清,色苍白,网膜平,黄斑反光不佳。

2014年12月1日检查:左眼光感,右眼1.5。诱发电位示左侧P100波分化不清。

2015年4月22日检查:VOD 1.2,VOS指数/尺,左眼外斜视5°-10°,左眼角膜透明,瞳孔轻度散大,光反射迟钝,视盘边界清,色淡。

被鉴定人伤后行头颅CT及MRI检查,示左枕叶脑挫裂伤,无视觉障碍;伤后半个月诉左眼视物模糊,行视神经诱发电位检查示左侧VEP异常,左眼视乳头环形扫描示视网膜神经纤维层完全消失,继而左眼视力继续下降,说明被鉴定人左眼视神经萎缩诊断成立。伤后1年鉴定时检查:左眼外斜视,VOS指数/尺,左眼瞳孔轻度散大,光反射迟钝,视盘边界清;上述病程符合视神经萎缩的病理变化过程。根据病程特点,结合调查既往未发现有眼科就诊病史,分析认为被鉴定人韩某某左眼视神经萎缩与2014年4月5日外伤有关。

第四节　颈部损伤

颈部位于头部和胸部之间,包括咽喉、气管、食管、大血管、脊髓等重要器官,损伤后可发生大出血、窒息、瘫痪、昏迷、甚至立即死亡等严重后果。

颈部上界与下颌骨下缘、下颌角、乳突尖、上项线和枕外粗隆的连线;下界为胸骨颈静脉切迹、胸锁关节、锁骨上缘和肩峰与第七颈椎棘状的连线。

颈部受伤主要包括闭合性损伤与开放性损伤,前者则多见钝性伤害,包括碰撞、钝器冲击以及吊、勒等;后者则可用锐器刺割切砍等。

一、颈部皮肤损伤

(一)鉴定标准

1.重伤二级　颈前三角区增生瘢痕,面积累计30.0 cm² 以上。

2.轻伤一级

(1)颈前部单个创口或者瘢痕长度10.0 cm以上;多个创口或者瘢痕长度累计16.0 cm以上。

(2)颈前三角区瘢痕,单块面积10.0 cm²以上;多块面积累计12.0 cm²

以上。

3.轻伤二级

(1)颈前部单个创口或者瘢痕长度 5.0 cm 以上；多个创口或者瘢痕长度累计 8.0 cm 以上。

(2)颈前部瘢痕，单块面积 4.0 cm² 以上，或者两块以上面积累计 6.0 cm² 以上。

4.轻微伤

(1)颈部创口或者瘢痕长度 1.0 cm 以上。

(2)颈部擦伤面积 4.0 cm² 以上。

(3)颈部挫伤面积 2.0 cm² 以上。

(4)颈部划伤长度 5.0 cm 以上。

(二)结构与术语

颈部以两侧斜方肌前缘划分为颈前部和颈后部(项部)。颈前部以胸锁乳突肌为界分为颈前三角区、胸锁乳突肌区和颈外侧区(颈后三角区)。

颈前三角区上界为下颌骨下缘，内侧界为颈前正中线，外侧界为胸锁乳突肌前缘。

(三)鉴定要点

(1)日常鉴定中应严格把握颈前部、颈前三角区的定义。

(2)严格把握浅表瘢痕和增生瘢痕的鉴别。增生瘢痕外观高于皮表，质硬，部分与皮下组织粘连，影响功能。瘢痕面积测量一般采用几何图形法或坐标法测量计算，也可采用计算机图形扫描处理技术计算瘢痕面积。创口或瘢痕长度测量时，被鉴定人必须处于自然体位，因为颈部皮肤易受牵拉而创口或瘢痕长度发生改变。

(3)项部皮肤创口或瘢痕参照体表相关条款进行鉴定。

(4)跨颈前后部创口或瘢痕，参照《标准》附则第 6.17 条"对于两个部位以上同类损伤可以累加，比照相关部位数值规定高的条款进行评定"。

案例 5-12:枕项部瘢痕的法医学鉴定

伤者，男，38 岁，被砍伤后枕部 1 h 入院。医院检查:枕部有一约 9 cm 瘢痕。法医检见:枕部见—9 cm 瘢痕(经区分枕骨隆粗和上项线，头部瘢痕

3.5 cm,项部瘢痕 5.5 cm)。

法医鉴定:此伤者瘢痕基本都在发际内,一般会认为系头部瘢痕,依据《标准》5.1.4a"头皮创口或瘢痕长度累计8.0 cm以上"条款应评定为轻伤二级。部分位于头部,部分位于项部,项部在解剖位置上既不属于头部,也不属于颈前部,而是应该归于躯干部,躯干部轻伤二级标准为单个创口或瘢痕为10.0 cm以上,故参照《标准》附则第6.17条"对于两个部位以上同类损伤可以累加,比照相关部位数值规定高的条款进行评定",该瘢痕参照《标准》条款 5.11.3b、5.11.4b,其损伤程度评定为轻微伤。

二、颈部血管损伤

刀刺、切割、射击、爆破、车祸等均可引起颈部的血管损伤。按照损伤的性质和程度分成了损伤性血管痉挛、血管壁损伤和血管破裂3个类别。

(一)鉴定标准

1.重伤一级　颈部大血管破裂。

2.重伤二级

(1)颈内动脉血栓形成,血管腔狭窄(50%以上)。

(2)颈总动脉血栓形成,血管腔狭窄(25%以上)。

3.轻伤一级　颈总动脉血栓形成;颈内动脉血栓形成;颈外动脉血栓形成;椎动脉血栓形成。

(二)结构与术语

颈大血管包括颈总动脉、颈内动脉、颈外动脉、颈内静脉、颈外静脉、椎动脉等。而本《标准》中的颈部大血管即为主动脉弓分支,限定于颈总动脉和锁骨下动脉。

血栓是指血流在血管内膜剥离部位或修复部位的表面上而产生的小块,由不溶性纤维蛋白、沉积的血小板、积聚的白细胞,以及新陷入的红细胞构成。

(三)检查与诊断

1.颈部血管损伤的主要临床表现　颈部血管损伤的主要临床表现为颈部出血和脑供血不足,出血多见于颈动脉破裂,出血很快,伤员多很快死亡。

若损伤较小,血液不能流出,可产生更大的血肿,甚至挤压气管而引起窒息;若得不到有效处理,则可产生假性动脉瘤;如大静脉同时损伤,则产生动静脉瘘。

颈部大静脉的损伤,虽也可造成大量出血,但其最主要危害的就是空气栓塞,若大量气体进入心脏,则可致心搏骤停,以至致死。

颈部外伤,因血供障碍,常造成颅脑缺血缺氧性损伤,危及伤者生命。颈部血管损伤检查主要依靠彩色多普勒超声以及介入造影。彩超可以确定血管的损伤性质以及严重程度,还可看出有无动静脉瘘的形成原因和瘘口位置;而介入造影则能更迅速、清晰地掌握损伤血管的状况,从而确定血管有无破裂、是否存在血栓、有无狭窄和狭窄的范围;CT、MRI、脑血流图可辅助明确诊断。

2. 血栓检查 因外伤性血管内皮损伤后,再经过止血方式形成,早期主要是血小板栓塞,以后为纤维蛋白栓塞,目前利用多普勒血管超声、介入造影、CT、MRI等检测技术进行,判明了栓塞位置和形态。

3. 动脉破裂诊断

(1)喷射性出血:血液自创口呈喷射流出,且色泽鲜红。

(2)搏动性肿块:因动脉破裂,大量鲜血渗出于颈部软组织中或皮下,并迅速隆起成一局部血肿,按之有搏动感觉,故临床上称之为外伤性动脉瘤或假性动脉瘤。

(3)休克症:出血严重,而未能及时救治者往往发生严重失血性休克、面色苍白、脉细数、血压迅速降低,以及血常规检查见红细胞、血红蛋白数均急剧下降。

(四)鉴定要点

(1)开放性颈部血管损伤:容易认定,但闭合性损伤,由于临床表现不典型,需要从外伤史、临床表现和影像学检验检测等方面综合判定。

(2)外伤性血栓:①首先应排除各种疾病引起的颈部血管血栓形成等情况,如心内膜炎、静脉炎等;②颈部存在明确外伤史;③血栓形成明确。

颈部血管血栓形成并发症或后遗症,一般应待伤情相对稳定后可鉴定。

案例 5-13:颈总动脉破裂的法医学鉴定

伤者,30岁。颈部偏右下方被刀刺伤4小时后抬入医院。检查:患者面色及口唇苍白、四肢发冷、意识模糊、烦躁不安,脉搏弱快 90 次/min,呼吸 15 次/min,血压 80/30 mmHg。颈正中偏右下方可见纵形伤口,长约 2.5 cm,有活动性出血。探查见右颈总动脉前壁有一纵形伤口长 3.0 cm,动脉后壁 1.0 cm 的贯通伤,位置在锁骨上约 3.5 cm,以 0 号丝线间断缝合动脉 21 针。18 d 后治愈出院。

　　法医鉴定:法医检见颈部右侧见 2.4 cm 瘢痕。伤者右颈总动脉破裂依据《标准》5.5.1a"颈部大血管破裂"评定为重伤一级。

第六章　胸腹部损伤司法鉴定

第一节　胸部损伤

一、概述

胸部主要由胸壁、胸腔和纵膈所组成,是人体损伤的最常见部位。胸部损伤的严重程度关键,在于是否严重影响正常人的通气、循环系统功能。胸腔内心、肺部和大血管等主要脏器的受伤,以及出血、呼吸道阻塞和心脏填塞等均可危及生命。

(一)解剖结构

胸部由胸壁和胸内器官构成。位于躯干的上段,上方起自颈部,下方为腹部。胸部内有心、肺、大血管等重要器官,并有食管经过。胸部与腹部的软组织相连,胸腔与腹腔之间以横膈为界。

(二)损伤分类

一般按照受伤是否导致的胸膜腔内与外部连通程度,将胸腔损伤分为以下两种:

1.闭合伤　胸壁结构完整,无明显创口贯穿人体胸腔,但可有胸壁挫伤、胸廓骨折、或人体胸腔内器官的损伤。多为高坠、撞击、爆震等造成。

2.开放伤　胸壁的完整性遭受破坏,如创口直接贯穿人体胸腔,并伴有或不伴随着人体胸腔内器官的损伤。多因锐器、火器引起。

(三)胸部损伤的临床表现

1.胸痛　胸痛是胸部受伤的最常见表现。损伤局部有不同程度的痛感,常因剧痛而影响呼吸运动。在喘息及咳嗽时伤处痛感尤甚,故不能用力通气。

2.呼吸困难　呼吸困难是指主观感受空气供应不足或呼吸费力,客观体现的呼吸频率、深度和节奏异常。正常人通气每分钟 16～20 次,或每分钟通气 24 次以上,则称为呼吸过快;每分钟少于 10 次,则称为呼吸功能过慢。若呼吸功能的持续时间为浅快或深慢,或节奏不一致,加重程度亦不一,则伤员须用力呼吸,协助呼吸肌进行通气运动,严重者鼻翼扇动,呼吸时张口或耸肩,端坐呼吸作用,或出现发绀,均为呼吸困难。

呼吸困难的大部分成因都是由于呼吸系统、循环系统的损伤或病变。典型的胸腔内各种损伤为:胸廓广泛创伤,多发性肋骨骨折,连枷胸,外伤性血气胸,广泛肺挫伤(如爆震伤),气管、支气管的阻塞、狭窄、破裂,创伤型肺不张,肺栓塞,膈肌损伤,膈神经损伤,心肌损伤,吸入性烧伤,多发性骨折合并的脂肪栓塞等。

3.咯血　胸腔外伤患者的咯血,是肺部及支气管损伤的重要证据。

4.发绀　表现为口唇及甲床呈青紫色。

5.皮下气肿　常见于面颈、胸前和上肢,为张力气胸或气管、食道撕裂后的正常症状。

6.反常呼吸运动　多发肋骨或胸骨骨折造成胸壁软化形成连枷胸,此类伤者吸气时软化胸壁向内凹陷,呼气时向外凸出。

(四)胸部损伤的鉴定要点

(1)详细了解被鉴定人伤后不适主诉,以便对照审查病历资料。

(2)仔细审查病历资料中的体格检查记录,注意症状、体征和损伤的病理基础是否相适应,防止夸大或遗漏伤情。

(3)审阅就诊期间的系列辅助检查资料(包括 B 超、X 线、CT 和磁共振等),注意甄别骨折的新旧、数量等。

二、胸壁软组织及女性乳房损伤

(一)胸壁软组织损伤

本节胸壁软组织损伤指构成胸壁的皮肤、脂肪及肌肉等组织的损伤。

1.鉴定标准　轻伤二级。

(1)胸部损伤,致皮下气肿1周不能自行吸收。

(2)胸壁穿透创。

(3)胸部挤压出现窒息征象。

2.结构与术语　胸壁是由皮肤、皮下组织、肌肉、壁层胸膜以及其中的神经血管和淋巴组织构成。

皮下气肿:是指胸部皮下组织有气体积存。

胸壁穿透创:致伤物自胸壁皮肤经由胸壁组织刺破壁层胸膜形成的创。

窒息:由于呼吸运动受阻或异常,产生全身各器官组织缺氧、二氧化碳滞留,从而引起组织细胞代谢障碍、功能紊乱和形态结构损伤的病理状态。

窒息征象:包括颜面部瘀血、肿胀,睑球结膜、颜面部或上胸部针尖样出血,一过性意识障碍,以及呼吸、心跳的改变等。

3.检查与诊断　胸壁皮下气肿一般都继发于胸骨或肋骨骨折伴气胸,尤其多见于多根肋骨骨折伴张力性气胸者,也可并发于气管、支气管、肺及食管损伤。偶见继发于内窥镜检查损伤。以手按压皮下气肿的皮肤,可及捻发感或握雪感,胸部CT检查等可确诊。

4.鉴定要点

(1)胸部皮下气肿需CT扫描确诊。

(2)胸部穿透创需刺破壁层胸膜,常伴有血气胸。

(3)胸部挤压出现窒息征象指胸部严重或长时间挤压导致伤者颜面部、睑球结膜出现针尖样出血等窒息征象。对于窒息征象要以出现客观征象(如弥漫性出血点)为主要依据。

案例6-1:胸部挤压出现窒息征象的鉴定

某日,一小学生蹲在校门口旁边选购书本时,由于人群拥挤发生踩踏致该学生被多名学生压在身下,后经保安发现予以救出。入院就诊主诉:被压后出现一过性意识障碍。体检:颜面部大量针尖样出血点。后经随访未见明显并发症及后遗症。该被鉴定人由于被多人挤压在下面,因胸廓受挤压而严重影响呼吸运动,致缺氧窒息改变。体检见颜面部大量针尖样出血点的客观窒息征象,鉴定为轻伤二级。(本案例由淮南市公安局提供)

(二)女性乳房损伤

乳房是胸前壁的一部分,胸前壁的机械性损伤、烧伤和化学性损伤均可能累及乳房。女性乳房不仅具有哺乳功能,而且是女性第二性征标志之一。

1.鉴定标准

(1)重伤二级:女性双侧乳房损伤,完全丧失哺乳功能;女性一侧乳房大部分缺失。

(2)轻伤一级:女性一侧乳房损伤,丧失哺乳功能。

(3)轻伤二级:女性一侧乳房部分缺失或者乳腺导管损伤。

(4)轻微伤:女性乳房擦挫伤。

2.结构与术语

(1)解剖结构　乳房是皮肤特殊分化的器官。女性乳房具有哺乳功能。青春期女性乳房发育,其形态呈半球状或圆锥形,大小因人而异,与多种因素有关。女性乳房位于胸前壁胸肌和深筋膜的浅面,覆盖第 2 -6 肋前面。乳房与胸肌筋膜之间有疏松结缔组织和淋巴管(图 6-1)。因此,女性乳房可轻度移动。

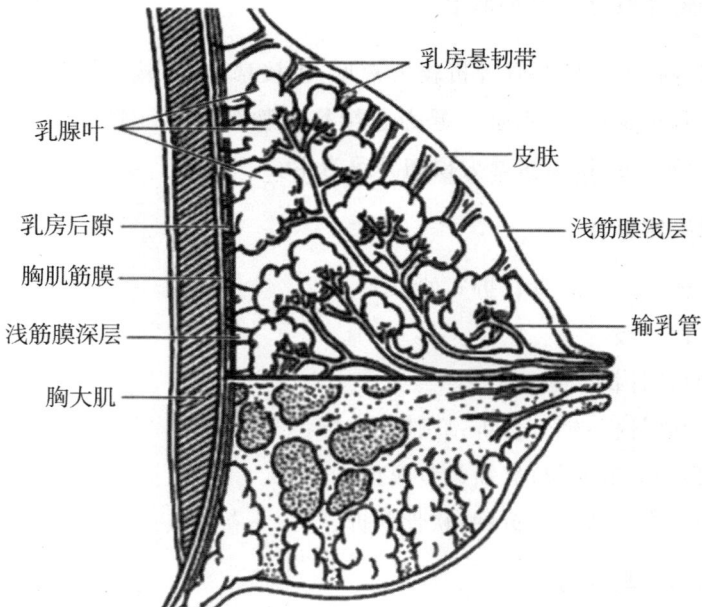

图 6-1　乳房矢状切面

(2)名词术语 ①乳腺导管:乳腺被纤维组织隔成 15 -20 个乳腺叶,叶又分为若干乳腺小叶;②哺乳功能:乳汁产生和传输乳汁的通道均正常,方可完成哺乳功能。

3.法医学鉴定要点

(1)根据损伤情况结合完整病历资料,明确其外伤史。

(2)哺乳功能出现障碍,应有乳腺、输乳管、输乳管窦及乳头等因外伤导致结构上改变。手术探查及造影等均可确诊。

(3)完全丧失哺乳功能是指双侧乳房均有乳腺、输乳管、输乳管窦或乳头等结构的破坏,无法进行哺乳。

(4)已绝经妇女不适用影响哺乳功能条款,可参照组织结构缺失或损伤的条款。

(5)乳房尚未完全发育的未成年女性,在适用影响哺乳功能条文时,要根据此次损伤导致乳房结构改变的程度,合理判断是否完全丧失哺乳功能。

(6)笔者认为,女性一侧乳房大部分缺失,虽没有明确规定缺失的具体数值,但本着对文字的理解及本书中其他章节对"主要""大部分"的划分方法,建议"大部分"宜把握在缺失75%以上。

三、胸部骨折、关节脱位

胸部外伤导致的肋骨骨折较为常见,直接暴力、间接暴力均可导致。单纯性胸骨骨折少见,多系强大暴力直接打击胸骨造成。肩锁关节脱位较胸锁关节脱位常见,以直接暴力损伤导致为主。

(一)鉴定标准

1.轻伤一级　肋骨骨折6处以上。

2.轻伤二级

(1)肋骨骨折2处以上。

(2)胸骨骨折;锁骨骨折;肩胛骨骨折。

(3)胸锁关节脱位;肩锁关节脱位。

3.轻微伤　肋骨骨折;肋软骨骨折。

(二)结构与术语

1.解剖结构　胸部的骨性结构主要包括12块胸椎、12对肋骨、1块胸骨、1对锁骨和2块肩胛骨。胸部活动度较大的关节主要有胸锁关节和肩锁关节。胸骨、肋骨以及胸椎共同构成骨性胸廓,保护胸腔内脏器,并参与呼吸运动。

2.名词术语

(1)胸锁关节:是上肢与躯干之间的唯一关节,由锁骨胸骨端与胸骨锁切迹以及第 1 肋软骨构成,属鞍状关节。胸锁关节可做 3 轴运动,即在矢状轴上锁骨外侧端做升降运动,在垂直轴上做前后运动,两者联合做环转运动。

(2)肩锁关节 由肩峰内侧缘和锁骨肩峰端的关节面构成,属平面关节(图6-2)。

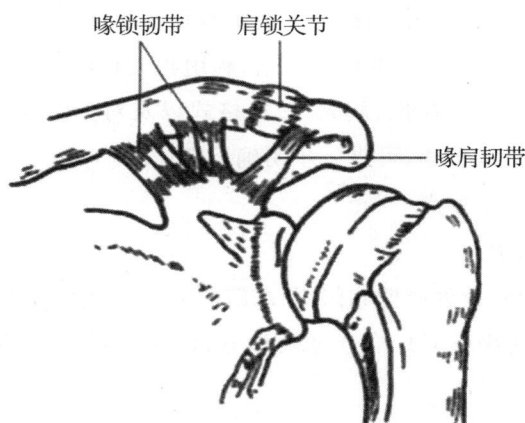

图 6-2　肩锁关节的解剖结构

(四)鉴定要点

1.肋骨骨折鉴定要点

(1)有明确的胸部外伤史,肋骨骨折与损伤方式及损伤机制对应。

(2)查看病历记录中所示的临床表现和体格检查与影像学诊断是否吻合。

(3)X 线片、CT 等各种影像学检查技术之间可相互补充、相互印证,应综合分析相关影像学资料。X 线片常常因分辨率低、拍摄体位及骨折移位不明显等导致漏诊,必要时待其伤后 2 周左右,骨折处骨痂开始形成或出现骨膜反应时,骨折线比较清晰地显现时复查;多层螺旋 CT 三维重建可以准确判断有无骨折、明确骨折位置、确定骨折的类型以及邻近组织的损伤情况,既可对肋软骨骨折进行诊断,也能通过骨痂形态和愈合情况,进行新鲜与陈旧性的骨折鉴别。如被鉴定人在就诊期间没有做多层螺旋 CT 三维重建的，建议加做此项检查，以防漏诊、误诊。

（4）粉碎性骨折因存在两条以上骨折线，可符合标准所说的轻伤二级。鉴定标准条款 5.6.3c 和 5.6.4b 中的骨折不包括肋软骨骨折，儿童除外；条款所指的肋骨骨折不包括皮质连续性未见破坏的肋骨挫伤、皮质凹陷（临床上常以肋骨骨折的诊断出现）。

（5）鉴定实践中还应注意区分肋骨骨折是否为病理性、发育变异或者医源性损伤等特殊情况。

（6）当骨折的数量、新旧程度等出现争议，由于伤后恢复时间较长，这时再对被鉴定人进行三维 CT 扫描已无益于鉴别诊断，应让委托单位及时到其当时就诊医院调取 CT 胶片的原始数据，利用相关软件对其原始数据进行图像浏览、测量、调节窗宽窗位、放大、转换格式以及对 DICOM 图像进行多平面重建和简单的三维重建，可进一步明确诊断。

2.胸骨骨折鉴定要点

（1）胸部外伤史。

（2）一般对应骨折处胸壁软组织存在擦伤、挫伤或创口等伤痕。

（3）胸部 X 线片或 CT 检查可确诊骨折，但鉴定时要注意排除医疗性损伤。

3.锁骨骨折及肩胛骨骨折鉴定要点

（1）明确外伤史（锁骨骨折以间接暴力造成骨折多见）。

（2）X 线片或 CT 检查确诊骨折。

（3）单纯骨皮质砍（刺）痕不适用该条款。

4.胸锁关节及肩锁关节脱位鉴定要点

（1）关节脱位以直接暴力作用居多，摔跌时肩部着力亦可以导致。

（2）肩锁关节脱位中，Ⅰ 型脱位经固定制动后，可恢复，不属于轻伤范围，Ⅱ 型和 Ⅲ 型适用本条款。

（3）胸锁关节经影像学检查确诊，即使是半脱位亦可使用条款评定为轻伤二级。

（4）需注意与关节习惯性脱位进行鉴别。关节习惯性脱位常见于关节结构先天的缺陷或后天损伤未治愈遗留的后遗症。除非影像学明确诊断有关节囊破裂、部分韧带损伤，否则不属于轻伤条款规定。

四、心脏损伤

心脏是一个中空的肌性纤维性器官。心脏节律性收缩和舒张驱使血液循环流动。心肌是主要的脏器,心肌的损伤结果会威胁生命安全。

(一)鉴定标准

1.重伤一级 心脏损伤,遗留心功能不全(心功能Ⅳ级)。

2.重伤二级

(1)心脏损伤,遗留心功能不全(心功能Ⅲ级)。

(2)心脏破裂,心包破裂。

3.轻伤一级 心脏挫伤致心包积血。

(二)结构与术语

1.解剖结构 心脏位于胸腔中纵隔内,外有心包包裹。心脏的大小约与自体握拳相似。成年男性正常心脏重 250～270 g,女性 240～260 g。心脏被心间隔分为左右两半心,左右半心各又分成左右心房和左右心室 4 个腔,同侧心房和心室借房室口相通。

2.名词术语

(1)心功能不全:是指由于各类心肌结构或功能性病变,引起心肌的收缩能力和(或)扩张功能出现严重障碍,心肌排血量无法适应机体组织新陈代谢要求,以肺循环和(或)体循环系统淤血,脏器、组织进行血流灌注量减少为症状的一种综合征。主要症状是呼吸困难、体力活动限制和体液滞留。

心功能不全分级,以患者的临床表现为基础,可以把心功能情况细分成4 级:

Ⅰ级:身体活动不受时间限制,对日常活动不会产生过度的疲劳、呼吸困难和心悸;

Ⅱ级:身体活动轻度受限制,一般运动时产生疲劳、心慌和呼吸困难的现象;

Ⅲ级:身体活动明显受限制,轻微运动可以产生疲劳、心慌和呼吸困难等现象;

Ⅳ型:因身体活动重度受限制,患者无法进行任何运动,甚至在休息中仍会发生心衰的所有症状与体征。

（2）心脏挫伤 指伤后出血或胸前部强烈剧痛，向左肩臂放射，并有心悸、胸闷、恶心、呕吐等。重度时可发生呼吸困难，以至导致窒息。

心律失常也是轻度心肌损伤的重要症状，最常见为持续性窦性心动过速和期前收缩、阵发性心室纤颤，在心脏收缩力损失较严重时发生心力衰竭。心电图检测结果由于心脏的受损位置和范围不同而反应也不尽相同，常见 ST 段抬高、T 波低平或倒置、心律失常等，但主要反映为相似于心脏梗死、血浆中磷酸肌酸激酶（CPK）和乳酸脱氢酶（LDH）增高等。

（3）心脏破裂：如心壁穿透损伤、房间隔断裂、瓣膜撕裂、腱索断裂等。

（三）检查与诊断

1. 心脏挫伤 心肌挫伤引起后，即刻或经数日后发生心前部强烈疼痛，向左肩臂放射，并有心悸、胸闷、恶心、腹泻等。

体检中经常出现的胸背部软组织损伤，并有肋骨骨折。脉搏显然加快、血压偏低，但心界叩诊区无显著增大，可听见心包摩擦声，且心音可成钟摆律。心律失常为轻度心肌损伤的主要症状，通常有持续性窦性心动过速和期前收缩、阵发性心室纤颤，心脏收缩力挫伤严重者可发生心力衰竭。

心电图检测依心肌的受损部位和程度不同其症状也不尽相同，常见的 ST 段升高、T 波低平或倒置、心律紊乱等，其症状如同心脏梗死。

血生化检查可见，血浆中磷酸肌酸激酶（CPK）和乳酸脱氢酶（LDH）增高等。

2. 心包积血 伤后感强烈或持续的胸前部酸痛、胸闷不适、烦躁不安，严重者有呼吸困难、端坐呼吸或神志不清。

胸背部软组织损伤、血肿，以及锐器、火器伤者均可检见创口。有静脉压增高、动脉压力降低，或心搏动微弱的现象。伤者呼吸浅促、皮肤苍白、脉细弱、常发生于奇脉，颈静脉怒张、血压偏低，心脏浊音范围增大，心脏音弱、低远。X 线检查见心脏阴影范围扩大，心脏搏动微弱。经心包腔穿刺检查可抽出血液。

3. 心脏破裂 患者常感胸闷不适、烦躁不安，严重时呼吸困难、端坐呼吸，甚或发生窒息以至致死。

X 线检查可见心包积血的症状。在心包内穿刺时也可吸取血液。但心电图检测异常，出现异常 P 波、QRS 波增宽、ST 波偏移、T 波倒置等。

(四)鉴定要点

1.心脏挫伤鉴定要点 ①外伤史(胸背或腹腔受猛烈冲击)明确。②伤后的缺血性心肌或梗死的症状。③心电图表现为心律不齐或缺血性改变。④血生化检查可见磷酸肌酸激酶及其同工酶(CPK-MB)增高。⑤常伴随胸骨骨折及左侧前段肋骨骨折。⑥无法解释的低血压。⑦心包摩擦音。⑧心包腔内积液。⑨临床运用扩冠状血管药物后症状不能缓解的诊断性治疗可辅助确诊。

2.心包积血鉴定要点 ①外伤史明确。②临床表现为感剧烈及持久的胸前区疼痛;胸闷不适、烦躁不安,严重者有呼吸困难、端坐呼吸或神志不清。③X线等辅助检查示心阴影增大。④心包腔穿刺可抽出血液。

3.心脏破裂鉴定要点 ①外伤史明确。②伤后出现胸闷、呼吸困难、烦躁。③失血性休克的程度与体表伤情不符者。④急性或慢性心包填塞。⑤急性充血性心衰。⑥心电图异常。⑦影像检查心包腔积血或心包腔穿刺抽出血液。⑧手术所见。

五、胸腔大血管损伤

(一)鉴定标准

胸腔大血管破裂为重伤二级。

(二)结构与术语

胸腔大血管:是指主动脉、主动脉弓分支(包括左锁骨下动脉、左颈总动脉、头臂干)、胸主动脉、肺动脉、肺静脉、上腔静脉和下腔静脉,是体循环与肺循环的主要管道系统。

(三)检查与诊断

因胸部大血管多为近心端主干血管,管腔压力高,破裂出血迅猛,失血性休克症状显著。结合外伤情况容易确诊。

(四)鉴定要点

确证出现胸腔大血管破裂可直接鉴定为重伤二级。此类损伤常须手术治疗,应重视手术探查所见。胸腔大血管受钝性暴力作用致内膜撕裂形成夹层,适用于本条款。

六、纵隔器官损伤

纵隔是两侧纵隔胸膜间全部器官、结构与结缔组织的总称。纵隔主要包括胸腺、心包、心脏、血管、神经、淋巴管、淋巴结、胸导管、气管、支气管、食管、膈神经以及膈肌。其中心包和心脏损伤、气管和支气管损伤以及胸部大血管损伤在本章的其他节已做阐述,本节将对鉴定条款所涉及的纵隔、食管、膈神经及膈肌损伤进行说明。

(一)鉴定标准

1.重伤二级　①纵隔血肿或者气肿,须手术治疗。②食管穿孔或者全层破裂,须手术治疗。③膈肌破裂。

2.轻伤一级　①纵隔血肿或纵隔气肿。②食管挫裂伤。

3.轻伤二级　膈神经损伤。

(二)结构与术语

1.解剖结构

(1)纵隔:纵隔是位于两侧胸膜腔之间的器官总称。处于胸骨后部,脊柱前方的一间隙。两端被纵隔胸膜与胸腔相隔,上为胸廓入口,下为膈肌。

(2)膈肌:膈肌为扁平的薄肌,往上膨隆如圆顶形,与胸部和腹腔隔开,并有食道、主动脉、下腔静脉等从这里通过。膈肌断裂多见于对胸腔和腹部强烈的挤压损伤,或直接的暴力刺激。

(3)食管:食管前方有气管、气管权、左主支气管、左喉返神经、右肺动脉、心包;后方有胸主动脉、胸导管、奇静脉;左侧有左颈总动脉、左锁骨下动脉、主动脉弓、胸主动脉;右侧有奇静脉弓。食管位置较深,外伤性食管破裂并不多见,多因刀刺或枪弹所致。

2.名词术语

(1)纵隔气肿:纵隔腔中的气管、支气管、食道在损伤后破裂,空气将通过裂口进入纵隔,颈部外伤后气体由于胸腔负压的抽吸作用亦可进入纵隔,从而产生了纵隔气肿;肺挫伤致肺泡破裂,上溢气体沿着肺内血管扩散到肺门,从而产生纵隔气肿。同时纵隔气肿还可引起纵隔胸膜破裂,并继发气胸,同时发生双侧气胸可严重威胁生命安全。

高压性气胸内的气体亦可经由纵隔胸膜破裂进入纵隔腔造成气肿。侵入纵隔的气体聚集,气压迅速上升,挤压纵隔内脏器,气管、大血管受到压迫,引起心脏的低排血量、循环衰竭和通气功能障碍。同时,纵隔内气体沿筋膜蔓延到颈、面、肩和前胸,造成皮下气肿。

(2)纵隔血肿:因外伤致纵隔内血管破裂,血液聚集在纵隔内,而造成的血肿。

(三)检查与诊断

1.纵隔气肿　患者有严重外伤病史,感呼吸困难、胸痛。可于颈、面部发现大量皮下气肿,按之有捻发感,颈静脉充盈,叩诊时心浊音界消失。用 X 线正位片,对少量纵膈腔气肿表现并不明确,可用侧位切片,可见纵膈腔内有清楚的透亮气影。

2.纵隔血肿　患者有胸痛、呼吸困难等症状。辅助 X 线、CT 扫描即可确诊。

3.食管损伤　按照损伤的成因,主要包括机器性损伤和物理化学性损伤。机械性损伤又包括腔内损伤和腔外损伤。近年来随着在食道腔内使用器械进行检查和处理的患者迅速增多,医源性食道损伤的比率逐步上升。一般通过 X 线检查、食管造影、胃镜检查、CT 检查和其他诊断性穿刺可确诊。

4.膈肌损伤　膈肌是分隔胸腹腔的重要器官,同时又是非常重要的呼吸辅助器官。膈肌破裂容易导致胸/腹内疝,引起呼吸障碍。

(四)鉴定要点

1.纵隔血肿、气肿　一般通过 CT 扫描,呈现在纵隔内的气体影(气肿)或高密度影(血肿)就可以诊断,但如果纵隔血肿及气肿继续发展,压迫纵隔脏器,导致呼吸、循环衰竭,需术后减压。经手术处理后的评定为重伤二级,而无需手术的则评定为轻伤一级。在现实中,一些间质性肺气肿患者,也可形成自发性纵隔气肿,但须小心识别。

2.食管全层破裂或食管穿孔　①刺器、火器及胸部挫伤等外伤史。②X线胸部透视常见一侧液气胸。③胸片侧位可见纵隔气肿。③对液气胸进行诊断性穿刺,如抽出物为血性酸味液体或者发现食物残渣。⑤造影检查:造影剂溢出食管。⑥CT 扫描检查可清楚地显示纵隔气肿和胸腔积液、食管旁脓腔及纵隔污染的范围。

上述 4、5、6 三项中满足任一项即可确诊。

3.膈肌破裂 闭合伤及开放伤也可引起。枪弹伤、锐器损伤等所致的膈肌破坏多为胸腹联合损伤,手术探查易发现。胸腹挤压伤减速伤以及撞伤所造成的膈肌断裂,因为没有典型临床征象,再加上有合并性损伤的存在,因此损伤早期通常都无法及时做出准确判断,容易漏诊。经造影或胸腔镜检查可确诊。膈肌作为呼吸重要辅助器官,膈肌一旦破裂容易导致胸/腹内疝,引起呼吸障碍。故所有膈肌破裂均须手术修补,均适用于本条文。

案例 6-2:外伤性纵隔气肿的法医学鉴定

某男,16 岁,因琐事与他人发生争执,被多人围殴,受伤倒地后又被他人踢踹胸腹部。入院体检:颜面部散见擦挫伤,胸前壁上缘压痛(十),胸廓挤压试验(一)。胸片示:上纵隔右侧缘可见条形低密度影。胸部 CT 示:胸部诸肋骨未见骨折征象,气管、腔静脉旁可见低密度影,双肺无实变,胸腔无积液,肋骨未见明显骨折。伤后第 2 天复查胸部 CT 示:纵隔气肿较前增多,弥漫范围广泛。给予支持对症治疗。伤后 40 d 复查胸部 CT:未见明显异常。该被鉴定人外伤史明确,阅伤后系列胸片及 CT 见伤者为单纯性纵隔气肿,气肿早期逐渐扩散,弥漫致肺部等处,后期逐渐吸收直至消失,符合外伤性纵隔气肿的转归;且结合被鉴定人双肺未见明显病变,可确认被鉴定人外伤性纵隔气肿诊断成立。依据《标准》5.6.3d 之规定,评定为轻伤一级。(本案例由安徽省淮南市公安局提供)

七、胸部其他损伤

胸部损伤常因致伤物携带污物或外伤致胃内容逸入胸腔而继发感染,也常常直接导致气管瘘、食管瘘或胸导管堵塞、破裂形成乳糜胸等较为严重的并发症。

(一)鉴定标准

脓胸或者肺脓肿;乳糜胸;支气管胸膜瘘;食管胸膜瘘;食管支气管瘘,均鉴定为重伤二级。

(二)结构与术语

1.脓胸 创伤性脓胸指胸部创伤后并发的细菌性胸膜腔感染积脓。

2.肺脓肿 指胸部外伤致污染物进入肺组织,肺组织由于化脓菌感染引起组织发生炎症坏死,导致形成肺脓肿。

3.乳糜胸 外伤性乳糜胸是由于胸导管因外伤所致堵塞或破裂,引起回流的淋巴乳糜液外漏并积存于胸膜腔内。

4.支气管胸膜瘘 胸部外伤致肺及较大支气管与胸膜间形成的通道。

5.食管胸膜瘘 胸部外伤致食管破裂后与胸膜之间形成异常通道。

6.食管支气管瘘 胸部外伤致食管、支气管在相应处破裂,使食管与支气管建立异常通道,食管内异物经瘘道进入肺,引起肺部感染。

(三)检查与诊断

(1)脓胸按病理发展过程可分为急性脓胸和慢性脓胸。患者常有高热、胸痛等征象。积脓较多时伴有胸闷、咳嗽、咳痰症状。脓胸的确诊首选是胸腔穿刺抽得脓液并作涂片检查,胸部 X 片和 CT 扫描以及血液化验可帮助确诊。

(2)肺脓肿常表现为高热、胸痛、咳嗽等,后期咳嗽加剧,脓肿破溃于支气管,咳出大量脓臭痰。胸部 X 片及 CT 检查可确定肺脓肿的位置、形态,支气管造影可了解病变范围,痰液检查和血液检查也是最终确诊的依据之一。

(3)乳糜胸临床表现有胸痛、气短、心悸、发热等。胸部穿刺液检查可确诊;胸部 X 线检查见积液影;B 超检查帮助乳糜胸定位和定量;淋巴管造影可明确淋巴管和胸导管有无阻塞、压迫和损伤的部位。

(4)胸部瘘管包括支气管胸膜瘘、食管胸膜瘘和食管支气管瘘。通过 X 线检查、造影检查可确诊。

(四)鉴定要点

1.脓胸的鉴定要点 ①存在胸部外伤、气管或食管损伤。②血液检验提示感染明显。③胸部 X 片和 CT 扫描提示包裹型脓腔约 200 mL 以上。④患者常有高热、胸痛等征象,积脓较多时伴有胸闷、咳嗽、咳痰症状。⑤胸腔穿刺液化验可确诊。

2.肺脓肿的鉴定要点 ①胸部外伤致污物进入肺的病理基础。②肺脓肿的临床表现明显。③血常规提示感染明显。④X 线、CT 检查见肺部脓肿影。⑤痰培养阳性。

3.乳糜胸的鉴定要点　①胸部外伤史。②伤后有胸闷、呼吸困难等症状。③影像学检查提示胸腔积液。④胸腔积液穿刺:乳糜定性阳性。

4.胸部瘘管的鉴定要点　①明确外伤史。②相应的临床表现。③影像学检查。④造影检查等。

总之,对于胸部损伤致脓胸、肺脓肿、乳糜胸、支气管胸膜瘘、食管胸膜瘘、食管支气管瘘等的损伤程度鉴定,关键在于准确地把握伤病关系分析。法医检验鉴定时,依据有气管、食管、肺损伤并确认系损伤并发症者,即可参照相应条款鉴定。

第二节　腹部损伤

一、概述

腹部的损伤根据有无穿过腹壁、腹腔及有无与外界相连,分为开放性损伤和闭合性损伤。开放性损伤常为刀刃、枪弹、弹片等利器所造成,闭合性损伤常系跌落、碰撞、打击、挤压、棍棒等钝性暴力作用造成。无论是开放还是闭合均会造成腹腔脏器损伤。常见受损内脏在开放性创伤中顺序是肝、小肠、胃、结肠、大血管等;而在闭合性创伤中,顺序是脾脏、肾脏、小肠、肝、肠系膜等。而胰、十二指肠、直肠等由于解剖学位置较深,因此受伤发生率也较少。

(一)解剖结构

腹部是躯干的一部分,居于胸部与盆部之间,由腹壁、腹腔及腹腔内容物等组成。上界为剑突和两侧肋弓下缘,经第11、12肋骨游离缘直至第12胸椎棘突的连线;下界为耻骨联合上缘,两侧的耻骨嵴、耻骨结节、腹股沟韧、髂前上棘、髂嵴和髂后上棘至第5腰椎棘突。

临床上常用两条水平线(两侧肋弓最低点的连线和两侧髂前上棘的连线)与两条垂直线(经左、右腹股沟中点)将腹部分为9个区,9个分区是:上方的腹上区和左、右季肋区,中部的脐区和左、右外侧区,下方的腹下区和左、右腹股沟区(髂区)。腹腔内包含肝、脾、胰、胆、胃、肠、肾等内脏器官和血管。

(二)损伤特点

1.外轻内重 因腹壁由较厚的皮肤、皮下脂肪和肌肉层组成,通常可在腹壁皮肤上形成擦伤和(或)挫伤,有时腹壁损伤很轻微或无明显损伤痕迹,但腹腔内器官损伤却十分严重。

2.实质性脏器易受损 与空腔脏器相比,实质性脏器吸收能量多而缓冲能力差,所以闭合性损伤中,肝、脾、肾是最易受损的脏器。

3.固定脏器易受损 脏器的固定状态与缓冲能量大小直接有关,所以相对固定的脏器损伤较易游走的脏器更重。

4.合并性损伤多 因腹壁弹性好且腹内脏器较多,互相毗邻,闭合性损伤致伤面积一般又较大,故腹部损伤多容易引起多脏器的损伤。

(三)临床表现

(1)单纯腹壁部受伤的症状与体征较轻微,可表现为损伤部位疼痛,或局部水肿与压痛,有时可见于皮下出血。

(2)实质性脏器如肝、脾、胰、肾或大血管损伤导致腹腔中或腹膜后大出血,一般症状则有脸色惨白、脉率加速,较重时脉搏轻微、体重降低,乃至休克。胃肠道呈连续性,腹膜刺激征(压痛、反跳痛、腹肌紧张)也并不严重。但肝破裂伴较大肝内胆管断裂时,因有胆汁刺激腹膜;胰腺损伤伴有胰管断裂,胰液流入腹腔,则可形成强烈的腹痛和腹膜刺激征。移动性浊音就是内出血的最有力证据,而肾损伤则可发生血尿。

(3)空腔脏器,如胃肠道、胆管、肾脏等破裂的主要临床表现为弥散性腹膜炎。除了胃肠道表现(恶心、呕吐、便血、呕血等)之外,较为重要的是腹膜刺激征,其范围随空腔脏器的内容物不同而异,但一般都是以胃液、胆汁、胰液影响范围最大,肠液影响小,血液最轻。当胃肠道内气体进入腹腔时,膈内出现大量游离的空气,便可使肝浊音界消失。

(四)检查诊断

(1)明确的外伤病史和阳性表达体格检查是判断腹部损伤的主要基础。

(2)对腹部创口,应慎重考虑是否为穿透损伤。有腹膜刺激征或腹内组织、内脏自腹壁创口突出者显然已穿透,且大多数都是脏器的损伤。

(3)闭合式损伤检查时应确定是否有内脏损伤。需了解外伤史、进行全面体格检查和必要的实验室检查,往往需要通过临床辅助检查才能明确。

常见的辅助检查方式有诊断性腹腔穿刺术和腹腔灌洗术、X线、超声波、CT、MRI、MRCP(磁共振胰胆管造影)等检查。

(4)剖腹探查可明确诊断。

(五)鉴定要点

(1)详细了解腹部外伤史,认真审阅医院病历记录中的临床症状和体征,特别是影像学检查资料及手术记录。对于施行手术治疗的,应重点把握所采取的手术方式以及是否具有手术适应证的情形。

(2)详细了解腹部既往病史,对疑有疾病病理改变的,应重点关注手术切除的脏器组织的病理检验结果,必要时调取脏器组织或病理组织切片,重新审阅。

(3)对腹腔脏器挫伤经医学影像学检验及手术直视确认的,可按照有关规定确认为轻伤二级。如医学上应用疑诊方式为脏器"挫伤",而没有客观证据证明的,则不能认定为轻伤。

(4)对于采取剖腹探查术者,应重点把握是否具有以下手术适应证。①全身情况有恶化,产生了口渴、烦躁、脉率变快、体温升高和白细胞计数增加,或红细胞计数进行性下降者等。②腹痛和腹膜刺激征的进行性加重及范围显著增大者。③肠鸣音逐渐减弱或消失。④膈内出现大量游离气体,肝浊音界减少或消失,并出现移动性浊音。⑤积极抗休克治疗而情况不见好转或继续恶化者。⑥消化道出血者。⑦腹穿抽出的气体、不凝血、胆汁、胃肠内容物等。⑧腹穿抽出气体、不凝血、胆汁、胃肠内容物等。⑨直肠指诊有明显触痛。

二、腹腔实质性器官损伤

本节所指的腹腔实质性器官包括肝、脾与胰腺。

(一)肝损伤

1.鉴定标准

(1)重伤二级:肝、脾、胰或者肾破裂,须手术治疗。

(2)轻伤一级:肝包膜破裂;肝脏实质内血肿直径2.0 cm以上。

(3)轻伤二级:肝包膜下或实质内出血。

2.结构与术语　肝为不规则的楔形,肝脏膈面有镰状韧带把肝分成左右二叶。肝主要在腹腔右上方,隐藏在右侧膈下和右季肋部深面,仅小部分超越正中线而达腹腔左上部。肝脏前面有第6~9肋所遮盖,后侧有第6~12肋保护。肝是人类最重要的实质性脏器,具备分泌胆汁、新陈代谢、凝血、解毒、免疫等的作用外,还参加了蛋白质、脂类、葡萄糖和维生素等多种营养物质的产生、转换与分解代谢,此外激素、药物等生物转化作用。

肝损伤按其程度与部位可以分为:

(1)肝包膜下破裂　裂开的位置通常很浅,但肝包膜仍完好,出血在肝包膜下方可产生血肿,超过一定量后或挤压肝脏周围组织引起局部坏死,或继发感染产生肝脓肿,最后或包膜破裂转为真性破裂。

(2)中央型破裂　由于破裂的部位较深,容易产生大量血肿而挤压肝脏组织引起广泛性肝坏死,并继发感染而产生肝脓肿。

(3)真性破裂　肝实质或包膜均出现破损,视破损的深度和位置,可致腹腔积血和(或)由于胆汁的渗出而致胆汁性腹膜炎,甚至出现急腹症。

3.检查与诊断　依据明确的腹腔外伤病史、临床症状与体征,再结合超声波、CT(增强)、MRI、腹腔镜、血管造影等辅助检查以及腹腔穿刺、腹腔灌洗等方法,即可确定诊断。

4.鉴定要点

(1)肝破裂手术治疗方式　主要包括肝修补术(缝合)、纱布填堵、肝动脉结扎术、肝切除术、肝脏移植术等。

(2)肝破裂手术治疗应把握以下手术适应证　①肝真性破裂;②肝包膜下破裂,血肿张力大,随时可发生真性破裂;③肝中央型破裂,血肿量大,不及时处理会形成继发性肝脓肿。

(3)在剖腹探查术中发现的肝脏薄膜破损程度较小,且实质裂伤为浅表,仅予挤压或用明胶海绵等物进行止血,不必进行肝修补或外科处理的,不宜鉴定为重伤二级。

(4)用超声波和CT检查可测定肝实质内血肿的最大直径,如血肿形态较不规则,可先测定最大层面上所表示的血肿体积,然后再折算为最大血肿直径。

(5)病理性肝脏(如肝癌等)在轻度外力作用下也可以出现破裂,鉴定时应根据肝脏既往病变的性质、程度,综合分析外伤与肝脏损伤之间的关系。当腹壁及周围组织器官具有明显损伤征象,同时伴有肝挫伤、血肿或肝破裂等表现,说明外力足够强大,外伤应考虑为肝损伤的主要原因;当腹壁及周围组织器官无明显外伤征象时,则不宜直接评定损伤程度。

(二)脾损伤

1.鉴定标准

(1)重伤二级 肝、脾、胰或者肾破裂,须手术治疗。

(2)轻伤一级 脾包膜破裂;肝脏实质内血肿直径2.0 cm以上。

(3)轻伤二级 脾包膜下或实质内出血。

2.结构与术语 脾位于左季肋部深处,由多条与周围器官相连的韧带固定于腹腔中,脾前方为第9-11肋,后下方为左肾。成人脾长10-12 cm,宽6-8 cm,厚3-4 cm,重110-200 g。脾实质结构薄弱,血运丰富,受外力刺激极易破坏,为闭合性腹腔创伤最容易破坏的脏器之一。有慢性病理变化(如血吸虫病、疟疾、淋巴瘤等)的人脾脏最易破损。

脾损伤按损伤的程度与部位分为3种。

(1)真性破裂 是指脾内实质与包膜同时破裂出血,轻者线条样撕裂,出血速度较慢,常用于脾上极膈面;重者粉碎性撕裂出血,而处于脾门者则很快导致失血性休克。

(2)中央型破裂 系指脾实质深层的破裂,可引起局限性出血及血肿形成,若出血自行吸收,则临床上并无明显症状与体征。

(3)被膜下破裂 是指脾实质周围组织破损,因包膜完整,出血聚集在包膜下形成张力性血肿,如果残余血肿较小则无临床反应。

以上3个类型的脾脏破裂在特定情况下可互相转化,特别是中央型破裂又可转变为包膜下破裂,而包膜下破裂又可演变为真性破裂,其常出现在外伤前1-2周之后,近75%出现在外伤后2周之内,故亦称延迟型脾脏破裂。延迟的脾脏破裂约为正常闭合性脾脏破裂的15%,其原因通常是系包膜下破裂形成张力性血肿,由于包膜下裂口被血凝块或大网膜包裹而暂时不出血,当血压突然上升至一定水平或过早活动时,就可以引起包膜下破裂而产生的大出血。

3.检查与诊断 依据明确的腹腔外伤病史、临床症状与体征,再结合超声波、CT(增强)、MRI等辅助检查以及腹腔穿刺等技术手段,即可确定诊断。手术探查可确诊。

4.鉴定要点

(1)脾破裂手术治疗方式:①单纯缝合(可用网膜或人工材料衬垫);

②部分的肝切除(多适用于脾上极或下极损伤);③全脾切除。

(2)脾破裂手术治疗应把握以下适应证 ①出现失血性休克的临床表现;②粉碎性脾破裂、脾门附近的肝裂、脾门血管损伤,且出血不自止;③脾包膜内破裂并伴活动性大出血、肝实质内血肿的直径一般大于 5 cm,并伴活动性大出血、血肿面积不断增大;④累及脾段或脾门血管造成 25% 以上的脾脏组织无血供。

(3)在手术中发现的脾包膜撕裂范围明显缩小,仅予挤压或应用明胶海绵等物可止血,而无需进行脾破裂修补等处理的,则不能认定为重伤二级。

(4)超声波和 CT 检查可测定脾实质内血肿的长度,如血肿形态不规则,应先计算最大层面所表示的血肿面积,然后折算为血肿直径。

(5)外伤后延迟性脾破裂的鉴定,应详细了解胸腹部外伤史及治疗过程,行脾切除治疗的,应重点关注脾脏病理检验结果。若病理检验结果为延迟性脾破裂的病理改变,且调查本次外伤至脾破裂期间无其他胸腹部外伤的,则可认定脾破裂与本次外伤存在直接因果关系。根据脾脏创伤愈合过程中的组织学改变(如纤维蛋白形成,炎细胞浸润,含铁血黄素沉淀等)可推断损伤的时间,有研究发现损伤的脾脏 SMA(平滑肌肌动蛋白)阳性细胞表达具有时间规律性,可作为推断脾破裂时间的指标。

(6)自身原有病理性脾肿大者,在遭受轻微的外力作用时即可发生严重脾损伤,鉴定时应根据脾脏既往病变的性质、程度,综合分析外伤与脾损伤之间的关系,全面分析,综合评定。当腹壁及脾脏周围组织器官具有明显损伤征象,同时伴有脾挫伤、血肿或脾破裂等表现,说明外力足够强大,外伤应考虑为脾损伤的主要原因;当腹壁及周围组织器官无明显外伤征象时,则不宜直接评定损伤程度。

案例 6-3:外伤后延迟性脾破裂的法医学鉴定

张某,男,41 岁。于某年十月五日下午因和别人吵架,遭人持棍棒击打腰背,受伤后感觉腰背酸痛,未到医院治疗。十月十号出现左上腹严重疼痛,并进行性加重,到当地医院。医生查体时,P:100 次/min,R:22 次/min,BP:110/72 mmHg。小腹较平坦,但腹部肌肉紧张,全腹部压痛(+),以左侧腹部为甚,反跳痛(+)。腹部经 CT 检查示肝质破坏、腹腔内积血。立即进行剖腹探查手术,术中见腹腔内积血约 1000 mL,左上腹肝周见暗红色的凝血块 500 mL,立即予以清理,检查见左脾上极处 7.0 cm×3.0 cm 创面,对应包膜内见 9.0 cm×7.0 cm×3.0 cm 的血肿,脾窝处腹膜内可见局部少量出血。术后诊断:闭合性腹部外伤、外伤性脾破裂。脾脏病理:符合外伤性脾破裂改变。

对手术摘除的脾标本,由组织病理学医生进行切片会诊:脾破裂、包膜下血肿。镜下可见残余血肿由周围纤维蛋白网形成,炎症巨噬细胞大量集聚,以中性粒细胞居多,脾脏破裂处及血肿内均见有含铁血黄素的巨噬细胞。为外伤性延迟型脾脏破裂,从受伤日期推断约为 4~7 d。

张某被人持木棍打击腰背部,伤后感腰背部疼痛,5 日后出现左上腹剧烈疼痛至医院行 CT 检查示脾脏破裂,术中见脾窝处腹膜后局部血肿。调查证实张某腰背部受外力打击,且本次外伤至脾破裂期间无其他胸腹部外伤。同时,其脾脏标本重新切片病理会诊结果符合延迟性脾破裂组织学改变。故根据《标准》5.7.2c 之规定,张某外伤后延迟性脾破裂鉴定为重伤二级。(本案例由安徽省铜陵市公安局提供)

案例 6-4:外伤性脾破裂的法医学鉴定

王某,男,61 岁,某日因琐事与他人发生纠纷,后被他人用砖块击伤全身多处,伤后被"120"送往医院。查体:BP 80/60 mmHg。一般情况差,神志尚清。全身粘膜苍白,四肢冰冷,口唇苍白,头面部、胸腹部及四肢多处擦伤痕伴淤青,左上腹压痛明显,反跳痛(十),移动性浊音(十)。CT 检查示脾脏破裂、腹腔积液(血)、左第十后肋骨折。急行剖腹探查术,术中见腹腔内积血约 3000 mL,脾脏体积增大,脏面见多处裂口,活动性出血。脾胃韧带:脾结肠韧带挫伤出血,横结肠左曲肠壁及系膜挫伤出血。清除积血,切除脾脏。诊断:脾破裂出血、失血性休克;全身多处软组织挫伤。术后脾脏病理:体积 14.5 cm×9.0 cm×5.0 cm,切面暗红色。镜下:脾内灶性出血,局部血肿形成,脾窦扩张,脾小体数量减少。病理诊断:符合外伤性脾破裂;淤血性脾肿大。

王某本次外伤致脾脏破裂,同时致左第十后肋骨折,脾脏周围的脾胃韧带、脾结肠韧带挫伤出血,横结肠左曲肠壁及系膜挫伤出血,说明外力足够强大。王某伤前虽患有脾大,但本次外伤是导致脾脏破裂的主要原因。故根据《标准》4.3.1 及 5.7.2c 之规定,王某脾脏破裂鉴定为重伤二级。(本案例由安徽省铜陵市公安局提供)

(三)胰损伤

1.鉴定标准

(1)重伤二级:肝、脾、胰或者肾破裂,须手术治疗。

(2)轻伤一级:胰腺包膜破裂。

(3)轻伤二级:胰腺挫伤。

2.结构与术语　胰腺呈带状,位于腹上正中和在上腹最深处,横跨第1、2腰椎前方,居网膜囊后面,形成胃床的大部分,除胰尾外均属腹膜外位。通常将胰腺分为头、颈、体、尾四部分。

胰腺为混合性分泌腺体,分为内分泌腺和外分泌腺两部分。外分泌腺由腺泡和腺管组成,腺泡分泌胰液,胰管是胰液的排出通道。胰液中包括大量碳酸氢盐和各类消化酶。胰液经过胰管后流入十二指肠,具有消化吸收蛋白质、脂类和葡萄糖的功用。而内分泌腺由大小不同的细胞团——胰岛组成,其分泌的物质主要成分是胰岛素、胰高血糖素等。

胰腺损伤约为腹腔损伤的1%~2%,胰腺损伤常为上腹强力挤压暴力或直接作用于脊柱所引起,损伤常位于胰腺的颈、体部。胰腺损伤可分为以下3种。

(1)胰腺血肿,多为外包膜下血肿。

(2)胰脏包膜破坏,不伴随胰实质受损或仅有较轻度的浅层胰实质破坏,不伴随胰管损伤或组织缺损。

(3)胰腺破裂(包括断裂、碎裂),并伴随着胰管破裂以及组织的缺损。

疑有胰脏外伤并考虑可能出现胰脏外分泌者,符合手术探查的适应证,对不伴胰管损伤的胰挫伤,手术探查一般采取局部引流方式即可。不伴胰管损伤的一般裂损,则可行胰脏修补。若严重的胰脏挫裂伤及横断损伤,则应行切断-吻合术或其他相关手术。

胰假性囊肿是胰损伤的的主要并发症。其形成一般是因为胰液、渗出液、坏死组织、血液的积存,在周围组织引起发炎和纤维结缔组织增殖反应,成为一个纤维化的囊壁。其治疗一般选择囊肿-空肠或囊肿-胃吻合术。

3.检查与诊断　由于胰脏位在上腹部后腹膜的深部,因此诊断检查有相当难度。但血清淀粉酶水平和腹腔穿刺液中测得高数值淀粉酶,具有重要诊断参考价值。B超、CT等临床影像学检测都可以确定诊断。细致的手术检查一般不至于漏诊。锐器损伤及枪弹伤致胰损伤时,若有伤后大出血及腹膜炎等体征需剖腹检查,在探查时发现胰损伤而诊断。

胰脏破裂后,胰液可聚集在网膜囊内,而表现为上腹的明显疼痛和下腹部紧张,还可由于膈肌的刺激而产生顽固性呃逆和肩部放射疼痛,溢出的胰液若从小网膜孔或破损的小网膜管进入腹腔内,可产生弥散性腹膜炎症状和体征,严重者还可发生休克。

因为胰腺受损早期没有特异性症状和体征,甚至被其他部位受损的症状和体征所遮蔽,所以早期诊断相对不易。所以,在怀疑胰腺破裂后,必须开展 B 超、超声波、CT 和 MRI 的动态检查,持续性、进行性血尿淀粉酶升高对胰腺损伤诊断具有一定意义,但淀粉酶值升高并非胰腺损伤特有,上消化道穿孔也可有类似表现。此外,血清淀粉酶正常并不能排除胰腺损伤。

4.鉴定要点

(1)"胰腺破裂,须手术治疗"包括:①术前或术中明确的胰脏损伤,有明显手术适应证,并经缝合修复及切断-吻合术(不包括单纯局部引流术)等处理的;②胰脏假性囊肿的形成、胰腺脓肿及胰瘘等,有手术适应证,且行囊肿-空肠或囊肿-胃吻合术治疗的。

(2)在剖腹探查术中出现的胰脏包膜破损,但胰脏实质并未损坏或有轻度的浅层胰脏实质破坏,并伴有胰管损伤或结构缺陷者,仅行部分引流而不须再手术,不宜鉴定为重伤。

(3)外伤性假性囊肿的认定,主要根据外伤史、临床表现、影像学检查、手术所见以及组织病理学检查结果综合分析判断。诊断时还应注意排查胰腺真性囊肿,一般胰腺真性囊肿分为先天性单纯囊肿、多囊囊肿、皮样囊肿、潴留囊肿等,胰腺真性囊肿内壁一般覆盖有上皮组织。

(四)肝功能损害

1.鉴定标准

(1)重伤一级:肝功能损害(重度)。

(2)轻伤二级:肝功能损害(轻度)。

2.结构与术语　各种致伤因素致肝细胞严重损害,使其代谢、排泄、合成、解毒等功能出现严重障碍或者失代偿,可造成不同程度的肝功能损害。

3.检查与诊断 见表6-1。

表 6-1 肝功能损害分度(Child-Pugh 改良分级法)

项目	1分	2分	3分
血清清蛋白	3.1 -3.5g/dL	2.5 -3.0g/dL	<2.5g/dL
血清总胆红素	1.5 -2.0 mg/dL	2.0 -3.0 mg/dL	>3.0 mg/dL
腹水	无	无或者少量,治疗后消失	顽固性
肝性脑病	无	无或者轻度	明显
凝血酶原时间	稍延长(较对照组>3 s)	延长(较对照组>6 s)	明显延长(较对照组)

4.鉴定要点

(1)依据损伤病史、临床表现和肝功能实验室检查结果,综合分析肝功能损害程度。肝功能损害分度依照上表计分,10 -15 分属肝功能损害重度;7 -9 分属肝功能损害中度;5 -6 分属肝功能损害轻度。

(2)外伤性肝功能损害鉴定应注意与各种病毒性、血吸虫性、肿瘤性、酒精性或中毒性加以鉴别。

三、腹腔空腔器官损伤

本节所指的腹腔空腔器官包括胃、十二指肠、小肠(空肠、回肠)、结肠(盲肠、升结肠、横结肠、降结肠、乙状结肠)、胆囊与胆道。

(一)胃损伤

1.鉴定标准

(1)重伤二级:胃、肠、胆囊或者胆道全层破裂,须手术治疗。

(2)轻伤一级:胃、肠、胆囊或者胆道非全层破裂。

(3)轻伤二级:胃、肠、胆囊或者胆道挫伤。

2.结构与术语 胃是食物消化的主要器官,上接食管,下连十二指肠。胃在中度充盈时,多数在左季肋部,少数在腹前方。胃前壁右侧与肺左叶毗邻,左侧则与膈毗邻,前面是横结肠,后面则是脾、肾、胰等脏器。通常将胃分为贲门部、胃底、胃体、幽门部四个部分。

胃部由于受肋弓的保护且胃部壁较厚、活动程度高、灵活性较强,因此胃部的受伤在闭合性腹腔损伤中较罕见，而在开放型腹腔损伤中，尤其是胸腔和上腹腔的锐器损伤和枪弹贯穿伤常伤及胃部。胃部在饱餐后处于扩张阶段，遭受挤压和撞击很易引起受伤。

胃损伤可以分为机械性损伤和生理化性损伤。而机械性胃损伤也可以分为胸部和腹腔穿透伤累及胃部，闭合式腹腔外伤导致胃损伤。机械性胃损伤常并发于腹腔以及对胸部等其他脏器的损伤。化学性胃损伤主要是因吞咽的强酸、强碱等物质所致，但也可伴随着口腔、食道、食管甚或十二个指肠、上段空肠的损伤，常造成胃黏膜充盈、水肿、糜烂和溃疡的形成，病重者黏膜发生坏死、剥落或穿孔乃至更严重程度的胃、十二个指肠广泛性坏死，并常留下幽门部瘢痕或狭窄的后遗症。

从病理上分析，胃损伤分为胃壁挫伤、胃壁非全层破裂和胃全层破裂（穿孔）等。机械性胃肠外伤多首先损伤胃肠的浆膜层与肌层，多为不伴明显的症状或仅有局限性腹部疼痛，且有时无法被确诊，多为在对其他手术适应证行剖腹探查时，偶尔出现。如伤及胃壁全层，可迅速发生强烈腹痛和腹膜刺激征，并伴肝浊音减退，影像学观察显示膈下游离气体，或胃管内引流出血性物质等。虽然化学性胃肠损伤的起始或破坏部位都是黏膜，但只有在非常严重时才会引起胃壁全层坏死、穿孔，而穿孔多出现在吞食大量化学物品 1~2 d。

3. 检查与诊断　根据外伤史、临床表现、腹部平片、CT、MRI 等医学影像学检查以及手术所见，可明确诊断。

4. 鉴定要点

(1) 胃破裂的手术方式包括破裂（穿孔）缝合修补、胃肠部分切除术和完全胃肠切除术。

(2)"胃全层破裂须手术治疗"是指机械性和化学性的破坏致胃部壁全层贯通或破裂，通常是由胃内直接进入腹腔，并发展为感染性腹膜炎时，确需或已进行了缝合修补、胃肠部分切除术或全胃肠摘除等的术后处理。鉴定时应注意审查病历记录，尤其是手术记录中有无胃内容物流入腹腔的客观记录，必要时应向手术医生了解手术所见。

(3) 非全层破裂可以是机械性损伤引起胃浆膜层与肌层破裂而粘膜层与粘膜下层尚完整，也可以是化学性损伤引起的胃粘膜层和粘膜下层损伤（须达到粘膜坏死、脱落，并累及粘膜下层的程度）。

(4) 外伤性胃穿孔应与胃自身病变引起的病理性穿孔相鉴别。外伤性胃穿孔有明确的外伤史,除穿孔外还可见胃壁及周围组织的损伤,通过组织病理学检查可进一步明确。

案例 6-5:胃破裂的法医学鉴定

钱某,女,37 岁,因被人刀刺伤半小时入院。急诊科行胸腹 CT 检查后,拟"腹、背部刀刺伤"收住。病程中患者无昏迷及意识丧失。查体:神志清楚,精神欠佳,急性病容,P 90 次/分,R 20 次/分,BP 110/70 mmHg。腹平,左上腹可见三处分别长约 2 cm、1.5 cm、0.5 cm 创口。B 超示腹腔积液(血)。急行剖腹探查术。术中见腹腔少许血性液体,左上腹部 2 cm 创口贯通腹壁全层,右侧腹直肌断裂,另两处创口未贯通腹壁全层,继续探查见胃底近幽门处可见一 1.5 cm 大小创口,伤及全层,给予间断缝合。余脏器未见异常。

本例鉴定意见有两种:第一种意见认为,术中见胃底近幽门处全层破裂,且行间断缝合修补手术治疗,应根据 5.7.2b"胃、肠、胆囊或者胆道全层破裂,须手术治疗。"之条款,鉴定为重伤二级。第二种意见认为,伤者左上腹部刀刺伤致腹壁穿透创,手术探查见胃底近幽门处可见一 1.5 cm 大小创口,伤及全层,但手术记录以及对手术医生的调查并未见胃内容流入腹腔,引起化学性腹膜炎,其胃壁全层破裂诊断依据不足,不宜鉴定为重伤二级。笔者同意第二种意见,调查材料反映伤者餐后 2 h 左右被锐器刺伤腹部,如胃全层破裂必然会导致胃内容物流入腹腔,本例手术中并未见胃内容流入腹腔,因此其胃壁全层破裂的诊断依据不足,不宜根据"胃、肠、胆囊或者胆道全层破裂,须手术治疗。"之条款鉴定为重伤二级。

(二)十二指肠损伤

1.鉴定标准

(1)重伤二级:胃、肠、胆囊或者胆道全层破裂,须手术治疗。

(2)轻伤一级:胃、肠、胆囊或者胆道非全层破裂。

(3)轻伤二级:胃、肠、胆囊或者胆道挫伤。

2.结构与术语　十二指肠为小肠的起始部位,上接胃的幽门,下接空肠,全长约 25 cm,以其直径等于十二根手指的宽度而命名。大部分位在腹腔的深部,紧靠腹后壁,为小肠中长度最短、管径最大、位置最深而又较为固定的组成部分。整个十二指肠为 C 形弯曲,并包绕胰头。依其方向为十二指肠上部、下部、水平部、升部。

十二指肠位置深而隐蔽,此损伤相对罕见,常由上腹穿透性创伤所致或是上腹直接受钝性的影响造成。如交通事故中汽车方向盘碰撞而造成的上腹闭合性受伤所致。按照受伤的严重程度,包括了十二指肠的挫伤、肠壁血肿、穿孔、破裂等不同类型。

3.检查与诊断 十二指肠破裂后,肠内容物流入腹腔所致的腹膜炎,诊断比较简单,且手术适应证也十分明确,所以一般不会有争议。根据腹部外伤史、临床表现、影像学检查或者手术所见,可明确诊断。

4.鉴定要点

(1)十二指肠手术方式包括单纯修补术、带蒂肠片修补术、损伤肠段切除-吻合术、十二指肠憩室化手术、幽门旷置术、胰头十二指肠切除术(包括相应的改良手术)等。

(2)由于十二指肠隐蔽,非全层破裂较少得到明确诊断,故在临床罕见。若在剖腹探查手术中证实存在十二指肠的非全层撕裂,可鉴定为轻伤一级。

(3)外伤性十二指肠穿孔和破裂,须与十二指肠溃疡等疾病所导致的病理性穿孔相区分。影像学检查和组织病理学检查有助于确定是否病理性穿孔。

(三)小肠、结肠损伤

1.鉴定标准

(1)重伤二级:①胃、肠、胆囊或者胆道全层破裂,须手术治疗;②腹部损伤致肠瘘或者尿瘘。

(2)轻伤一级:胃、肠、胆囊或者胆道非全层破裂。

(3)轻伤二级:胃、肠、胆囊或者胆道挫伤。

2.结构与术语 小肠是消化管中最长的一段,成人长 5~7 m,上端起自幽门,下端接续盲肠,分十二指肠、空肠和回肠 3 部分。空肠和回肠是小肠的主要部分,是进行消化和吸收的重要器官。

结肠在右髂窝内起于盲肠,在第 3 骶椎水平连接直肠,分为升结肠、横结肠、降结肠和乙状结肠 4 部分,大部分固定于腹后壁,结肠的排列酷似英文字母"M",将小肠包围在内。

(1)肠梗阻:肠梗阻是一个很常见的外科急腹症,其原因相当复杂,大致包括了机械性、动力性和血运性三大部分。在损伤后肠梗阻也可能是由机械性原因所致,如肠管外伤、腹内疝等;它也可以是动力性的,多见于因神经反射和化学毒素影响而导致的肠壁肌肉功能紊乱,使肠胃蠕动失常甚至肠管痉挛等(如典型弥漫性腹膜炎引发麻痹性肠梗阻、慢性铅中毒引发肠痉挛等);而肠系膜血管的破坏,也可导致血运性肠梗阻等。

肠梗阻的处理应依据动脉粥样硬化病灶的特点、位置、范围及其原因的判断,分为非手术治疗和手术治疗。治愈的目的在于去除梗阻、除去原因。方法如下:①单纯解除梗阻的手术;②肠切除-吻合术;③肠短路吻合术;④肠造口术或外置术。

(2)肠扭转:肠扭转系指腹腔内受到外力作用时,使部分肠袢以其系膜的长轴进行180°-360°转动时所产生的肠梗阻症状,有肠管梗阻,也有结肠系膜血管的扭折或不通畅,为闭袢型或绞窄型的肠梗阻。肠扭转多发生于小肠与乙状结肠。其产生一般和下列原因相关:①解剖的原因,如肠系膜的先天性过长;②重力因素,如肠蛔虫团、饱餐、肠壁有大肿物等。

如无以上因素,则可能是因为:①肠管剧烈和不规则的蠕动;②为局部的肠袢挫伤,以至局部血肿产生者;③外伤后剧烈运动的体位改变所致。

结肠扭转可行纤维结肠镜检及复位等非手术治疗,但相当部分难免剖腹术。术后可考虑保留肠管,但仍应注意密切观察肠管活动,对明确有坏死的肠段也应摘除。

(3)肠瘘:指腹部开放性和闭合性的外伤所致肠破损、局部感染等,如伤情严重或者处理不及时,可引起肠瘘。肠瘘可以分为肠和其他脏器(如腹腔、胃等)的内瘘,此外还有肠和腹壁部等的外瘘。肠瘘的疾病分为:①先天性畸形;②手术;③损伤;④肿瘤、炎症。治疗方法上可包括抑制感染、局部引流、封堵和营养支持等,非手术治疗和手术治疗。外科治疗方法上可包括辅助性技术和确定性技术。剖腹检查、引流、肠造口等为辅助性的医疗技术;为解决肠瘘所采用的修复、切断等则属确定性医疗技术。

确定性的技术方法会因疾病而有很大不同,但主要分为:①肠瘘局部肠袢切除-吻合术;②肠管部分切除-吻全合术;③肠袢浆膜覆盖修补术;④带蒂肠浆肌层覆盖修补术;⑤肠瘘部外置造口术;⑥肠旷置术。

3.检查与诊断

(1)根据腹部外伤史、临床表现、影像学检查或者手术所见,可明确诊断。远段小肠常穿孔、破裂,但由于对肠内容物的化学性刺激影响较小,因此症状和体征的出现及其进展都比较迟缓,容易造成诊治延误。肠破裂时腹腔的检查性穿刺或腹腔灌洗常呈阳性,此外腹部 X 线片以及 CT 检查可见气腹征象。

(2)肠梗阻后,可出现水电解质平衡与酸碱失调、休克、脓毒血症、影响呼吸系统与心脏功能等全身性疾病改变和肠腔积气积液、肠蠕动改变、肠壁充血水肿和通透性改变等部分病理生理转变。以腹痛、胃胀、排便排气减少甚至停止等为主要症状,体征随疾病的发展而呈现各种特点,如绞窄型肠梗阻和单纯性肠梗阻达晚期时,肠壁可产生坏死、穿孔以及腹腔内感染性炎症等,并显示有腹膜炎表现。通过 X 线摄片检查(包括平片以及钡灌肠)就可以确诊。

(3)小肠扭转者常突然持续性腹部强烈剧痛或阵发型增加,常伴有剧烈呕吐、腹胀等症状,查体时可及腹部压痛、肠鸣音消失和气过水声。检查 X 线平片有助确诊。但术中病例多数仅被考虑为绞窄性肠梗阻,常须手术后才能确定诊断。乙状结肠扭转常多见于乙状结肠冗长者,或多年便秘史的人,常腹腔内持续膨起,并逐渐突出,以左腹为甚,下腹部坠胀感但无排气、大便,查体叩诊呈鼓音,但痛感和肌肉紧张均不明显。X 线片见大量双腔鼓气的结肠祥,并有液平面。乙状结肠扭转可多次发生,部分急性发作者可出现严重的肠管充血、缺血,须及时处理避免肠坏死。

4.鉴定要点

(1)肠破裂须手术处理,是指穿透性和闭合性腹腔受伤,致小肠、结肠全层破裂伤,肠内容物流出,并引起的腹膜炎症状和体征,且行手术治疗者。

(2)当肠损伤或是损伤致的腹腔内感染后肠道内瘘和外瘘出现,应有确定性手术处理的适应证。肠瘘经非手术治疗或者未经确定性手术治疗,由肠瘘治愈的,不宜鉴定为重伤二级。鉴定时,还应当注意排除自身病因(如易引起感染并致感染不能控制的慢性疾病)和不良医学行为等心理因素的影响。

(3)对肠梗阻的损伤程度评估,要基于致病原因、损伤的症状和体征、肠梗阻部位、程度和诊断方法等,依据伤病关系处理原则,综合分析。①腹部外伤病史清楚,无明显自身疾病因素,与肠梗阻和严重外伤时联系密切,外伤为肠梗阻的主要因素;②解剖原因和外伤因素二者联合作用下,可确认是与伤病因素共存,作用相当;③若肠梗阻主要因解剖结构异常或者疾病因素所致,外伤应为次要或轻微作用。

(4)外伤性肠扭转的鉴定应把握以下原则:①外伤病史清楚,无自身疾病因素,且肠扭转和外伤时间密切,分析外伤为肠扭转的最主要因素;②解剖结构的不良或病变与外伤等因素联合影响,当二者兼而有之、缺一不可时,则判定为伤病共存、作用大致相同;③若大肠扭转以解剖原因居多,则判定外伤为次要或轻微的因素。外伤性肠扭转须在进行与上述伤病相关的诊断之后,再行损伤程度评估。

(四)胆囊、胆道损伤

1. 标准

(1)重伤二级:胃、肠、胆囊或者胆道全层破裂,须手术治疗。

(2)轻伤一级:胃、肠、胆囊或者胆道非全层破裂。

(3)轻伤二级:胃、肠、胆囊或者胆道挫伤。

2. 结构与术语

胆囊、胆道均系肝外胆系,胆道包括左右肝管、肝总管与胆总管,还包括与胆囊相接的胆囊管。胆囊是呈梨形的囊状器官,长 8～12 cm,宽 3～5 cm,容量为 40～60 mL,可储存和浓缩胆汁。胆囊位于肝下面的胆囊窝内,其上方借结缔组织与肝相连。其解剖结构部位深且隐蔽,受伤机会较少。

胆囊损伤者一般宜行胆囊切除术。胆总管完全破裂,宜于在破裂处外另作切缝或置入"T"字形管引流;若胆总管全部破裂者,其术后较为复杂,且遗留胆总管狭窄等后遗症的机率亦大大增加。

3. 检查与诊断　胆囊、胆道损伤主要是由于腹腔穿透损伤所致,但常伴随相邻脏器的十二指肠、胰、比邻血管受损,手术中往往不易诊断,通常在手术探查时可以发现。根据外伤病史、临床表现,再结合临床影像学检验,即可确定诊断。

4. 鉴定要点

(1)因腹腔受伤而致的胆囊、胆道全层破裂,并具有进行胆囊切除术或胆总管引流等的手术适应证。

(2)胆囊和胆道非全层破裂,在实际损伤中通常并不独立出现,常合并有其他损伤。合并后有其他损伤的,也可按照有关条例加以鉴定。

(3)以下情况,可根据损伤范围的界定原则,按照本条例确定为轻伤级别:①胆囊或者胆道壁存在损伤,致完整性受损,但尚不至于形成开放性损伤,按常规对症治疗即可自愈;②若胆囊和胆道周围破裂致血肿形成并挤压造成功能障碍,则必须进行手术治疗,但无须行胆囊或者胆总管外引流等术式;③对于胆囊损伤(如胆囊壁挫伤),虽然尚不符合胆囊切除术的手术适应证,但可为观察疗效需要而进行胆囊造口术。

(五)消化吸收功能严重障碍

1.鉴定标准　胃肠道损伤致消化吸收功能严重障碍,依赖肠外营养,属于重伤一级。

2.结构与术语　短肠综合征是指在大段小肠切除术后,残留的功能性肠管无法保证正常营养需求的吸收不良综合征。

本条款规定的"胃肠道损伤致消化吸收功能严重障碍,依赖肠外营养",系指因爆炸、车祸或是其他重大的腹部外伤,造成消化道(尤其是小肠)大面积受损而无法保存,造成短肠综合征等后遗症,消化吸收功能基本失效,无法透过经口获取充足的营养支持,须全部依靠肠外营养(如血液养分)的支持或须依靠肠外营养补给,方能延续生命的现象。

3.鉴定要点

(1)消化吸收功能障碍的鉴定,首先要确定是否是具有消化吸收功能障碍的损伤依据(如小肠切除术适用范围、数量)、以及有无需肠外营养物质的提供。应注意:①进食方式;②营养补充方式;③残存小肠长度;④全身的营养状况,如身高体重比、肌容量、皮下脂肪厚度;⑤实验室检查结果,包括外周血淋巴细胞数、血红蛋白和血清白蛋白含量等。外伤后无法依靠正常摄食供给自身营养、完全依靠肠外营养,甚至日常摄取都不能保证的正常营养状况,必须适当提供肠外营养素的,均属本条款规定的重伤一级的情形。

(2)受伤后因医疗、恢复急需临时采用禁食或者控制进食方式而进行的肠外营养,因受伤严重威胁消化吸收能力需依靠胃肠道营养物质支持的,均不符合本条款所确定的重伤等级条件,可依据原发性损伤及其并发症情况,参考本《规范》的有关条文提出认定建议。

四、泌尿器官损伤

泌尿系统由肾、输尿管、膀胱以及尿道4部分组成,因为其解剖部位隐蔽,有周围的保护层,所以一般都不易损坏。在胸腹腔、脊髓和盆腔遭受暴力挫伤和挤压之后,患者更易于并发泌尿系统损伤,病变的好发部位多见于男性尿道,然后是肾脏和膀胱,而输尿管损伤则比较罕见。

(一)肾损伤

1.鉴定标准

(1)重伤二级:①肾周血肿或者肾包膜下血肿,须手术治疗;②肾损伤致肾性高血压;③外伤性肾积水;外伤性肾动脉瘤;外伤性肾动静脉瘘。

（2）轻伤二级:肾包膜下或者实质内出血。

2.结构与术语　肾脏是成对的实质性器官。肾脏位于脊柱两侧,腹膜后间隙,属于腹膜外位器官。左肾在第 11 胸椎体下缘至第 2~3 腰椎间盘之间,右肾在第 12 胸椎体上缘至第 3 腰椎体上缘之间。前面有腹壁和腹腔内脏器,后面有腰背部肌群和胸廓保护。

肾是一组构造比较薄弱的实质性脏器,受到钝的外力损伤容易引起损伤,如果肾出现自身病变（如肾积水或者肾肿瘤）也容易引起损伤。开放性肾损伤常合并腹腔其他脏器的损伤。

（1）肾损伤分级

1）按损伤程度分为两级:①轻度受伤,如肾挫伤,以及 1 厘米以内的肾裂损伤;②严重损伤,包括 1 厘米以上的肾裂损伤、贯通收集系统的破裂、粉碎性损伤和血管损伤。

2）美国创伤外科协会将肾脏损伤分为五级:①Ⅰ级为挫伤;②Ⅱ级指无肾脏实质裂伤的局限性包膜下血肿和局限性肾脏周围血肿;③Ⅲ级标准为肝皮质裂伤<1 cm,且无尿外渗的情况;④Ⅳ级指肾皮质裂伤>1 cm 而无收集系统裂伤的尿外渗及其贯穿肾脏皮层、髓质、收集系统的裂伤;⑤Ⅴ级是肾脏动、静脉的主干外伤出血、肾脏粉碎性破裂或肾蒂破裂。

（2）外伤性肾积水:由于肾脏、肾盂-输尿管连接、输尿管以及尿道等其他部位的损伤,引起出血、感染、纤维化、瘢痕狭窄等,都可以导致肾积水。外伤性肾积水可导致肾小球滤过膜面积减少、有效滤过率降低,进而影响肾功能。其处理原则是尽早排除梗阻、消除诱因、最大程度的保护肾功能、控制感染、预防并发症。其治疗方式有非手术治疗和手术治疗。对非手术治疗效果不好的,具有手术适应证。

（3）肾性高血压:肾性高血压属继发性高血压,多系单侧或者双侧肾动脉主干或其分支狭小,致受累肾血流量降低或者肾出血,引发肾尿液产生和内分泌功能反常,终而发生继发性高血压。不同病因的外伤造成肾蒂附近血肿、肾周边血肿、肾包膜下血肿机化、尿外渗造成肾周边组织纤维化、肾实质受伤后巨大瘢痕出现（瘢痕肾）、肾脏内假性动脉瘤、动静脉瘘、肾动脉及其分支狭小及局部肾脏内实质缺血,或者肾蒂附近纤维化挤压肾动脉时,都会造成肾脏血流量降低、肾脏出血,进而造成肾素的释放-血管紧张素系统活力增强,从而引发血压的上升。目前我们国内对高血压的主要检测指标是依据《中国高血压防治指南》所制定的新指标,即高血压的收缩压≥140 mmHg,舒张压≥90 mmHg。

(4)外伤性肾动脉瘤:外伤性肾动脉瘤多因血管破裂后,血流经过裂开处进入周边的肾组织而产生残留血肿,经过数周后,血肿外壁逐渐被机化,腔内表层又有内皮覆盖,血液不断地经由血管破裂处,循环流入残留血肿腔,并产生瘤样病灶,故又称为外伤型肾脏假性动脉瘤。肾假性动脉瘤一经产生,多数人无法治愈,有引发大出血的风险因素,可危害生命安全,应及早治疗。

(5)外伤性肾动静脉瘘:外伤性肾动静脉瘘也是外伤引起的疾病,应与原发性疾病相鉴别。而原发性肾动静脉瘘又称为先天性肾动静脉瘘,肾动脉造影结果显示呈曲张的血栓团,内有多个动静脉瘘,且多处于集合系统黏膜下的固有包膜内,因而可破溃入集合系统造成血尿。继发病变以肾动静脉瘘较为多见,由于肾动脉造影所显示出的单支血管和扩大的血管都与静脉直接相连,且病变部位不定,与病情有直接相关,其临床表现多发生肾脏性高血压,肉眼血尿明显少于原发性者。而特发性肾动静脉瘘则较为罕见,通常视为由于肾部的假性动脉瘤或破溃入附近静脉中所产生的,其影像学表现与继发性者相同。

3.检查与诊断

(1)肾脏外伤后常出现的肾脏周围血肿、肾脏包膜内血肿和肾脏实质下血肿,通过超声波、CT等医学影像学检验将有助于确定诊断。

(2)外伤性肾积水诊断的主要依据有:①损伤的病史,但有时可以因为相对隐蔽而表现得不突出;②实验室检测,包含镜下、肉眼观察血尿、蛋白尿、结晶尿、脓尿和管型尿;③超声检查,为简便、有效、无创伤检查手段;④X线检查,如经尿路平片(KUB)、静脉尿路造影(IVU)、经膀胱镜逆行尿路造影以及经腰部穿刺肾盂输尿管造影等;⑤同位素肾图;⑥尿动力学检查;⑦输尿管肾盂镜检查等。

(3)对于单侧肾功能评价,建议采用外源性放射性标记物(如^{99}mTc-DT-PA)的肾脏排泄率检测,该试验是测定肾小球过滤的"金标准",准确度高,并能分别检测二个肾脏的肾小球过滤水平,用以判断单侧肾功能。单侧肾功能障碍的严重程度,可依据肾小球体积滤过量测定结果加以评价:单侧肾功能轻微障碍(30-45 mL/min),单侧肾功能中度障碍(10-30 mL/min),单侧肾功能重度障碍(<10 mL/min)。只有在单侧肾功能达到严重功能障碍程

度后,才能考虑患肾切除术,否则就应该尽量保留肾脏。

(4)肾性高血压常见的检测技术有周围循环肾素活性测定,外周循环肾素释放值<5 μ/mL·h者,一般能够排除为肾性高血压;如超过此阈值,则需再做分肾静脉肾素测定,排泄性尿路造影、分肾功能检测、同位素肾图、多普勒超声检查以及腹主动脉-肾动脉造影、数字减影血管造影、螺旋 CT 血管成像或者磁共振血管成像等检测。

(5)外伤性肾动脉瘤常以外伤后迟发性血尿确诊,临床医疗影像学检测(如数字减影造影,即 DSA),就能够明确判断。

(6)外伤性肾脏动静脉瘘的主要检测手段是肾动脉造影。

4.鉴定要点

(1)肾损伤手术治疗方式包括:①引流术;②肾切除术;③肾部分切除术;④(选择性)肾动脉栓塞术等。

肾损伤手术治疗应把握以下适应证:①开放性肾损伤;②确诊为完全性肾断裂、肾碎裂及肾蒂损伤的闭合性肾损伤;③非手术治疗患者的生活症状未见改变,表明有活动性内出血;④血尿逐渐增加,且血红蛋白与血细胞的比容不断减少;⑤腰腹部肿胀有明显的持续加重趋势。

(2)"肾周血肿或肾包膜下血肿,须外科处理"须同时符合下列要求:①肾脏存在闭合性及开放性损伤的损伤基础;②经临床影像学检测,或者外科检查表明有肾周血肿或肾脏包膜内血肿;③有行手术治疗的适应证,并已行引流手术、肾切除术、肾脏部分切除、选择性肾动脉栓塞术等手术术式之一。

(3)外伤性肾积水手术方式包括:①肾盂成形术;②输尿管狭窄扩张成形术;③输尿管肾下盏吻合术;④肾切除术等。治疗方法可能是开放性治疗,也可能使用腹腔镜、经皮肾镜或输尿管膀胱镜等内镜下微创治疗。

"外伤性肾积水"具有以下情形之一者,可鉴定为重伤二级:①因尿路损伤致单侧或双侧肾脏积液者,有手术适应证;②尿路损伤致肾积水,一侧肾脏功能完全受损,符合手术的指征;轻微的肾积水以及严重一过性肾积水,无需手术处理的,不属于本条认定重伤二级情形。

(4)外伤所致肾性高血压的鉴定,须通过临床诊疗技术检查与动脉粥样硬化、多发性大动脉炎、先天肾血管形成异常等先天病变所致的高血压疾病鉴定。

(5)与外伤性肾脏动脉瘤、外伤性肾脏动静脉瘘的鉴别,需把握以下原则：①具有引起上述病变的损伤基础；②经影像学检查证实；③导致包括肾性高血压在内的各种并发症。

（6）肾挫伤鉴定时应注意：①具有引起肾挫伤的损伤基础；②经医学影像学检测及手术探查证明存在肾挫伤灶，必要时影像学检查随访表明挫伤灶中存在逐渐吸收的动态变化；③手术的适应证很明确，经非手术治疗也可以痊愈。上述肾损伤分级中的轻度肾损伤与Ⅰ级、Ⅱ级肾损伤属于轻伤二级。

血尿也是肾损伤后最典型的症状，但也要注意，外伤后血便的轻重和肾损伤等级状况并不一定完全一致，如肾脏血管破裂或不伤及肾集合系统的肾损伤则可不发生血尿。

（7）原有疾病（如肾积水、肾囊肿、肾肿瘤、肾结核等）的肾脏在轻度受伤后也可以出现肾脏损伤，诊断前需考虑外伤的影响和肾脏损伤间的关系，然后进行损伤的评估。

（二）输尿管损伤

1.鉴定标准

（1）重伤二级 ①输尿管损伤致尿外渗，须手术治疗；②腹部损伤致肠瘘或者尿瘘。

（2）轻微伤 外伤性血尿。

2.结构与术语 输尿管是成对的、位于腹膜外位的肌性管道。约平第二腰椎上缘起自肾盂末端，终于膀胱，长 20～30 cm。由于其管壁有较厚的平滑肌层，可作节律性蠕动，能使尿液不断地注入膀胱。

由于输尿管的解剖位置及其活动性，外伤所致损伤并不多见。闭合性腹部损伤导致输尿管损伤多位于肾盂、输尿管交界处，其次是行经于横突前面的输尿管处。开放性输尿管损伤常伴有其他器官损伤，以输尿管中、下段为主。另外，医源性损伤尤其是腔内镜手术操作引起的损伤也非常罕见。

（1）尿外渗 尿道外渗主要是由于输尿管的真性裂伤，尿液从裂口渗出到周围组织。输尿管损伤可能是开放性创伤或是闭合性创伤所致，也可能是医源性创伤所致。此类情况常需要外科处理方可愈合。

（2）尿瘘 腹部损伤（包含开放型损伤、闭合性损伤、医源性损伤）致肾盂、输尿管、膀胱、外尿道等尿路结构与腹壁创口、肠道甚至阴道等部位相连通，产生了尿道瘘，且长时间不愈。与腹腔体表直接沟通的成为外瘘；与小肠和阴道直接沟通的成为内瘘。

(3)外伤性严重血尿　肾、输尿管、尿道的损伤都可以导致严重血尿,但影像学检测有时可能无法确定外伤灶。外伤性血尿经对症处理,多在短期内自行好转。

3.检查与诊断　输尿管损伤后的外伤病史、临床症状和体征、利用 B 超和静脉尿路造影以及逆行造影等协助检查检测,可明确诊断。

4.鉴定要点

(1)输尿管破裂致尿外渗、腹部损伤致尿瘘一经确诊,均须手术治疗,符合本《标准》中规定的重伤二级。

(2)肾脏、输尿管、膀胱、尿道的损伤也会导致血尿,但临床影像学检查中也可能无法确定损伤灶。对于外伤性血尿,要排查尿路结石、恶性肿瘤、血管畸形、感染等疾病情况。如果血尿情况特别严重或者随着病情迁延,有可能出现更严重的器质性损伤和病变时,要结合泌尿系统全面检测结果,做出鉴定意见。

(三)肾功能不全

1.鉴定标准

(1)重伤一级:肾功能不全(尿毒症期)。

(2)重伤二级:肾功能不全(失代偿期)。

(3)轻伤一级:肾功能不全(代偿期)。

(4)轻伤二级:急性肾功能障碍(可恢复)。

2.结构与术语　肾脏是机体排泄代谢产物,维持水、电解质和酸碱平衡,以及产生多种激素的重要器官。肾单位是肾脏最基本的功能和结构单位,由肾小球和肾小管组成。肾小球为特殊的毛细血管结构,具有滤过功能。肾小管参与多种物质的重吸收和排泄。肾单位正常结构的破坏即可导致肾功能障碍。

3.检查与诊断　见表 6-2。

表 6-2　肾功能不全分期

分期	内生肌酐清除率	血尿素氮浓度	血肌酐浓度	临床症状
代偿期	降至正常的50%（50-70 mL/min）	正常	正常	通常无明显症状体征
失代偿期	25-49 mL/min		>177μmol/L(2 mg/dL)但<450μmol/L(5 mg/dL)	无明显症状体征,可有轻度贫血;夜尿、多尿
尿毒症期	<25 mL/min	>21.4 mmol/L(60 mg/dL)	450-707μmol/L(5-8 mg/dL)	常伴有酸中毒和严重尿毒症临床症状

（四）鉴定要点

（1）本节中所称肾功能不全是指肾性或肾功能因外伤而引起的双肾功能障碍,为外伤的后遗症,应待按临床医疗一般原则及所接受的诊疗结束后,再行评估。

（2）对肾损伤后遗留功能损伤予以诊断时,应注重伤病关系分析,消除既往身体疾患（如肾病综合征及各类肾炎）对心脏功能的负面影响。对受伤后药品使用所造成的肝肾毒性损伤,需注意鉴别有无医学过错的危害。

五、腹腔大血管损伤

腹部大血管损伤以交通事故所致多见,约78%的损伤由安全带、方向盘及车辆与机体作用所致,其他如胸部及腹部的刺创或枪弹创也可造成腹部大血管的开放性损伤。闭合性损伤多为钝性暴力造成,分为血管内膜损伤、动脉瘤形成和血管破裂三种,其中内膜撕裂可为非闭塞性分离,特别是在腹主动脉可形成主动脉夹层。

（一）鉴定标准

腹腔大血管破裂为重伤二级。

（二）结构与术语

胸主动脉于第12胸椎水平穿膈肌的主动脉裂孔,移行为腹主动脉,在腹腔内沿脊柱左前方下降,至第4腰椎体下缘处分为左、右髂总动脉,髂总动脉沿腰大肌内侧下行至骶髂关节处分为髂外动脉和髂内动脉,髂外动脉沿腰大肌内侧继续下降,经腹股沟韧带中点深面至肌前部移行为股动脉。髂外静脉是股静脉的直接延续,向上至骶髂关节前方与髂内静脉汇合成髂总静脉。下腔静脉由左、右髂总静脉在第4-5腰椎右前方汇合而成,沿腹主动脉右侧和脊柱右前方上行,穿膈肌的腔静脉孔进入胸腔再注入右心房。

主动脉夹层:腹主动脉壁由内膜、中膜和外膜形成,在一般情况下这三者都是相当紧密贴合在一起的。主动脉夹层是由各种因素所引起的主动脉内膜破坏,大量血液流入大动脉壁内,从而引起血管壁分层成为假腔,血液从假腔中流淌和挤出,真腔主动脉夹层过去也称为主动脉夹层动脉瘤。

(三)检查与诊断

根据腹腔内及腰背外伤的病史,伤后发生严重休克、腹膜刺激征等症状,影像学如血管造影、CT检查均表明有腹腔内大血管损伤时,通常就可做出正确判断。但因为伤情严重,许多伤员来不及作进一步检查,所以最后确诊多在手术探查中发现。

(四)鉴定要点

(1)《标准》附则6.8中关于腹腔大血管进行了罗列,包括:下腔静脉、腹主动脉、髂总动脉、髂外动脉、髂外静脉,上述大血管破裂可直接援引本条款鉴定为重伤二级。腹腔其他血管损伤,不宜直接援引本条款,应依据相应条款进行鉴定。笔者认为,髂外静脉于骶髂关节前方与髂内静脉汇合成髂总静脉,从上述腹腔血管的解剖结构上看,髂总静脉应同属腹腔大血管。

(2)主动脉夹层可造成血管腔的狭窄或堵塞,伤后逐渐出现下肢皮肤颜色改变、疼痛、变冷,股动脉搏动减弱或消失,进行性下肢瘫痪和大小便失禁等。腹部损伤致主动脉夹层形成,可依照本条款鉴定为重伤二级。

(3)外伤性腹主动脉夹层需与非外伤性腹主动脉夹层加以区别。非外伤性腹主动脉夹层男性多于女性,中老年居多,常无腹部外伤史或外伤轻微,好发危险因素为主动脉中层囊性坏死或退变、遗传性结缔组织疾病、先天性二叶主动脉瓣、动脉炎、动脉瘤、高血压、动脉粥样硬化等。

(4)腹主动脉存在动脉粥样硬化和血管内膜病变时,受外力作用更容易导致病变的血管损伤,应根据既往病变的程度,综合分析外伤与血管破裂之间的关系。

六、腹部其他损伤

(一)弥漫性腹膜炎和感染性休克

1.鉴定标准　腹部损伤引起弥漫性腹膜炎或者感染性休克为重伤二级。

2.结构与术语

(1)腹膜的壁层和(或)内脏层由于不同因素引起刺激或损伤,而引起急性的反应称之为急性腹膜炎,是一个外科急腹症。根据炎症所涉及的区域,可分成弥漫性腹膜炎和局限性腹膜炎。其形成的因素既可以是化学刺激,也可以是化脓性感染。

腹腔损伤所引起的弥漫性腹膜炎属于继发性腹膜炎之一。其发生原因可以是:①因外伤致腔室脏器穿孔、破裂,与消化液及内容物直接刺激。②实质部位,如肝、胰损伤致化学性刺激和腹腔内积血致出血性刺激。③继发于其他腹腔外伤性病变(如腹壁穿透性损伤、腹腔积血、急性绞窄性肠梗阻等)形成感染。

(2)感染性休克是腹腔外伤的一个严重并发症,可继发于腹腔开放性破裂、空腔脏器穿孔、撕裂等腹腔闭合性外伤,和其他各类的腹腔损伤。腹腔外伤所致的感染性休克多合并弥散性腹膜炎。其处理方法除主动抗休克的防治措施之外,尚须根据原发性损伤采用更主动的保护措施。伤势多较复杂,伤情危重。

3.检查与诊断　弥漫性腹膜炎诊断要点:

(1)持续性腹部疼痛,程度往往较剧烈。

(2)出现恶心、腹泻等消化系统表现,由肛门排气可减轻甚至消失,但盆腔腹膜炎较明显者,可发生强烈地下坠感和便秘,且仅能排泄少许黏液便,便后仍不觉轻松。

(3)查体可见腹式呼吸减少或消失,全腹部疼痛明显,并伴有腹部紧张为"板状腹"。

(4)外周血化验检查显示白细胞计数增多,中性粒细胞数量增多,可能存在中毒颗粒。

(5)多发生于急性痛苦病容或强迫屈曲的体位,并伴体温迅速上升。

4.鉴定要点

(1)腹部损伤引起弥漫性腹膜炎应把握以下条件:①准确的腹部外伤史,可能是腹壁穿透性损伤,也可能是腹腔闭合性损伤;②具有弥漫性腹膜炎的临床表现;③可明确腹腔内严重外伤和弥漫性腹膜炎之间存在的直接关系(损伤为主要原因),也可排除由自身病变而引起的弥漫性腹膜炎。

(2)严重损伤造成的局限性腹膜炎和弥漫性腹膜炎诊断依据不完全的,因此不能认定为重伤二级。同时针对原发性损伤的并发症,也依据本《标准》有关规定开展损伤的再鉴定。

(二)腹腔积血和腹膜后血肿

1.鉴定标准

(1)重伤二级 腹腔积血或者腹膜后血肿,须手术治疗。

(2)轻伤二级 腹腔积血或者腹膜后血肿。

2.结构与术语

(1)腹腔内积血:因腹腔受伤致腹腔内脏器及血管破损、出血,血液蓄积在腹腔。

(2)腹膜后血肿:指腹膜壁层和后腹壁之间的空隙,叫做腹膜后间隙。腹膜后间隙的出血超过一定范围,会产生腹膜后血肿。外伤伤及腹膜后血管以及腹膜后脏器时,如肝、胰损伤以及骨盆、脊椎骨折时,血管破裂、血流进入腹膜后间隙时,也会引起腹膜后血肿的产生。

3.检查与诊断 腹膜后残余血肿突出的临床表现主要为内出血症状、腰背疼痛和肠麻痹,若伴有下尿路损伤者有血尿,当血肿流入骨盆内时可出现里紧后重感觉,经直肠指诊时可触及骶前区具有波动性的隆起。通过外伤病史、临床表现、超声波、CT检查和手术所见均可进行诊断。

4.鉴定要点

(1)腹腔内积血须手术处理时应掌握以下适应证,出现明显腹膜刺激征的临床表现且具备下列情况之一:①出现内出血的症状和体征,达到休克(轻度)的程度;②在医学影像学检查可见的腹腔积液现象;③腹腔穿刺抽出不凝血液;④腹壁创口深及腹腔,且创口内有大量鲜血排出;⑤出现了其他相应紧急手术的情况。

(2)腹腔内积血量达到以下要求之一的,认定为重伤二级:①腹腔积血,具备以上手术适应证,且行剖腹检查和积血清除术;②经剖腹探查证明腹腔内存在高活动性出血,并行止血操作,否则可能威胁生命;③手术探查证实,腹腔内积血量达到 500 mL 以上。

(3)闭合性腹部损伤引起腹腔积血者,怀疑存在腹腔器官活动性出血时,临床多采用剖腹手术的方式予以探查,探查的结果未发现腹腔器官活动性出血,腹腔积血量少(500 mL 以下),且术中无实际止血操作的,不宜鉴定为重伤二级。

(4)腹膜后血肿须手术治疗应把握以下适应证:①疑有腹腔内脏器损伤,或疑有腹膜后残留血肿穿破致积血进入腹腔,经腹腔穿刺抽出不凝血液,经手术探查证明为腹膜后残留血肿的主要损伤;②发生明显的腹部及腰背酸痛症状,或由于局部血肿受压引起的神经系统压迫而产生神经性痛,甚至发生肠胃功能失常(如肠麻痹征)、泌尿系统功能障碍等症状,甚至在盆腔腹膜后局部血肿时发生直肠刺激症状,且直肠指检可触及波动感;③出现心内出血的症状和体征,达到休克(轻度)的程度。

案例 6-7:腹膜后血肿的法医学鉴定

某女,24 岁,于半小时前左腰部被他人用匕首刺伤,当时左腰部渗血较多,主诉约 500 mL,被送医院。腹部 CT:左侧腰部外伤,左侧腹膜后积血。拟"左腰部刀刺伤"收住院。病程中患者感左侧腰部剧烈胀痛,头昏不适,面色苍白。入院查:P:74 次/分,R:20 次/分,BP:110/80 mmHg,神清痛苦貌,面色苍白,左肾区叩击痛阳性,左腰部见一长约 3 cm 创口,有活动性出血。急诊手术探查:切开腰背筋膜,先探查左肾及上段输尿管未见损伤,腹膜后肾周有大量积血及淤血肿块,予血肿清除后用生理盐水冲洗,冲洗中发现腰大肌断裂 2/3,并有活动性出血,充分暴露腰大肌两断端,仔细寻找出血点,在腰大肌近、远断端内各见一动脉分支断裂出血,分别予以缝扎加结扎,缝合腰大肌断端。

本例有两种鉴定意见:第一种意见认为,伤者腹膜后血肿虽经手术治疗,但血肿仅限于腹膜后,并未穿破致积血流入腹腔;虽有腰部剧烈胀痛症状,但未见血肿压迫神经引发的神经性疼痛、胃肠功能异常、泌尿系功能异常及直肠刺激症状;病程中仅有面色苍白,但其血压及脉搏均属正常范围,并未出现休克(轻度)的症状和体征。其损伤不符合《标准》5.7.2k"腹腔积血或者腹膜后血肿,须手术治疗。"条款规定的须手术治疗的情形,不宜鉴定为重伤二级。第二种意见认为,左腰部创口有活动性出血,术中见腰大肌断裂,腰大肌近、远断端内各见一动脉分支断裂出血,若不及时有效的止血治疗,血肿将进行性增加,进而危及生命,应属腹膜后血肿须手术治疗的情形,应根据 5.7.2k"腹腔积血或者腹膜后血肿,须手术治疗"条款之规定,鉴定为重伤二级。笔者同意第二种意见,伤者虽未出现腹膜后血肿须手术治疗的适应证,但因深部腰大肌动脉血管断裂引起活动性出血,若不采取手术止血措施则出血难以自止,易引发危及生命的并发症,且施行了缝扎加结扎止血措施。

(三)腹壁穿透创伤

1.鉴定标准　轻伤二级。

2.结构与术语　腹壁穿透创伤是指腹壁全层贯通的腹腔开放性损伤,可以是锐器伤、火器伤,也可以是交通事故等巨大钝性暴力所致,多合并腹腔器官的损伤。

3.检查与诊断　多为手术探查证实。

4.鉴定要点

(1)鉴定时应注意确证损伤为腹壁全层穿透创伤。

(2)纤细的针状物(如针灸)虽可以造成腹壁下全层穿透创伤,但不伤及腹腔内脏器、血管等,且出血在较短时限内自止、无需清创缝合或进行特别针对性处理的,不属于本条规定的轻伤二级。

(3)腹壁穿透创伤若伤及腹腔重要器官、血管,可参照本《标准》有关条文加以鉴定。

第七章　肢体周围神经损伤司法鉴定

第一节　肢体周围神经的损伤的概述

一、肢体周围神经的损伤分类和损伤原因

(一)肢体周围神经的损伤分类

就如其他人体组织器官损伤一样,肢体周围神经损伤后也可以根据损伤程度分为不同类型,熟悉肢体周围神经损伤分类,有助于鉴定人正确判断与之相称的功能障碍表现以及对神经损伤的转归、预后等一系列问题做出准确的判断。关于周围神经损伤的分类,早在 1943 年 Seddon 就提出了三种类型分类法(表 7-1),1951 年,Sunderland 在此基础上提出了更为实用的五度分类法,至今仍在国内外临床医学诊疗实践中广泛应用。

表 7-1　周围神经损伤分类法

Seddon 分类	Sunderland 分类
神经失用(神经震荡)	Ⅰ 度
轴突断裂	Ⅱ 度
	Ⅲ 度
	Ⅳ 度
神经断裂	Ⅴ 度

需要注意的是,在一条神经干内既可出现某一种类型或程度的损伤,也可在不同节段、不同神经束出现不同程度的神经损伤,例如,一部分神经束可以完全离断,而另一部分连续的神经束可以发生 Ⅰ - Ⅳ 度的损伤。临床诊疗实践中正确地对神经损伤进行分类,主要价值在于为治疗方案取舍提供

依据并尽可能避免治疗方案的延迟,尤其是在尚未出现神经修复手术指征之前,可以避免对Ⅰ、Ⅱ及部分Ⅲ度损伤神经进行不必要的探查暴露。在法医学鉴定实践中,很少有案件的临床诊断会对神经损伤进行分类,但是鉴定人根据现有临床病史对肢体周围神经损伤进行分类,将有利于得到更加准确的鉴定意见,尤其能够对神经支配功能障碍程度进行更加准确的评估。

(二)肢体周围神经的损伤原因

造成肢体周围神经损伤的原因有很多,不同的原因可造成不同性质、不同程度的神经损伤,不同损伤原因所致的神经损伤,其临床治疗方案、最终预后也可大不相同。因此,充分了解神经的致伤原因,对于法医学鉴定中神经损伤程度、预后情况、因果关系等鉴定难点的解决,有重要作用。

肢体周围神经损伤的原因根据不同特点,可以有很多分类方法。例如,分为开放性损伤和闭合性损伤,或者分为直接损伤和间接损伤,或者分为医源性损伤和非医源性损伤,或者分为机械性损伤(牵拉伤、挫裂伤、切割伤、卡压伤、火器伤)、缺血性损伤、中毒性损伤、放射性损伤以及电击伤等。

除了外伤性因素造成局部神经挤压伤,肢体周围神经在走行过程中亦有一些解剖部位,由于存在先天的狭窄性解剖结构,或者毗邻一些坚韧的组织,从而造成神经在这些部位更容易发生挤压伤。而这种挤压损伤既有可能发生在损伤之前,亦有可能发生在损伤之后,因此鉴定人对此类问题应当提高警惕,鉴定时应当对伤病关系进行充分的判断和必要的鉴别。例如,正中神经在前臂近端跨越旋前圆肌管时容易发生挤压伤而造成旋前圆肌综合征,桡神经深支在前臂近端穿过旋后肌深浅层时容易发生挤压伤而造成旋后肌综合征(又称骨间后神经卡压综合征)。尺神经通过肘关节内侧肘管时,行于尺侧腕屈肌桡骨头和尺骨头之间,此二头借一腱膜弓桥架于尺神经之上,从而对尺神经形成一个狭窄的骨性纤维鞘管,即尺神经沟(也称肘尺管),当肘部内侧发生损伤时容易在尺神经沟压迫尺神经。腓总神经绕过腓骨颈,行于腓骨长肌起始部的腱性组织旁并与骨组织紧贴,其外又缺乏丰厚的软组织保护,不仅易受外力直接致伤,也常可因长时间处于下蹲位、盘膝而坐、仰卧起座、仰卧时下肢长时间外旋位而引起腓总神经体位性压迫伤,抑或可因石膏托、小夹板固定过紧而压迫腓总神经。上述举例都是因自身解剖特点形成的神经压迫因素。当此类解剖学狭窄通道周围发生损伤时,原本狭窄的通道内压力增加,神经更加容易发生挤压性损伤。当然,这类解剖学狭窄通道,是人类共同的解剖学特点,如果确实存在原发性损伤时,编者认为不应当将此类解剖学狭窄因素作为既往存在的疾病因素,除非有证据表明没有相应的损伤基础,而仅存在疾病性因素。例如,痛风的患者,尺神经沟内形成痛风结石造成尺神经挤压伤,而肘部仅有较轻的原发损伤,则应当认为尺神经的挤压伤系自身痛风疾病所致。

二、法医学鉴定涉及的肢体周围神经损伤

本节中将围绕涉及肢体功能的周围神经加以介绍,包括所有支配人体上、下肢各大关节以及手、足运动、感觉功能的周围神经。对于肢体周围神经的内涵,在目前全国性的两大标准《人体损伤程度鉴定标准》(以下简称《损伤》)和《人体损伤致残程度分级》(以下简称《致残分级》)当中,均各有专门条款做出规定。《损伤》附则 6.10 规定"本标准中四肢重要神经是指臂丛及其分支神经(包括正中神经、尺神经、桡神经和肌皮神经等)和腰骶丛及其分支神经(包括坐骨神经、腓总神经、腓浅神经和胫神经等)"。《致残分级》附则 6.7 规定"本标准中四肢重要神经是指臂丛及其分支神经(包括正中神经、尺神经、桡神经和肌皮神经等)和腰骶丛及其分支神经(包括坐骨神经、腓总神经和胫神经等)"。两大标准规定的四肢重要神经,除《损伤》多列出腓浅神经以外,其他明示的周围神经完全一致。事实上,由于涉及肢体功能的周围神经还有很多,两大标准并未一一列出,所明确列出者均为鉴定实践中最为常见的神经丛或神经支。

根据《损伤》《致残分级》《劳动能力鉴定职工工伤与职业病致残等级》和《人身保险伤残评定标准及代码》四大标准中涉及周围神经的条款可知,所有涉及肢体大关节和手足运动功能以及手部感觉功能的周围神经,均在法医临床学鉴定实践的研究范畴内。

值得注意的是,人体相当一部分周围神经解剖上位于躯干,但功能上仍起支配肢体大关节运动的作用,例如,位于躯干(颈胸部)的肩胛背神经、肩胛上神经、胸长神经、胸前内侧神经、胸前外侧神经、肩胛下神经和位于躯干(腹盆腔、腰臀部)的髂腰肌肌支、臀上神经、臀下神经、股神经、闭孔神经等,也属于法医学鉴定中涉及的肢体周围神经。

第二节　肢体周围神经损伤的法医学鉴定原则和鉴定方法概述

一、肢体周围神经损伤的法医学鉴定原则

目前我国各类人身损害案件法医学鉴定依据的全国性标准主要有四个，2014年1月1日最高人民法院、最高人民检察院、公安部、国家安全部和司法部联合颁布实施的《人体损伤程度鉴定标准》（以下简称《损伤》）、2017年1月1日由最高人民法院、最高人民检察院、公安部、国家安全部和司法部联合颁布实施的《人体损伤致残程度分级》（以下简称《致残分级》）、2015年1月1日国家质量监督检验检疫总局和国家标准化委员会颁布实施的GB/T 16180—2014《劳动能力鉴定职工工伤与职业病致残等级》（以下简称《工伤》）以及2014年1月中国保险监督管理委员会颁布实施的JR/T 0083—2013《人身保险伤残评定标准及代码》（以下简称《保险》）。

其中，《损伤》标准针对全部涉及人身伤害刑事案件的损伤程度鉴定，《致残分级》标准针对除工伤、商业保险（除保险公司专门指定适用《致残分级》标准者）以外的所有人身伤害案件的民事赔偿，包括人身故意伤害案件、人身意外伤害案件、各类交通事故案件、其他侵权损害造成的人身伤害案件等。《损伤》标准和《致残分级》标准是目前我国影响最大、覆盖最广的全国性法医学鉴定标准。因此，这两大标准中关于肢体周围神经损伤鉴定的各项内容，根本上决定了肢体周围神经损伤法医学鉴定应当遵循的原则。接下来，我们首先将两大标准中各自关于肢体周围神经损伤的条款提取出来，以便比较和说明肢体周围神经损伤的法医学鉴定原则，然后介绍肢体周围神经损伤的法医学鉴定方法。

（一）《损伤》标准中肢体周围神经损伤的内容

《损伤》标准全文中涉及四肢周围神经损伤的条款，分布在标准正文的具体损伤程度分级条款、附则、附录中。

《损伤》标准条款设置遵循的是"起始线"规律，在重伤二级和轻伤二级"脊柱四肢"类损伤中仅列出有代表性且具备最低条件的类型，因此该标准正文"5损伤程度分级"中涉及肢体周围神经损伤的具体条款仅有6条，另外

由于有些肢体神经损伤会涉及关节功能,因此相应条款可视为涉及肢体周围神经损伤的隐性条款,有 2 条。为便于读者清晰比较肢体周围神经损伤所涉及条款内容、分布规律以及各条款的相互关系,编者将相关八个具体条款概括列于表 7-2,最核心的鉴定要素以黑体字强调,重点突出神经损伤累及的范围、程度、肌力等。

表 7-2　《人体损伤程度鉴定标准》中涉及肢体周围神经损伤的具体条款

损伤程度	条款号	具体条款
轻伤二级	5.9.4.b	四肢重要神经损伤
轻伤一级	5.9.3.a	四肢任一大关节功能丧失 25% 以上
重伤二级	5.9.2.a	四肢任一大关节功能丧失 50% 以上
重伤二级	5.9.2.b	臂丛神经干性或者束性损伤,遗留肌瘫(肌力 3 级以下)
重伤二级	5.9.2.C	正中神经肘部以上损伤,遗留肌瘫(肌力 3 级以下)
重伤二级	5.9.2.d	桡神经肘部以上损伤,遗留肌瘫(肌力 3 级以下)
重伤二级	5.9.2.e	尺神经肘部以上损伤,遗留肌瘫(肌力 3 级以下)
重伤二级	5.9.2.f	骶丛神经或者坐骨神经损伤,遗留肌瘫(肌力 3 级以下)

《损伤》标准附则 6.10 对本标准中符合轻伤二级条件的四肢重要神经做出了规定,是指"臂丛及其分支神经(包括正中神经、尺神经、桡神经和肌皮神经等)和腰骶丛及其分支神经(包括坐骨神经、腓总神经、腓浅神经和胫神经等)"。该条款专门说明了"四肢重要神经"的具体内涵,但是由于支配四肢功能的周围神经较多,因此附则 6.10 并未一一列出。四肢重要神经的具体所指,应当包括但不限于上述条款中所列神经。《损伤》标准具体包括哪些肢体周围神经将在其他章节加以介绍。在此编者特别要强调的是,《损伤》标准颁布实施五年多来,经过国内专家不断地释义和阐述,对于四肢重要神经究竟包括哪些神经和如何认定,目前已经达成共识的是必须累及肢体(包括大关节和手足)运动功能的神经。而腓浅神经是否能被认定为四肢重要神经,需要根据其具体损伤节段加以判断。这是与其解剖特点直接相关的。腓浅神经是腓总神经绕过腓骨颈后分出的两个主要分支之一(另一更重要分支为腓深神经),尽管腓浅神经是混合性神经,但实际上腓浅神经在腓骨中上 1/3 处发出腓骨长肌、腓骨短肌肌支后,小腿中、下段腓浅神经全部为纯感觉神经。因此,在鉴定实践中,如果不了解上述特点,就会直接根

据附则 6.10 四肢重要神经损伤包括腓浅神经而评定为轻伤二级,从而造成鉴定意见的不同,亦违背损伤程度分级的精神。

在《损伤》标准附录 C(资料性附录)人体损伤程度常用技术中,C.6 规定了肢体关节功能丧失程度评价的方法。具体为按照表 C.2 到表 C.7("查表法")根据各关节被动活动度和相应方向手法肌力分级,查得关节功能丧失程度。另外,C.7.2 特别规定了"手感觉丧失功能的计算",即手掌侧感觉功能丧失,按相应手功能丧失程度的 50% 计算。

(二)《损伤》标准和《致残分级》标准中肢体周围神经损伤的鉴定原则

通过集中罗列、比较《损伤》标准中肢体周围神经条款,可以发现该标准基于"起始线"原则,具体条款仅有 6 条,但由于每一条都是达到某一等级的最低条件,因此条款具有很大的外延性。通过比较各等级的最低条件,例如,重伤二级的"臂丛神经干性或者束性损伤,遗留肌瘫(肌力 3 级以下)",臂丛神经、干性、束性都是对于定位的要求,而神经损伤且遗留肌瘫对于定性的要求,肌瘫且肌力 3 级以下是对于定量的要求。另外,重伤二级的"桡/正中/尺神经肘部以上损伤,遗留肌瘫(肌力 3 级以下)",也同样涉及定位、定性和定量,桡/正中/尺神经、肘部以上(而非肘部以下),即是对于定位的要求,神经损伤且遗留肌瘫是对于定性的要求,肌瘫且肌力 3 级以下是对于定量的要求。轻伤二级"四肢重要神经损伤"中,看似没有具体要求,但必须符合四肢重要神经的范畴,如"臂丛及其分支神经(包括正中神经、尺神经、桡神经和肌皮神经等)和腰骶丛及其分支神经(包括坐骨神经、腓总神经、腓浅神经和胫神经等)",本身就是对于神经定位的要求。由此我们可以发现,《损伤》标准各神经条款,尤其重伤条款特别强调需要同时满足"定位、定性和定量"三大条件。轻伤条款相对宽松,仅强调同时满足"定位和定性"两大条件,定位的要求即只要符合附则 6.7 规定的具体神经,定性即证实存在损伤,定量没有特殊要求,即神经损伤的类型、程度以及是否遗留一定程度功能障碍,均无规定。

在《致残分级》标准中,由于致残程度包括 10 等级,因此鉴定条款的细致程度要明显高于损伤程度标准。通过集中罗列、比较《致残分级》标准中各鉴定条款的具体内容可发现,《致残分级》标准中周围神经损伤条款的应用,对周围神经损伤定位、定性、定量的判定提出了较以往任何标准都更高的要求。例如,一手肌瘫分为部分、大部分和全肌瘫三种类型,不同类型的手肌瘫,既与神经损伤的部位(定位)密切相关,也与神经损伤的程度(定量)密切相关。又如五级、七级和八级中各有单肢瘫条款,单一肢体瘫痪需要符合上肢肩、肘、腕关节肌群或下肢髋、膝、踝关节肌群均同时累及,而编者发现鉴定实践中不同鉴定人对符合单肢瘫条件的周围神经损伤基础,认识参差不齐,有些鉴定中对于高位的单支神经损伤,如上肢的桡神经损伤(仅累及肘、腕关节部分肌群)和下肢的坐骨神经损伤(仅累及膝、踝关节部分肌群),即根据单肢瘫进行鉴定,完全有悖于《致残分级》标准中必须严格遵循的神经定位原则的要求。

由上述比较可知,依照《人体损伤程度标准》和《致残分级》标准对肢体周围神经损伤者进行鉴定时,都必须充分考虑和遵循肢体周围神经损伤的"三定"(定性、定位、定量)原则。编者在本书的各部分内容,包括在各肢体周围神经解剖章节的介绍中,都时刻贯穿并强调"三定"原则,尤其是对法医学鉴定具有影响的定位、定性、定量判断关键点,都一一尽量指出。毫不夸张地说,在肢体周围神经损伤鉴定案件中,只要充分把握好"三定"原则,将能保证每一个肢体周围神经损伤案件得到科学、客观的鉴定意见。

二、肢体周围神经损伤的法医学鉴定方法

对于伴有肢体周围神经损伤的案件,鉴定前首先应当判断是否达到鉴定时机,然后应当详细、全面地了解案情和伤情,收集与周围神经损伤有关的病史资料、诊疗过程、相关实验室检查。受理鉴定后,鉴定人应当对被鉴定人进行详细、全面的神经系统检查。在全面分析相关资料和检查结果的基础上,对于肢体周围神经有无损伤、与原发外伤的因果关系、神经损伤程度、后遗功能障碍程度等做出科学、客观的鉴定意见。

肢体周围神经损伤的鉴定时机,既与鉴定要求有关,也和神经损伤自身特点有关。对于损伤程度的鉴定,既可以在受伤当时先行鉴定,也可以在临床治疗终结、神经损伤后遗功能障碍达到稳定后再行鉴定(或补充鉴定)。由于损伤程度案件的鉴定常影响到刑事案件当事人的处理和刑事诉讼的进程,因此在鉴定实践中,委托人(如公安机关)常要求鉴定机构在损伤当时先行鉴定,此种情形下,鉴定人应当非常谨慎,要根据神经损伤的部位、类型、程度判断是否可能存在影响最终鉴定意见的可能,并向委托人提出适时补充鉴定或复检的要求。神经损伤后选择不同的时机,对鉴定意见可能产生截然不同的意见,因此肢体周围神经损伤鉴定时机的判断,需要非常谨慎。

一般而言,应当在伤后,尤其是神经损伤的专门性手术之后,等待充足的时间。具体时间长短,主要根据影响神经再生、功能恢复的因素而定。例如,不同神经损伤类型开始恢复和恢复至临床稳定所需时间均不同。对于神经断裂伤而言,在经手术治疗恢复神经连续性之后才开始进入恢复期,应当以神经修复术的时间开始计算鉴定时机,而非以神经损伤之时开始计算时间。神经断裂伤相较于其他非断裂损伤,神经轴突连续性中断,再生、恢复需要时间更长。完全性神经损伤恢复时间明显长于不完全性神经损伤所需时间。另外,神经损伤的节段也是明显影响神经恢复时间的因素。神经损伤节段越高,神经轴突自损伤处距靶器官距离就越长,而神经轴突再生速度一般为每天 1～2 mm,因此恢复时间也越长。关于具体的时机,大致而言,单神经位于肢体远端(如上肢腕关节周围),鉴定时机掌握在伤后/手术后 3 个月左右;单神经肢体中端、近端(如上肢肘关节周围及以上),伤后/手术后 6～9个月鉴定;臂丛、腰骶丛神经(即上肢肩关节以上、下肢髋关节以上),伤后/手术后 9～12 个月鉴定。如果需要准确判断鉴定时机,主要根据以下方法判断伤者神经损伤恢复是否达到临床稳定状态,即与上述鉴定时机相差不大的前提下,根据伤者鉴定前短期内的实验室检查(如肌电图)和临床查体与鉴定时的实验室检查、法医学体格检查进行比较,如果改善不明显,说明伤者的神经损伤已达到临床稳定状态,即符合鉴定时机,此时进行鉴定较为稳妥。

关于鉴定前案情、伤情信息的收集,编者发现是鉴定实践中普遍被忽略的部分。但是,这部分涉及神经损伤的原因、方式、类型、程度、预后好坏等一系列问题,尤其是在涉及神经损伤因果关系鉴定的案件中,此类信息的收集对于实现客观的鉴定有很重要的价值。例如,伤者张某骑摩托车时因交通事故致锁骨骨折,临床行锁骨骨折切开复位内固定术。伤后 1 个月余复诊时主诉伤侧手指、腕关节出现活动无力、手部感觉麻木,临床诊断臂丛神经不完全损伤并给予营养神经药物治疗。伤后 6 个月首次鉴定时发现其臂丛神经损伤仍未恢复,根据一手大部分肌瘫评定八级伤残,肩关节功能障碍评定十级伤残。保险公司对八级伤残提出异议并要求重新鉴定。伤后一年复鉴时,肌电图检查提示其臂丛下干确有部分损伤。鉴定人根据其原发损伤部位(锁骨骨折处)紧密毗邻臂丛神经干部,解剖部位上原发损伤与臂丛神经损伤一致,神经损伤时间发生于外伤后 1 个月余,符合臂丛神经被原发损伤部位瘢痕形成慢性、持续卡压所致,编者对张某重新鉴定时体格检查见其神经功能障碍较首次鉴定时进一步恢复,符合臂丛神经下干不完全性、闭合性损伤的预后规律,因此最终认为张某的臂丛神经不完全损伤与交通事故之间存在直接因果关系。这个案例,编者在受理案件前询问受伤经过、伤后病情时得知,张某受伤后就已出现右手腕无力、麻木的表现,但因为锁骨骨折而忽略了这些症状。结合张某为骑摩托车摔伤且锁骨骨折,其实本身属于宜导致臂丛神经损伤的方式,因此,致伤方式的了解也是因果关系鉴定的证据之一,而这种证据在某些案件当中的价值可能是非常重要的。又如另外一个案例,伤者李女士,50多岁,交通事故致桡骨中段骨折,首次鉴定时根据正中神经损伤评定十级伤残。肇事方(骑电动车,无保险)提出重新鉴定。编者在和李女士沟通过程中,详细询问神经损伤出现的时间和具体表现,得悉李女士典型症状为"夜间麻痛显著并时常痛醒",而这一症状为中老年女性腕管综合征(属于正中神经慢性卡压性疾病)的典型特征,最终鉴定时通过肌电图检查证实正中神经损伤部位确实位于腕部,而与其原发损伤桡骨中段骨折部位不一致,最终鉴定认为李女士的正中神经损伤系腕管综合征,而与交通事故外伤之间不存在因果关系。其他还有很多情形,如锐器刺伤案件中锐器长度、刺创深度、角度等与神经损伤判定有很密切关系,在故意伤害案件的鉴定中对于神经损伤的认定或排除均非常重要。或者在医源性损伤案件中,神经损伤最早出现的时间和临床表现特征,对判定是否存在医源性直接损伤常常至关重要。因此,案情、伤情中关于原发损伤的具体致伤原因、方式、神经损伤时间、临床表现特征等,需要鉴定人仔细挖掘,将对形成客观、科学的鉴定提供很大的价值。

　　肢体周围神经损伤案件的客观、科学鉴定,很大程度上和实验室检查有关。尤其是神经电生理检查(肌电图),这项全世界公认的检查技术。尽管神经电生理检查对于周围神经损伤认定的价值在各项检查中无出其右,但是鉴定人仍需注意多方面问题,包括神经电生理检查的真实可靠程度、神经电生理检查的检测时机、神经电生理检查对于周围神经损伤定位、定性、定量判定的作用等。即使获得一份准确、全面的神经电生理检查(肌电图)报告,要想充分发挥该肌电图报告的价值,也需要鉴定人能够掌握全面的报告解读能力。关于肌电图可靠性判断、检测时机的选择以及报告解读,对于进行周围神经损伤鉴定的鉴定人而言,是必须掌握的内容,编者将在相关章节对此予以详细介绍。

　　通过上述的介绍,编者将周围神经损伤法医学鉴定的方法梳理为五大要素,包括原发损伤、临床病史、实验室检查、伤病关系判断和严重程度判定。每一大要素涉及的详细要点也列于图中。在肢体周围神经损伤鉴定的案件中,必须全面细致地考虑这五大要素,以及五大要素之间的内在联系。五大要素各个要点的解决,关系到肢体周围神经损伤"三定"原则能否充分满足。五大要素的各个要点之间也能够相互印证,因此构成了周围神经损伤法医学鉴定方法的有机整体。例如,神经损伤部位的准确判定,不仅仅关系到应当具有的临床症状、体征,还关系到最终后遗神经功能障碍的具体表现,神经损伤部位不仅与致伤原因、致伤方式有关,还与神经损伤出现时间、检测项目选择、伤病关系判断等有关。又如神经肌电图检查不仅可用于判断神经定位、损伤原因、伤病关系,还有助于判断临床表现是否真实、法医学体格检查是否存在伪装/夸大。

　　总而言之,肢体周围神经损伤法医学鉴定,不同于很多其他人体损伤,其鉴定方法就是需要全面掌握五大要素及其相互之间的内在联系。读者在本书列举的每个神经损伤案例中都能体会到五大要素的分析,也希望在自身鉴定实践中能够不断自觉加强五大要素的全面思考,从而最终提高肢体周围神经损伤案件的鉴定能力。

第三节　肢体周围神经损伤法医学鉴定内容及常见难点

　　由于肢体周围神经较为浅表、易于暴露、毗邻其他损伤高发区(如各类骨折的)的解剖特点,肢体周围神经损伤成为法医临床学鉴定实践中较为常见的一大损伤类型。肢体周围神经损伤涉及所有的法医临床学鉴定项目,包括常规的损伤程度鉴定、伤残等级鉴定。在这两类常规鉴定项目中,由于不同损伤部位、程度、类型的肢体周围神经损伤可以导致非常复杂的功能障碍表现,因此如何进行客观、准确的功能障碍程度判断是一大难点。由于肢体周围神经损伤常常在损伤当时被其他损伤的临床表现所掩盖,或者一大部分肢体周围神经损伤的临床表现常在原发损伤后一段时间才出现,又或者肢体周围神经损伤较难准确定位,因此法医临床鉴定实践中还常涉及因果关系、损伤形成时间这两类鉴定。医疗纠纷鉴定是涉及医源性损害的特殊的人身伤害案件,主要涉及伤残等级鉴定和因果关系鉴定。另外,很多被鉴定人在鉴定时表现出的神经损伤临床表现,可能不仅仅涉及肢体周围神经损伤,还需要与其他原因(如自身疾病)进行鉴别,因此涉及伤病关系鉴定(也属于因果关系鉴定的范畴)。例如,被鉴定人本身既往有颈椎疾病,颈部牵拉伤后主诉上肢无力、感觉麻木等臂丛神经损伤的症状、体征,需要对颈椎疾病和上肢臂丛神经损伤进行鉴别。又如,被鉴定人因外伤致前臂桡骨中段骨折,鉴定时主诉存在手指无力、大鱼际区和桡侧三指半皮肤感觉麻木等症状、体征,而被鉴定人为中老年女性,属于腕管综合征高发人群,就需要对腕管综合征和骨折导致的正中神经损伤进行鉴别(详见本章第五节三、案例 1)。

在肢体周围神经损伤的各类型鉴定内容中,无外乎对肢体周围神经损伤的性质、具体部位以及神经损伤的程度进行鉴定,即本章第二节提到的肢体周围神经损伤鉴定要满足的"三定(定性、定位、定量)"原则。此"三定"原则既是肢体周围神经损伤鉴定时必须要满足的基本原则,也是肢体周围神经损伤各类型鉴定中的全部难点所在。可以说,解决了"三定"相关问题,就足以做出客观、准确的鉴定。

在"三定"原则中,定性主要解决神经有无损伤、损伤类型、损伤原因。定位主要解决神经损伤的部位,不仅包括大体解剖定位,还包括神经的功能定位(即具体累及哪些肌肉功能),定位越精准,对于鉴定越有利,而法医学鉴定实践中对于神经损伤部位的精准定位要求之高,有时甚至超过临床诊疗的要求。定量主要解决"重不重、好没好",即神经损伤的程度以及后遗功能障碍程度。"三定"的关注点和难点虽然各不相同,但在实际判定过程中又相互支持、佐证。

一、肢体周围神经损伤定性判断的难点

肢体周围神经损伤的定性判断,主要解决神经有无损伤、损伤类型、损伤原因,相对定位和定量而言最为容易,尤其是损伤类型和损伤原因,根据具体的伤情往往可以做出判断,而神经有无损伤则常受到多种因素的制约和干扰。

肢体周围神经损伤常常伴随于四肢的各种骨关节损伤,如肩关节脱位可能伴有臂丛神经损伤,肱骨中段骨折可能伴有桡神经损伤,肱骨髁间骨折可能伴有正中神经损伤,下肢腓骨近端骨折可能伴有腓总神经损伤等。由

于骨关节损伤可轻易通过常规的 X 线和 CT 检查被发现,加之受伤早期骨关节损伤和体表损伤的临床症状(疼痛、肢体畸形、肿胀等)较为明显,因此周围神经损伤(尤其是闭合性原发损伤)常被忽略。又因为很多神经损伤并不立即发生,而是在原发损伤后一段时间由于局部组织(如瘢痕、机化的纤维组织、骨痂等)慢性压迫神经或者神经遭受持续牵拉才发生损伤,因此临床诊疗过程中漏诊神经损伤的案例仍占相当大比例,编者在实际检案中就发现此类问题不在少数,甚至很多医疗纠纷案件的发生原因就是周围神经损伤的漏诊、漏治。因此,鉴定人在可能涉及周围神经损伤的案件中首先应当关注神经损伤的定性(有无神经损伤、损伤类型、原因)。即便临床并未明确诊断的情况下,也应当根据被鉴定人的原发损伤的临床表现、伤后有无神经损伤表现、原发损伤与神经损伤的解剖位置一致性、时间连续性、是否具有相应的损伤机制,以及客观的实验室检查等加以全面的分析和判定。对于闭合性损伤案件,由于缺少手术中直视下所见的直观证据,神经电生理检查将对判断有无神经损伤起到举足轻重的作用。当然,即便临床已经做出神经损伤的诊断,包括神经电生理检查提示存在神经损伤,鉴定人也不应轻易采信,鉴定人还是应当根据周围神经鉴定的五大要素仔细加以甄别,同时应当熟悉神经电生理检查的内涵和电生理检查报告的客观解读。必要时(如涉及刑事案件是否达到轻伤或重伤),甚至需要同时运用更加客观的影像学检查技术(如高频超声和 MRN)。以下编者通过两个案例介绍如何进行周围神经损伤的定性。

(一)认定桡神经损伤的案例

某年 12 月 12 日,董某被他人持刀扎伤左前臂近端。某医院病史摘录如下:查体。左前臂背侧见一约 5 cm 不规则伤口,肌腱外露,异物污染,左中指掌指关节背伸活动受限,左拇指感觉麻木(余略)。治疗经过:立即行血管神经肌腱修复术(但术中未探明神经损伤情况)。诊断:左前臂开放性损伤。伤后 1 个月 A 医院肌电图检查提示:左侧桡神经损伤。伤后 4 个月 B 医院肌电图检查提示:左侧桡神经未损伤。首次鉴定时根据左前臂瘢痕不足 10 cm,定轻微伤。第二次鉴定时认为临床诊断左侧桡神经损伤,但具体功能障碍难以准确评价,建议上级机构复鉴。伤后 7 个月,编者对董某进行第三次鉴定。法医体格检查见其左手中指掌指关节背伸受限,其余各指主动背伸尚正常。本院肌电图检查提示左侧桡神经前臂支配肌(伸指总肌)仍可见自发电位,募集反应偏弱(单纯相),伸指总肌记录的 cmAP 波幅较对侧降低,潜伏期延长,桡浅神经 SNCV 正常,SNAP 波幅和潜伏期正常。编者结合桡神经在前臂的解剖走行与皮肤瘢痕的位置关系(图 7-1),分析认为董某的左前臂刀刺伤部位经过桡神经走行部位,结合其致伤方式为锐器刀刺伤,具有损伤深部组织(包括神经)的可能,另外,董某伤后和鉴定时均存在桡神经损伤的临床表现,伤后 1 个月和鉴定时肌电图均存在桡神经损伤的客观指标(如伸指总肌的失神经电位和 cmAP 波幅降低),因此最终认定董某左侧桡神经损伤可以明确,并据此评定轻伤二级。在这个案例中,伤者虽为开放性损伤,但是由于医院急诊手术并未查明神经损伤与否,因此只能通过不同时期的临床表现、肌电图检查以及损伤与神经解剖走行的关系等综合判定存在桡神经损伤。

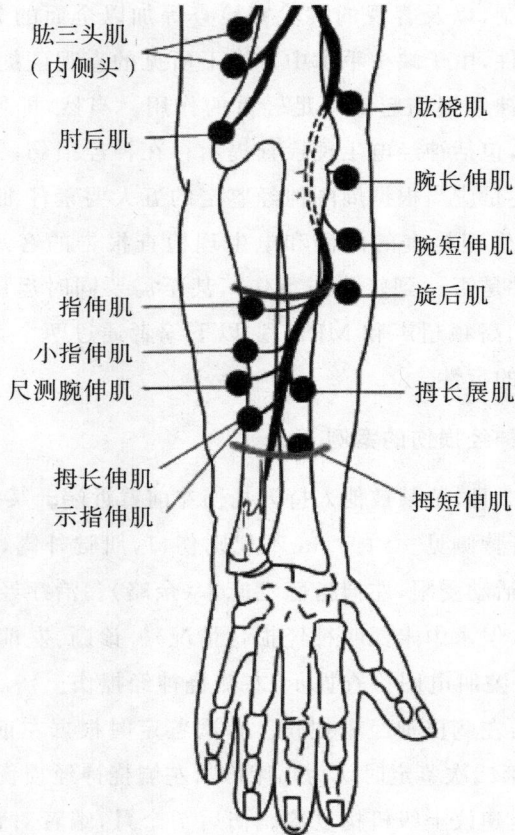

图 7-1 左前臂皮肤瘢痕和桡神经走行关系

（二）否定桡神经损伤的案例

在此案例中,伤者虽然也是前臂背侧锐器伤,临床诊断桡神经损伤,但编者最终认为桡神经损伤依据不足。具体鉴定情况如下:

某年 7 月 20 日,汪某被他人持刀割伤左前臂中段。某医院病史摘录如下。查体:左前臂背侧见一 10 cm 左右伤口,肌腱外露,左中指掌指关节背伸活动受限,左拇指感觉麻木(余略)。治疗经过:立即行血管神经肌腱修复术,术中见示指、环指伸肌腱完全断裂,中指伸肌腱部分断裂,神经有无损伤未探明。诊断:左前臂开放性损伤伴部分肌腱断裂伤。伤后 4 个月某医院肌电图检查结果为左侧桡神经前臂各支配肌未见自发电位,伸指总肌募集反应偏弱(单纯相),伸指总肌和示指伸肌记录的 cmAP 波幅和潜伏期正常,桡浅神经 SNCV 正常,SNAP 波幅和潜伏期正常,提示左侧桡神经损伤。伤后 8 个月于本院鉴定时,体格检查见其左前臂背侧瘢痕位于前臂中下段,长度为 8.9 cm,左手各指掌指关节背伸可达正常位,中指、环指背伸肌力略减弱(5 级),其余各指和腕关节背伸肌力 5 级。本院肌电图检查提示左侧桡神经前臂各支配肌未见自发电位,伸指总肌募集反应偏弱(单纯相),伸指总肌和示指伸肌记录的 cmAP 波幅和潜伏期正常,桡浅神经 SNCV 正常,SNAP 波幅和潜伏期正常。高频超声检查提示位于瘢痕以上的桡神经主干和深支主干连续性好,走行正常,未见明显增粗和异常回声,神经外膜未见明显卡压、增厚,瘢痕下方桡神经深支已分为细小肌支,进入肌肉前未见明显异常。同时,结合桡神经在前臂的解剖走行与皮肤瘢痕的位置关系(图 7-1 中浅灰色弧线),分析认为汪某的左前臂刀割伤部位已没有桡神经主干或深支主干,且损伤部位低于桡神经发出伸指总肌肌支的节段,不具有造成中、环指掌指关节主动背伸障碍的损伤基础。而汪某伤后 4 个月临床肌电图虽然诊断左侧桡神经损伤,但是仔细解读其肌电图检查内容,除支配肌募集反应偏弱这些主观指标以外,针极肌电图未见支配肌有失神经电位,神经传导检测各指标(桡神经支配肌 cmAP 波幅和潜伏期、桡神经运动传导速度)亦均正常,结合司法鉴定科学研究院鉴定时神经肌电图检查和高频超声检查均不支持左前臂桡神经主干或重要分支损伤,因此最终认为汪某左侧桡神经损伤的依据不足,根据其左前臂皮肤瘢痕长度,评定为轻微伤。这个案例与前述案例损伤情形有些类似,但前者损伤位于前臂中上段,后者损伤位于前臂中下段,根据桡神经解剖走行特点即可初步判断前者有桡神经损伤的可能,而后者几乎没有桡神经损伤的可能。尽管本案例鉴定意见推翻了临床诊断,但是由于鉴定时运用了更加客观可靠的技术手段,如神经肌电图和高频超声检查等,尤其是高频超声检查可以获得桡神经的可视化证据,因此鉴定意见是确凿无疑的和令人信服的,最终鉴定意见发出后被鉴定人亦未提出异议,委托方根据鉴定意见做出了正确的处理。

二、肢体周围神经损伤定位判断的难点

肢体周围神经损伤的定位判断,顾名思义主要解决神经损伤的部位,在法医学鉴定实践中不仅要判断大体解剖定位(如与原发损伤的相互关系),还需判断神经损伤的准确功能定位(即具体累及哪些肌肉功能),前者对于神经损伤的定性判断有更大价值,而后者对于神经损伤的定量判断更有意义。

对于肢体周围神经损伤部位的判断,临床诊疗实践中主要根据伤后早期的临床表现,开放性损伤案件中探查手术中直视下所见,以及伤后神经电生理检查等。在受伤早期,临床表现的描述是否准确、全面,很大程度上依赖于临床医师的经验和水平,事实上很大一部分案例中临床早期诊疗活动中对于神经损伤的临床表现记载的并不充分。对于闭合性损伤案例,由于缺少手术直视下所见的直观证据,定位判断更加依赖临床表现,因此难度较之开放性损伤更大。借助于神经电生理检查,能够对神经损伤的大致解剖部位和具体功能定位做出较为准确的判定。当然,在相当数量案件中,神经电生理检查本身的准确性尚待考证,即便对于神经损伤与否可以做出准确定性,但定位精准度常常无法满足鉴定需求。因此,需要同时借助于定位更加精准的检查,如高频超声或 MRN 检查。

肢体周围神经损伤定位的难点首先在于,鉴定人需要根据鉴定事项(损伤程度、伤残等级、因果关系、损伤原因等)和具体案情,判断神经定位应当达到何等精准程度。事实上,并非所有鉴定事项和案件都需达到最精准的定位,鉴定人应当根据具体案件具体分析。例如,部分案件需要进行伤病关系鉴别,或者不同损伤原因的鉴别,这就需要精准判定神经损伤的具体部位,此类情形可参考本章第五节三中的案例(精准定位神经损伤解决案件归责及法医学鉴定一例)。又如依照《致残分级》标准进行伤残等级鉴定时,由于一手部分肌瘫、大部分肌瘫和全肌瘫对于神经损伤的节段要求不同,就需要精准判定神经损伤解剖部位和具体累及的肌肉(功能定位)。

肢体周围神经损伤定位的第二大难点在于如何实现准确的功能定位，即判断神经损伤累及肢体功能的具体范围，如整个单肢体、某支神经的全部肌群、大部分肌群或者部分肌群。肢体主要周围神经（如上肢的桡神经、正中神经、尺神经和下肢的腓总神经、胫神经）在自近端向远端走行过程中，不断发出不同分支和不同肌支到各支配肌，有些负责肢体大关节的运动功能，有些负责肢体末端（手/足）的功能，在众多支配肌中存在一些具有"分水岭"价值的单组肌肉，根据神经损伤是否累及这些具有"分水岭"价值的单组肌肉，就能够明确判断该神经损伤的具体部位以及累及哪些功能。

肢体周围神经损伤也有明显的节段型特点，相似于中枢神经系统受损后的神经定位体征。上肢的腋神经、肌皮神经和下肢的闭孔神经、股神经等仅处于躯干近端，其所控制的肌肉活动仍以单个关节为主，所以定位也相对简单。但由于上肢的桡神经、正中神经、尺神经和下肢的腓总神经、胫神经等，从躯干近端直接走行至躯干最远端，并继续地产生肌支来控制各个关节及其手指（足趾）活动，各个节段的损伤所引起的肢体功能变化具有明显区别。此外，由于下肢的坐骨神经根主要处于大腿段，所以一旦受伤，便易于定位。但与其他仅走行肢体近端的神经相比，由于坐骨神经节所包括的腓总神经、胫神经，在大腿段时就已分干并密切伴行，在受损后仍可有截然不同的症状。所以，需要了解并把握这些在神经中各个节段所受损累及的支配肌肉，方能较精确地定位神经受损部位，并正确判定神经的受损所累及具体区域。因此，由上肢桡神经支配的桡侧腕长伸肌、桡侧腕短伸肌（背伸腕关节）和旋后肌（旋后前臂），其下面肌腱一般为直接支配手指功能；正中神经直接支配的桡侧屈腕肌和掌长肌（掌屈腕关节），其下面肌腱一般为直接支配手指功能；尺神经支配的尺侧屈腕肌腱（掌屈腕关节），及这些肌腱均为直接支配手指功能；而下肢的腓总神经支配的胫前肌是踝关节主动背伸的重要肌腱（图7-2），从而在鉴定时方可根据踝关节背伸肌力和踝关节活动度，通过查表法判断踝关节功能丧失程度。如果腓总神经损伤后胫前肌并未累及，是该神经正常支配的最低节段肌肉，而趾长伸肌已累及，一方面可以说明腓总神经的损伤位于小腿中上1/3处，另一方面可以说明伤者不具有踝关节主动背伸障碍的损伤基础，即便伤者表现出踝关节背伸肌力减退，也不应据此评定，而只能根据足趾主动背伸功能障碍进行鉴定。

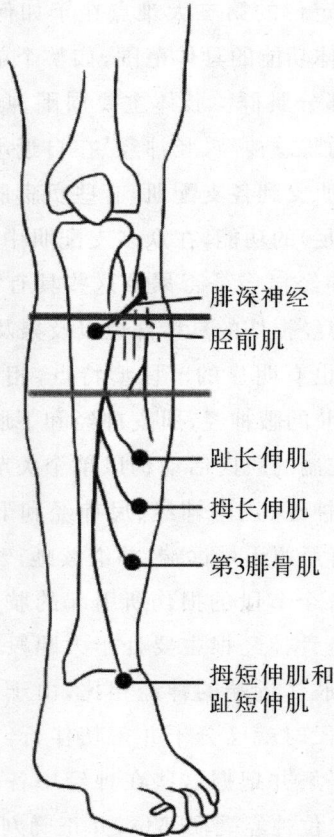

图 7-2　腓总神经支配肌的"分水岭"

（黑横线为腓总神经发出胫前肌肌支处,灰横线线为腓总神经发出趾
长伸肌肌支处。红线以上损伤,踝关节和足趾背伸功能均被累及,
黑横线和灰横线之间损伤,踝背伸功能存在,足趾背伸功能被累及）

　　由上述内容可知,神经损伤功能定位的准确判断,可以对鉴定产生非常
重要的影响。而神经损伤准确功能定位的判断,难以通过临床表现获得。
即便是开放性手术,直视下可见神经损伤的确切部位,如果神经损伤邻近的
关键节段,也无法有效判断是否已累及相应支配肌。只有能够反映单一肌
肉功能的精准检查才能实现神经损伤的功能定位,这就需要依赖神经电生
理检查中的针极肌电图指标。然而,需要强调的是,针极肌电图必须对不同
支配肌（至少包括分水岭上、下的关键肌）进行全面检查,方能获得准确的功

能定位,如果神经电生理检查中未行针极肌电图检查,或者针极肌电图检查只是蜻蜓点水般随意抽查部分肌肉,则极有可能无法为准确功能定位提供有力的依据。鉴定人在利用外部机构的神经电生理检查信息时要对此格外注意。

三、肢体周围神经损伤定量判断的难点

目前的《损伤》和《致残分级》标准均未直接对神经损伤程度做出相关规定,但均非常依赖后遗功能障碍程度的判断,而目前后遗功能障碍程度的评定均依赖神经支配肌肉的肌力状况。众所周知,临床和法医临床学鉴定实践中均采用肌肉的手法肌力检查这一方法,该方法非常容易受到测试者(如鉴定人)和被测试者主观因素的影响,因此周围神经损伤的定量评价在"三定"之中最为困难。

原则上,鉴定实践中首先应当判断肢体周围神经的损伤程度,但是周围神经损伤后遗功能障碍程度,并不仅仅取决于周围神经损伤程度,还与神经损伤类型、原因、神经周围软组织床条件、临床治疗的优劣、个体恢复能力等多种因素有关,因此法医临床鉴定实践中一般不需要对神经损伤程度进行判断。当然,对于肢体周围神经的完全损伤或者严重损伤,尤其是鉴定时神经肌电图检查仍提示神经完全损伤或者严重损伤,则对后遗功能障碍程度(肌力)的判定有很大帮助。但若神经属于部分损伤,则对后遗功能障碍程度(肌力)判定时需要另辟蹊径。

首先可以参照临床诊疗过程中的临床表现,如不同肌肉的肌力和感觉功能障碍范围、程度。与前述定性、定位存在类似的问题,临床诊疗过程中往往对神经损伤的确切体征(如不同肌肉的具体肌力)记载并不全面、准确,而且很多案件的临床随访时间较短,鉴定前的临床查体记录缺乏,加之伤者损伤恢复情况不一,因此临床记载的神经损伤程度和后遗功能障碍程度仅可起到一定的参考作用。鉴定人对于神经损伤后遗肌力障碍程度的准确判定,应当遵循法医临床学鉴定中独有的方法和规律。

四、肢体周围神经损伤法医学鉴定中的其他难点

在肢体周围神经损伤的法医学鉴定实践中,按照五大要素去分析、思考,可以准确地解决"定性、定位、定量"三大问题,但是要保证能够做出准确的鉴定意见,还需要紧扣各大鉴定标准的条款内涵。因此,对标准条款的解读、法医学鉴定的基本重要原则还必须熟悉,如果不熟悉重要的条款内涵和基本原则,可以导致鉴定意见的大相径庭。在《损伤》《致残分级》《工伤》和《保险》四大标准中,《致残分级》关于肢体周围神经损伤的条款最丰富也最为细致,因此,熟悉掌握《致残分级》标准中相关条款的解读、运用和重要原则,其他标准肢体周围神经损伤案件鉴定时的难点也将迎刃而解。下文中编者将对《致残分级》标准相关条款的难点予以扼要介绍。

(一)关于《致残分级》标准中肢体周围神经的显性条款和隐性条款

《致残分级》标准中涉及肢体周围神经损伤的条款共 20 条,笔者将其分为显性条款和隐性条款两大类(表 7-3),所谓显性条款即条款中文字通常包括神经损伤、肌瘫等内容,直接与四肢周围神经损伤相关,属于单独周围神经损伤时依照的专门性条款,在对照条款时一般不易发生漏用,此类条款均位于各等级的第一类目"颅脑、脊髓及周围神经损伤"中。在《致残分级》标准的第六类目"脊柱、骨盆及四肢损伤"(仅八、九、十等级)中还有一些条款,文字上是和肢体大关节功能有关,看似与四肢周围神经损伤并无关系,实践中较易忽略,但肢体周围神经损伤案件符合一定条件时可以引用此类条款予以评定,因此编者又称之为肢体周围神经损伤的条件性条款。运用隐性条款的条件就是肢体周围神经损伤后相应肢体大关节同时伴有主动和被动活动功能障碍。这一条件看似简单,但在实践中把握还是有一定难度。

表 7-3 《致残分级》标准涉及肢体周围神经损伤的显性条款和隐性条款

等级	显性条款（专门性条款）			隐性条款（条件性条款）
	肢体/肌群瘫痪	手瘫痪	足瘫痪	四肢大关节功能丧失
三级	/	双全 M2＋双腕 75％以上	/	/
五级	单肢 M2	双大 M2	双全 M2	/
六级	/	双部 M3 一全 M2＋腕 75％以上	双全 M3	//
七级	单肢 M3	一大 M2	一全 M2	/
八级	单肢 M4	一大 M3	一全 M3	任一关节（踝除外）丧失 75％以上；一肢体各大关节丧失均达 50％
九级	肘/膝以上＋相应肌群 M3	一部 M3	一大 M3	任一关节（踝除外）丧失 50％以上；一踝关节丧失 75％以上；一肢体各大关节丧失均达 25％
十级	相应肌群 M4	/	/	任一关节（踝除外）丧失 25％以上；一踝关节丧失 50％以上

实践中,肢体某处骨折若同时伴有周围神经损伤,由于神经损伤支配的大关节常在神经损伤远侧,因此被动活动功能障碍大关节与主动活动功能障碍的大关节常非同一关节。例如,上肢肱骨髁间骨折伴正中神经损伤,分别导致肘关节被动活动障碍和腕关节主动掌屈功能障碍,就不能运用肢体周围神经损伤的条件性条款。又如,下肢股骨下端骨折伴有腓总神经损伤,分别导致膝关节被动活动障碍和踝关节主动背屈功能障碍,也不能运用条件性条款。但是,由于损伤的多样性和复杂性,还是会出现符合条件的损伤类型。例如,肩部严重损伤导致锁骨远端骨折或肱骨近端骨折,伴有腋神经损伤,可以导致肩关节被动活动功能障碍和肩关节主动外展功能障碍,就可

以运用肢体周围神经损伤的条件性条款。又如，下肢多段骨折（胫骨平台和胫腓骨远端）伴有膝部腓总神经损伤，膝、踝关节被动活动功能障碍同时踝关节主动背屈功能障碍，则对于腓总神经损伤后遗症评定时，如果运用条件性条款评定结果重于单独运用神经损伤后的显性条款（肌瘫），则可以优先运用条件性条款加以评定。

（二）腰骶丛神经根和马尾神经损伤的在鉴定中的异同

腰骶丛神经实际上是由腰丛、骶丛和尾神经共 12 对神经系统根构成，当中腰丛来自部分胸 12 神经根、腰 1~3 神经根和部分腰 4 神经根，其他支持下臂运动功能的重要分支还有股神经、闭孔神经等，还含有支持腰大肌、髂肌等的肌肉支。骶丛源于腰 4~5、骶 1~3 神经根以及部分骶 4 神经根，当中支持下臂运动功能的重要组成部分是坐骨神经和副坐骨神经之间的重要组成部分——腓总神经和胫神经。

马尾神经根位于椎管中脊髓圆锥下方的腰骶神经根部，由腰 2~5、骶 1~5 和尾神经根等共 10 对神经支构成。从腰骶丛与马尾神经各自的神经起源与解剖位置可以得知，腰骶丛神经起源时要比马尾神经多了胸 12 神经根与腰 1 神经根，虽然马尾神经和腰骶丛神经在支配与下肢的功能上大体一样，但马尾神经也产生了部分特殊的神经功能，如大便、泌尿、性功能、会阴区感觉功能等。由于马尾神经位于椎管内，而腰骶丛神经位于椎间孔以外，因此造成两者损伤的具体方式和类型常不相同。例如，马尾神经损伤常由椎管内手术操作（如椎间盘手术、椎管内麻醉术等）和下腰段椎体爆裂骨折常造成，而腰骶丛神经损伤常由椎管外手术操作（如椎弓根螺钉置入时损伤椎间孔处某一神经根或盆腔其他手术操作损伤多组神经根）等造成。一旦发生损伤，马尾神经损伤常累及多个神经根（单侧或双侧均可能），而腰骶丛神经损伤常表现为单一神经根或单侧多组神经根损伤，双侧腰骶丛神经损伤案件较为少见。

如果马尾神经损伤后，对于遗留的肢体功能障碍，应当适用四肢周围神经损伤的条款，而对于遗留大便、小便、性功能的障碍，不属于肢体周围神经损伤范畴，应适用大便、小便、性功能障碍的专门条款，并且肢体运动功能障碍和二便、性功能障碍可以同时评定。

（三）《致残分级》标准附则 6.2 条的适用原则

《致残分级》标准附则 6.2 条规定，"同一部位和性质的残疾，不应采用本标准条款两条以上或者同一条款两次以上进行鉴定"。单纯周围神经损伤后可遗留为具有关节肌群麻痹，或同时伴有手部或脚肌群麻痹的情形，比如，上肢臂丛神经损伤、高位桡神经、高位正中神经、高位尺神经损伤，或下肢腰骶丛神经损伤、坐骨神经损伤等。但鉴于周围神经损伤预后的重要性，且大关节肌群偏瘫和手、足肌瘫的康复状况也往往各不相同，所以在《致残分级》规范中单独根据大关节肌群偏瘫和手、足肌瘫进行评定时可能存在条款竞合的问题，而《致残分级》规范各条文及附录中没有明文规定关于此种特殊情况应怎样划分伤残等级。编者以为，关于相同部位神经损伤（如臂丛神经、腰骶丛神经损伤）或同一根神经损伤（如高位的桡神经、正中神经、尺神经、坐骨神经损伤等）具体情况，在上述规范规定不能修改的前提下，仅能严格地按照附则6.2条的要求，对周围神经损伤后所遗留的大关节肌群偏瘫情形和手、足肌瘫痪分别适用条款判定相应的伤残等级，最后以等级更高者作为神经损伤的伤残等级。当然，我们可以假设以下两种伤情，甲、乙两人同样是坐骨神经损伤，甲遗留膝关节屈曲肌力3级，踝关节背屈、跖屈肌力3级，全足肌瘫肌力3级，而乙遗留膝关节屈曲肌力4级，踝关节背屈、跖屈肌力4级，全足肌瘫肌力3级。按照现有条款和附则6.2条原则，甲、乙两人均根据等级最高者（全足肌瘫肌力3级条款）评定为八级伤残，但实际上甲的后遗症更为严重。这种情形在实际鉴定中，尤其是高位神经损伤案件中较为常见，对此问题的解决，只能通过今后《致残分级》标准修订时增加相应条款来解决。

现实中尚有另外一种常见的损伤情况需要重视。比如，同一种中枢神经高位损伤合并骨关节损伤，有大小肌群瘫痪、同一处关节被动活动功能障碍，也有手或足肌瘫，但编者认为对于这些情况，要么依据神经损伤所遗留的大小肌群瘫痪和手肌瘫或足肌瘫综合确定神经损伤最大的伤残限度，而且仅依据大节的被动活动功能障碍综合确定了肢体关节功能损伤的最大伤残限度，即可以分别依据神经损伤和骨关节损伤（两种性质的损伤）综合确定二种伤残限度；又或者，仅依据神经损伤的关节肌肉群瘫痪的关节被动活动功能障碍综合判断了关节功能的受损情况，因此也只能确定一种致残程度。如果后者所评定的伤残等级较前者还高，应根据"就高"的原则选取伤残等级较高者。

又如一身体不同部位（或者不同肢体）出现受伤后，产生了不同的周围损伤而分别遗留关节肌群瘫痪情况和手或足肌瘫的情况，但编者指出这些情况下不同的周围神经损伤虽为同种性质,却属于身体不同部位的损伤,所以都不能构成附则 6.2 款规定的行为,而应当根据肢体关节肌群瘫痪情况和手或双足肌瘫情况,分别按照条款确定了各种神经损伤相应的致残级别。

(四)关于感觉功能障碍的评定

致残分级中分级规定的全部内容,并无针对周围神经在受伤后感知功能的具体规定,所以单纯为感知功能的周围神经,并不属于《致残分级》的附则 6.7 项四肢主要神经系统之列。但鉴于周围神经解剖特征的复杂性,一般人们所常用的纯感知神经系统主要为某一主要神经系统的一支,但由于该神经名字无法表示神经系统种类,且有时确易与运动支相混,因此作者在这里列举常用的纯感知神经希望可以引发人们重视,如上肢的桡神经浅支、尺神经手背分支、尺神经浅分支,以及下肢的隐神经、腓肠神经等均属纯感知神经。需要值得注意的是,由于下肢腓总神经的二个分支(腓深神经和腓浅神经)均是混合性的,特别是下腓浅神经与上肢的桡浅神经的相近,因此容易被误认为是纯感觉神经,因此小腿中、下段损伤引起的腓浅神经损伤,不存在遗留相应肌群肌瘫的损伤基础,这一点需要鉴定人格外注意。

在《损伤》标准的肢体周围神经条款中,大部分也是类似于《致残分级》标准的显性条款,但在手损伤类目的部分条款中,例如,轻伤一级的"手功能丧失累计达一手功能 16%"和轻伤二级的"手功能丧失累计达一手功能 4%",属于肢体周围神经损伤的隐性条款,容易被忽略。而这两个条款恰恰和神经损伤遗留感觉功能障碍有关。人体手掌皮肤感觉对于人类而言是较为重要的感觉功能之一,例如,盲人通过手掌(尤其是手指掌面)皮肤触觉识别盲文,对于正常人而言,手掌皮肤感觉(痛温觉、触觉)是实现精细动作的重要保证,同时又是接触危险物体时及时感知、躲避危险的重要保证。因此,在《损伤》标准中保留了手掌部感觉功能评价是客观、科学的。根据《损伤》标准相关释义,手掌部感觉功能相当于整个手功能的 50%,例如,拇指占手功能的 36%,拇指掌侧皮肤感觉功能丧失则相当于手功能丧失 18%,其他各指感觉功能丧失同法。需要注意的是,当前臂或手部神经损伤时,如果同时遗留手指运动、感觉功能丧失,在计算手功能丧失时不能将运动和感觉功能累计。例如,如果拇指运动功能和掌侧感觉功能全部丧失,运动、感觉功能丧失值累计达手功能丧失 54%,完全超出了一拇指全部的功能,这显然不合理,正确的计算方法是运动、感觉功能丧失择一而评。

第四节 肢体周围神经损伤的法医学体格检查

一、运动功能的检查和肌力分级

肢体周围神经损伤后运动功能的评定，目前国内外临床医学、康复医学以及法医学实践中均主要根据神经相应支配肌肉的肌力和受累关节的活动度两大指标。周围神经损伤后肌肉的其他功能（如爆发力、耐力等）均不在现有临床医学和法医临床学鉴定的检查范畴之内，本书中不再展开讨论。肢体大关节活动度检查的要求与骨关节损伤后的检查一致，在本书中不再赘述。由于肌力检查、评价与周围神经损伤后的评定息息相关，因此本书将对此详细阐述。

测定受试者在主动运动时单一肌肉或肌群的力量，可以反映被评价肌肉的功能状态，从而判断肌肉功能损害的范围及程度，并间接判断神经功能损害的情况。根据肌力检查依靠的手段，肌力测定方法可以分为徒手肌力检查和器械肌力检查两大类，其中器械肌力检查又可以细分为便携装置肌力检查和大型固定装置的肌力检查，前者如最新的数字化便携定量肌力仪，后者如临床康复医学评价、体育科学运动功能评定中较为常用的大型仪器如 Contrex、Biodex 等。根据肌肉收缩特点，肌力检查可以分为等长肌力检查（I mmT）、等张肌力检查（ITMT）和等速肌力检查（IKMT）等。在临床诊疗实践中，为了客观地预测神经损伤后恢复情况，常常根据神经电生理指标作为判断神经恢复程度的指标之一，而在法医临床学鉴定实践中，出于识别伪装和夸大肌力功能障碍，更加注重神经电生理指标与肌力的相互关系，也常将神经电生理指标作为判断肌力的重要客观指标。

（一）徒手肌力评估及肌力分级

徒手肌力评估技术（ mmT）是指不借助其他工具，靠检查者使用双手，完全依靠自己的知识与判断力，通过观察身体自主运动的程度和感受肌肉收缩的能力，再参照现行标准或国际普遍公认的指标，判断被测试筋肉以及肌群的肌力是否正常的一项测试技术。这种方式简单、易行，是国内外临床医学、康复医学领域中使用最广泛的肌力评定方法之一，也是法医临床学鉴定实践中一直以来采用的肌力评定方法。但作为健康医学和治疗学的一项重要内容,许多书上对其由来和分类方式的阐述,有着很大不同。编者在下文中,对徒手肌力评估的演变史和与分级体系有关的一些争议及进展予以详尽说明,以便于法医鉴定人更加熟悉徒手肌力评估的特点。

徒手肌力检查(mmT)最先由美国哈佛大学矫形外科教授 Robert Lovett 于 1912 年提出。Lovett 教授在 1917 年出版的《小儿麻痹症治疗》一书中将 mmT 分为 1~6 级,并做出详细的描述(表 7-4)。基于此法,Lowman 描述了一种肌力分级的数字表示方式,Kendall 在 1939 年制定了一种肌力分级的百分比表示方式(表 7-6)。

表 7-4　Lovett 分级法与 Kendall 肌力分级的百分比

Lovett 肌力分级	分级标准	Kendall 分级(肌力/%)
1	无肌肉收缩	0
2	有轻微收缩,但不能引起关节活动	10
3	在减重状态下能做关节全范围活动	25*
4	能抗重力做关节全范围活动,但不能抗阻力	50
5	能抗重力和一定阻力,做关节全范围运动	15**
6	能抗重力和充分阻力,做关节全范围运动	100

注:* 另一种百分比为 20%,** 另一种百分比为 80%。

第二次世界大战期间及之后,出现了大量的周围神经损伤患者,促使临床检查中形成一个系统的肌肉力量分级方法。英国医学研究会(MRC)基于 Lovett 的分级方式在 1943 年制定 MRC 量表(表 7-5),将 Lovett 分级顺序倒置,并将每一级数字减 1。1976 年,英国医学研究会对 MRC 量表进行了更新;传统上,MRC 量表是使用数字分级 0~5 级,但量表指南认为肌力 4 级使用"+/-"进行细化分类是有用的。

表 7-5　MRC **量表**

分级	描述
5	正常力量
4[*]	抗重力和阻力主动运动
3	抗重力(但不能抗阻力)的主动运动
2	去重力的主动运动
1	有肌肉收缩
0	没有肌肉收缩

注:[*] 各级肌力后被进一步细分,其中 4＋、4、4－级肌力分别是指抗较大阻力、抗中度阻力和抗轻微阻力时的运动。

其后一些研究者又不断尝试将徒手肌力检查分级方法进行改良。例如,Kendall 法建议使用 0～100％ 或 0～10 的分级数字表示,Daniels 和 Whorthingham 法建议使用一个 0～5 分的分级数字表示(表 7-6)。

表 7-6　Kendall 和 McCreary **法、**Daniels 和 Worthingham **法的分类比较**

分级	分级缩写	0～5 量表	0～10 量表	标准
Normal	N	5	10	抗重力及最大(Strong)徒手阻力完成全范围活动
Good Plus	G[*]	4[*]	9	抗重力及近乎最大的徒手阻力完成全范围活动
Good	G	4	8	抗重力及中等徒手阻力完成全范围活动
Good Minus	G	4	7	抗重力及近乎中等的徒手阻力完成全范围活动
Fair Plus	F[*]	3[*]	6	抗重力及轻度徒手阻力完成全范围活动
Fair	F	3	5	不施加阻力,能抗肢体重力,完成全关节活动范围的运动

续表 7－6

分级	分级缩写	0-5量表	0-10量表	标准
Fair Minus	F	3	4	不施加阻力,抗重力完成关节活动范围的50%以上
Poor Plus	P*	2*	3	不施加阻力,抗重力完成关节活动范围的50%以下
Poor	P	2	2	解除重力的影响,完成全关节活动范围的运动
Poor Minus	P	2	1	解除重力的影响,完成全关节活动范围的50%以上
Trace Plus	T*	1*		解除重力的影响,完成最小可见活动(关节活动范围的50%以下)
Trace	T	1	T	不可抗阻,可触及肌肉的收缩,不能引起关节的活动
Zero	Z	0	0	不可触及肌肉的收缩

Palmer 在其《骨骼肌肉评估技术的基础》一书中对各个版本的徒手肌力评估方法进行了比较(表7-7)。

表 7-7　抗重力肌肉力量分级标准的比较

Lovett 法、Daniels 和 Wingugham 法	Kendall 和 McCreary 法	MRC
N(Normal):抗重力及最大徒手阻力完成全范围活动	100%:抗重力及最大阻力移动到并保持在检查位置	5
G＋(Good Plus):抗重力及近乎最大的徒手阻力完成全范围活动		4＋
G(Good):抗重力及中等徒手阻力完成全范围活动	80%:抗重力及小于最大阻力移动到并保持在检查位置	4
G－(Good Minus):抗重力及近乎中等的徒手阻力完成全范围活动		4－

续表 7-7

Lovett 法、Daniels 和 Wingugham 法	Kendall 和 McCreary 法	MRC
F＋(Fair Plus)：抗重力及轻度徒手阻力完成全范围活动		3＋
F(Fair)：不施加阻力，能抗肢体重力，完成全关节活动范围的运动	50%：抗重力移动到并保持在检查位置	3
F－(Fair Minus)：不施加阻力，抗重力完成关节活动范围的 50% 以上		3－
P＋(Poor Plus)：能启动抗重力活动，或解除重力影响能抗轻微阻力完成活动		2＋
P(Poor)：解除重力的影响，完成全关节活动范围的运动	20%：解除重力影响，能小范围运动	2
P－(Poor Minus)：解除重力的影响，不能完成关节活动范围的运动		2－
T(Trace)：可触及肌肉的收缩，但不能引起关节的活动	5%：可触及肌肉的收缩但不引起关节的活动	1
0(Zero)：不可触及肌肉的收缩	0：不可触及肌肉的收缩	0

通过上述比较，可知每个版本的分级都是基于英国医学研究会的 6 级分级法。分别在减重、抗重力或抗阻力的条件下做一定的动作，3 级是徒手肌力检查方法的中心值。Kendall 和 McCreary 按照其分级标准，使用了百分比。Daniels 和 Worthingham 使用单词（normal、good、fair、poor、trace 或 zero）或字母（N、G、F、P、T、0）或数字（0-5）代表基本的分级类别。MRC 传统量表的分级仅用数字（0-5）表示，MRC 改良版是对基本的类别加“＋/－”以表示更大或更小的阻力或活动范围，如 MRC4 级就被分为 4＋级、4 级和 4－级，分别表示阻力大小为强、中、轻度。在各种方法中，MRC 传统量表由于分级较少且又相对较为简单、清晰，而 MRC 改良版能更加准确、灵敏地反映神经损伤后肌力恢复的程度。因此在临床实践中，包括神经病学、骨科学、手外科、神经外科和整形外科等和法医学实践中，仍以 MRC 传统量表和改良法最被广泛使用。当然，MRC 法中关于肌肉对抗的阻力仍是描述性的，

而未加以量化。也由此造成不同学者对细化分级的具体描述产生争论。

在一篇有关 Duchenne 型肌肉营养不足的研究中,作者所做出的细化分类表述是:5-级是指微弱的可测力弱,3＋级是指短暂抗阻、肢体快速掉落,3-级是指抗重力、不全范围的关节运动。Paternostro-Sluga 等人比较了 MRC 的测试量表及其修改版,并把修改版分成了 9 级:0、1、2、2-3、3、3-4、4、4-5 和 5。2-3 代表抗重力,完成可动范围(feasible)50％以内的主动运动;3 代表抗重力,完成可动范围 50％以上的主动运动;3-4 代表抗阻,完成可动范围 50％以内的主动运动;4 代表抗阻,完成可动范围百分之五十以上的主动运动;4-5 代表抵抗最大阻力,完成可动范围的最大主动运动,且与对侧比力较弱;其余则与原版一致。但 Vanhoutte 在实验中认为,1、2、3 级的范围太窄而四级范围太广,而 3-5 级的范围太广,于是建议把 MRC 的等级范围由六级变为 4 级(0,瘫痪;1,严重力弱;2,轻微力弱;3,正常肌力),而每一等级的距离也均相等。Vanhoutte 认为这种改良 MRC 法可以缓解一些临床医生无法合理划分原有的六类分类界限,增加临床的实用性。在康复医疗应用中,应该研究的课题是怎样确定各种数字间的均衡度,使数字有量化的可靠性。

Frese 研究人员指出,mmT 在 Fair 以下(0-2)等级的测试者间信度低。类似地,Beasley 也发现了在 Fair 分级以下的区别能力差。Kendall 与 Daniels 在其论著中未设"1＋"级,国内也有学者建议去除"1＋"。在这些研究中,没有必要对 0-2 级别进行再细分(如没有"＋"或所以增加 0-2 级的"＋""-"可能会提高在测试时组间的可信度和对临床情况的区别能力,1＋的存在也是有必要性的。

在现代肌力的分类体系里,不论是 Normal(肌力 5 级)、Good(肌力 4 级)、或是 Fair(肌力 3 级),都只能是对力量的主观定义词,而并非绝对量化的。所以这仅为序数数字:数字的排列方式是很有意义的,但两个数字或两个级别之间的距离是不能作为实践解释的,也就无法做出可计算性处理。3-5 级的细化程度(3＋、4-、4、4＋、5-)仅仅是为了让等级系统更为细致,同样是主观的,并无法被客观衡量。

有很多学者提出,可以通过比较伤侧和健侧肌肉肌力之间的差别而更加准确的判断伤侧肌力,这一方法的前提基于 Kendall 法中提出的不同肌力分级对应的肌力百分比。例如,健侧肌力的 100％是正常肌力(5 级),健侧肌力的 80％是 4 级肌力,健侧肌力的 50％是 3 级肌力,健侧肌力的 20％是肌力 2 级,健侧肌力的 5% 是肌力 1 级。但是,近年来有学者的研究证明,根据所检肌群的不同,肢体完成抗重力全范围活动时所需的力量(肌力 3 级)为最大肌力的 5%~30%,并非 Kendall 法提出的 50%;而另有学者研究指出,肘部和膝部肌群的 4 级肌力是最大肌力的 10%,而肩部和髋部肌群分别为 20%、30%~40%。Shahgholi 等对 92 例臂丛神经损伤后的屈肘肌力进行检测,发现屈肘肌 4 级肌力的力量约是最大肌力的 16%,3 级肌力的力量不到最大肌力的 6%;而 Macavoy 等研究认为,屈肘肌的 4 级肌力可达到最大肌力的 96%,3 级肌力量约为最大肌力的 4%。编者于 2018 年选取 62 例健康受试者对屈肘肌力定量检测进行研究时发现,1 级定量肌力约是最大肌力的 3%,2 级定量肌力约是最大肌力的 5%,3 级定量肌力约是最大肌力 21%,4 级定量肌力约是最大肌力的 28%。相比以往报道的 3 级、4 级肌力占最大肌力的百分比相比,有高有低。编者认为,这与受试者的体位、测试肌力的方法、测试仪器等因素有很大的关系。当然,尽管不同研究结果并不完全一致,但均与 Kendall 法提出的不同肌力分级对应百分比不同。所以编者认为,今后需要对全身各大关节、手足肌力的定量化评估进行大数据的研究,方能更加准确地确定不同肌力分级对应的最大肌力百分比。

通过上述回顾可知,mmT 因其简便性,仍在临床医学和法医临床学的肌力评定实践中占据极其重要的地位。当然,MRC 经典的 5 级分级法及其改良法也是争议最大、研究最多的方法。对于 3~5 级的 4 级评估,因其"中等阻力"或"次最大阻力"的主观描述,在临床评估中具有很大的误差性,3~5 级的过大间距也值得我们的关注与研究;同时对某些肌肉、肌群,例如,多组协同肌各自的肌力检查,手足小肌肉的肌力检查,以及不同年龄、性别、职业人群的 mmT 是否有所区别,也应该进行一定的系统研究,以利于肌力评定的标准化和准确性。

(二)大型肢体功能评定仪器与肌力检查

肌肉收缩的方式,主要有包括等长收缩、等张收缩、等速收缩。等长收亦称为静止式收缩,即肌肉收缩后,身体肌力明显增加,而肌腱长短却几乎不改变,并引起关节部位活动的减少,在生活和操作上可用来保持一定的身体位置和姿态。等张收缩是指肌体在紧缩后,运动速度几乎静止,而肌腱长度却发生了变化,因而形成关节活动的收缩方式,可包括向心收缩和离心收缩。而等速紧缩则是指肌体在收缩后,运动速率(角速度)仍维持恒定的肌体收缩方式,它通过特殊的等速机构来实现,并非对肌体的自动收缩方式,而只是一个动作评定和锻炼的手段。

1959年,Asmussen认为衡量肌力最理想的方式,是在关节全范围的活动过程中不断测量最大的肌肉张力,之后美籍研究者Hislop等于一九六七年首次提出了等速运动的定义,被看作是对肌力测量与运动训练技术的一次革命。在海外,等速肌力测量技术已被广泛用于基础医学、临床医学、康复医疗、体育训练等领域研究中,被看作是目前国际上最先进的肌肉功能评价方式,在国内也已逐步被广泛应用于健康医疗和体育训练等领域研究。等速运动又名恒定速度运动,是指通过运用等速装置,预先使被检者与受测肢体的运动速率强制恒定,在运动过程中等速仪器给运动肢体提供与肌肉紧张度相符的阻力,而这个阻力又是一个顺应性阻力,阻力大小也随着肌肉紧张度的大小而变化,同时这又是一个动力性收缩,阻力也随肌肉力量大小而变化,兼具了等长收缩与等张收缩的优势。利用等速运动对肌力进行测量的技术,叫做等速肌力测量。

目前,等速肌力测定的评价项目一般分为峰力矩(PT)、峰力矩体重比(PT/BW)、峰力矩角度(PTA)、力矩加速能(TAE)、屈伸肌峰力矩比值(F/E)、平均功率(AP)、总功(TW)。

等速肌力的检车技术是一个全新的肌力功能测试与评估技术,已应用于健康医疗与运动科学的临床和基础研究领域。关于等速肌力检测技术的客观性、可信度已经很多国内专家开展了相关研究,并发现此技术在等速状态下,低旋转速度测定和中旋转速度测定后有着很好的可重复化和稳定程度,在等长和等张模式下测定后,也有着很好的信度系数、可重复化和稳定程度。中国健康理疗科主治医师郑光新等在1997年对等速肌力测定膝关节伸肌群的运动效率实验成功,并表明等速肌力测定符合了运动肌肉横断面的变化规律,不但可以更有效的评价运动,同时也可以表现用徒手肌力测试检查不到的运动情况,因此能够成为综合评价医院的健康护理质量和健康医疗技术效果的重要手段。

目前,等速肌力测量的应用范围大多聚焦于肩臂部、膝关节等伤病较多的小节,但在对肩部运动和膝关节屈伸动作肌力的正常值和有关影响因素方面的研究中已有大量报道,特别对髋关节屈伸动作肌力的研究更为重视,但在肘关节、腕关节方面的研究却相对较少。Andersen等学者对正常人髋关节的伸屈动作与肩关节内外旋运动,开展了徒手运动测量与等速试验的对比,结果表明即便是在徒手运动测量 5 级的人中,只有 10%~30%的人出现运动能力问题。所以,等速肌力测量在评价运动功能方面有着较高准确性、高灵敏度,且能够全面衡量肌肉在关节活动中任意部位的运动状况。但是,在 2007 年由 Tiffreau 等对 15 例神经受损者,开展对膝屈伸动作肌肉群的等速肌力测试,并将测试与常规徒手肌力评定结果做出了相关性分析,两者之间存在着较好的关联性,因而提出可将对膝屈伸动作肌肉群的等速肌力测试结论,和常规的徒手肌力法测定结果综合考虑后,从定性、定量二方面客观评价肌能功效。

目前的多关节等速肌力检测系统还具备一种独特的能力,即重力补偿,这种能力可在整体活动过程中自动抵消所测身体的重力作用,所以对运动不良人群也一样可以通过等速肌力检测系统实现运动监测。

(三)便携式肌力定量测试仪与肌力检查

大型等速肌力测试设备检测肢体肌力时,需要肌力至少达到 3 级以上,即至少可以抗重力完成关节范围内的活动,而若受试者局部肌肉或肌群的肌力未达 3 级时,则难以采用等速肌力测试设备进行检测。另外,大型等速肌力测试设备因为昂贵而难以普及,因此限制了等速肌力测试设备的广泛应用。为了解决大型等速肌力测试设备的先天不足,国外学者开始研究便携式肌力定量测试仪。根据便携式肌力定量测试仪检测肢体部位的不同,可以分为握力测试仪、捏力测试仪和通用型便携式定量肌力测试仪。此类肌力测试仪可以直接测得目标肌肉的肌力,其测试均基于等长肌肉收缩对肌肉功能进行评定。

1.握力测试 握力测试是指在一定条件下或用手指抓住的物体运动时所产生的能量总和,而这种动力主要通过前臂外肌群与手腕内肌群的联合收缩所形成。握力测试的设备在理论上主要包括了液压式、气力式、电子读表型等。而在诸多的握力测试设备中,Jamar 握力计(液压式)是目前为止信度最高、使用最普遍的握力测试设备,被美国手功能治疗师协会(ASHT)推举为握力测试的基准设备,并被视为是握力测试设备中的"金指标"。在临床上,主要利用最大握力值(MVC)来评估被测者握力强弱的水平。Fraser 等对 81 例健康青少年身体测量数据和握力的关系进行了分析,发现前臂和手腕肌肉重力和握力的关联较为突出。采用握力指标表现肌肉的相对能力,避免了因个人素质的不同而引起握力高低的不同。握力指标=握力（kg）＋体质量（kg）×100，一般参考值应超过 50。但是，影响把握力大小的原因并不仅是身体质量，还有年龄、身高、性别、营养状况、运动因素等都有可能影响握力的大小。在对握力的正常值研究过程中，不同区域、不同人由于自身结构因素的不同，握力值的范围也产生差别。所以，对特定区域的正常值范围加以划分可以对参与握力的肌体功能做出更为精确的判断。

2. 捏力测试　手部捏力是人类手指持握物进行日常书写、各种生活细节动作和劳动生产、一起操作较为常见的手部用力类型。用拇指和其余手指的指腹捏按，捏力仪即可测得捏力。最常用的捏力型主要有三种，即指尖-指尖型（Pulp 2 型）、指头-指头型（Chuck 型）和指头-指侧型（Latera 1 型）。目前，数字化的捏力计和握力计（如 Jamar 品牌的捏力计和握力计）已被看作是捏力测量的"金标准"。捏力测量的正常值大约为握力的 30%。捏力测试也同样能够反映前臂和手指肌力的功能，重点测试拇指对掌肌力及屈曲肌力，测评的手肌分为拇长屈肌、拇短屈肌、拇对掌肌、拇收肌等。有研究人员指出，性别特征、年龄、身高、捏力种类等都对捏力有显著影响，且三种不同捏力计间存在着显著的关联。捏力测试和握力试验相比，更具备了操作简单、费时低、成本低等优势，并可以更准确量化地评估对手部肌力功能。

3. 通用型便携式肢体肌力定量测试设备　早期的肢体肌力定量试验，一般是利用牵拉绳和滑轮装置等牵拉固定的测力计，可测量四肢各部位肌群的活动，判断肌力功能。其测量的重要肌群有腕关节、肘关节、膝关节、踝小节的屈伸肌群及肩关节的外展肌群。但这种方法因为必须定期安装、拆卸，同时滑轮和牵引绳间的磨损也难以避免，因而用作定性评价肌肉能力的手段时其准确性相对不高。而且，由于设备通常按照测试肌肉群的不同而独立安装，没有完整、系统的运行标准，所以临床上使用也不普遍。随着工业技术和数字化技术的发展，开始逐步出现数字化的便携的定量肌力测试设备，如 MicroFET2 这一类设备，可以用于四肢所有关节包括手指、足趾小肌肉肌力的精确定量测试。

Edwards 等于 20 世纪 90 年代开始提出使用便携式定量肌力测试仪进行四肢关节肌力测试。此后一些学者对便携式定量肌力测试仪和等速肌力测试仪之间的相关性进行研究，发现两者有很好的相关性。考虑到便携式定量肌力测试仪具有重量轻、体积小、携带方便、检查费用低、结果可靠等优点，便携式定量肌力测试仪在国外临床医学和康复医学界的使用日益普及。Schwartz 等观察颈 4、5、6 水平四肢瘫痪患者 122 例，在发病后 72 h、1 周、

2 周、1 个月、2 个月、3 个月、4 个月、6 个月、12 个月、18 个月、24 个月行徒手肌力测试和便携式定量肌力测试,发现徒手肌力测试的灵敏度低,不能反映轻度肌力改变,而便携式定量肌力测试灵敏度高,例如有些仪器的检测精度达到 0.1 的数量级水平(如 0.1N)。当然,也有研究者指出便携式定量肌力测试仪的可信度还不够好。因此,Bohannon 总结了 10 个研究者对 404 个患者的便携式定性肌力试验结果,认为测定股四头肌肌力的可信度并不理想。另外还有研究者通过对 16 例的青壮年下肢屈髋、伸膝、外展、后伸肌力进行了便携式定性肌力试验,也得到了同样结果。对于便携式定量肌力测试最新的研究认为,该方法用于四肢肌力测试可达到很高的信度,但需要对不同肌肉的测试条件加以规定。因此,有研究者建议为了增加便携式定量肌力测试仪对测试人下臂肌力的可信度,建议将试验机固定在测试椅上、墙面上、床边以及被测试人的躯干上等。进一步研究表明,既往研究多是试图用便携式定量运动检测仪计算受试者某些躯干肌腱长度收缩速度的平均值,但事实上,肌腱强度因受测试环境、性格、年龄、健康程度等诸多因素的制约,个体差异较大;同一肌腱的最大力量与初始收缩长度(不同关节活动角度)密切相关。为探索提高便携式定量肌力测试仪对检验结果的真实性(信度),首都医科大学康复医学团队曾提出如下假设:①肌力在相邻躯干各个关节上的大小差异,个别部位较强或较弱。②同一肢体不同部位较强和较弱肌肉力量之间存在关联。③测试中较弱部位的肌肉力量可靠性更高。据此他们共选取了 21 例的健壮成年人,使用便携式定量肌力检测仪分别进行手肘、髋、膝关节肌力测试。测试肌的关节位置范围包括:双侧肘屈肌(肘屈曲 45°和 90°)、双侧肘伸肌(肘屈曲 90°和 150°)、双侧屈髋肌(髋屈曲 45°和 90°)、双侧膝伸肌(膝屈曲 90°和 135°)。试验以仰卧方式进行,每间隔一周重测一次。试验结果显示,在各个关节角度的肘屈肌、肘伸肌、屈髋肌、膝伸肌能力相互之间具有十分鲜明的差别,肘屈曲 90°时的肘屈肌能力显然强于肘屈曲 45°时的能力,肘屈曲 150°时的肘伸肌能力显然强于肘屈曲 90°时的能力,髋屈曲 45°时的屈髋肌能力显然强于髋屈曲 90°时的能力,膝屈曲 135°时膝伸肌能力显然强于膝屈曲 90°时的能力;在一个肢体不同部位更高和相对薄弱肌腱能力相互之间具有明显关联性(ICC=0.71-0.96);测量较弱部位的肌肉力量可信度更高(较弱部位 ICC≥30.74,较强部位 ICC≤0.62)。显示透过改善被测肢体的关节活动角度,将有机会增强便携式定量肌力试验机检测结果的可信度。此外该团队的研究表明,测量体位对试验结果也有重要影响。而既往研究中通常选择以坐姿或立式进行的人体肌肉能力试验,测量值也较高。以仰卧位方式进行的试验,测定值与类似研究一致结论。选用仰卧方式进行测量有二种明显优点:第一,坐位肌肉力量较高,需要测试人员具有更强的臂力,较难得到精确的测定;其次,脊髓损伤患者保持姿势相当艰难。仰卧位的优点就是它适用几乎每个患者,在临床上具有更大使用范围。

(四)神经电生理检查和肌力

肌肉的收缩运动由神经系统内产生的冲动而激活,尤其是 α 运动神经元。其中,α 运动神经元的细胞体位于脊髓前角内,每个 α 运动神经元有一个轴突,该轴突从脊髓延伸出来,与整块肌肉中的多条肌纤维相连。单个 α 运动神经元与受其支配的整组肌纤维被称为一个运动单位。当更多运动神经元同时发放冲动时,更多的肌纤维被激活,肌肉也就产生了更多的收缩力。此外,运动单位可以通过以更快的释放速度来增大瞬时力的输出。肌电图是记录与解释由收缩的骨骼肌产生的电活动的技术。一般认为,较大的 EMG 波幅表明较大的肌肉收缩力度,其相关参数可提供有关肌肉收缩时限、收缩程度与最终功能的有益信息。目前国内外对于神经电生理检测的价值已达成的共识是,通过将更多相关的神经电生理技术与肌力定量检测相结合,有助于更全面准确地评估肌肉功能。

神经电生理检查的手段,主要有肌电图、神经传导速率检查、各种反射检查、诱发电位测试等。EMG、运动神经传导速度(MNCV)等测定方法,主要用来临床上判断周围神经在受损后的神经功能和康复状态,同时也是目前法医学上用于对周围神经损伤评估的主要辅助方法。

1.运动神经传导速度测定　MNCV 检查可以直观表现神经的活跃程度和传递能力,是检测周围神经活动比较客观的手段。MNCV 值的改变可以大致说明损伤所引起相应肢体功能的变异,并与国外的有关研究一致。

在神经损伤的法医学评估中,肌力能作为最主要的肢体功能状况评估依据,MNCV 测试具备相当的独立性,可用作 mmT、定量肌力测量仪等的辅助测试,为鉴定提供资料性依据。MNCV 试验不受被鉴定人主观意志的影响,可以真实反应神经系统状况,不仅是神经损伤的有力证明,而且是防止诈病和诈伤的有效方法。

2.表面肌电图　表面肌电图(sEMG)是在肌腱表层记载的有关神经肌

肉系统活跃时生物电改变的一维时间序列信息,可以表达神经肌肉的活动状态,在健康医疗、运动科研等领域都有着很大的价值。目前的文献研究多是将 sEMG 和等速技术结合使用,结论中均指出某些电生理学指标和肌力之间存在良好的关联,表明运用神经电生理学指标对肌肉功能做出客观评价的存在可能性大,但对于如何将其进行定量并和较新的肌肉功能评价技术(如便携式定量肌力测试仪)相结合,则还有待进一步研究。

3.针极肌电图　针极肌电图(nEMG)是将同芯圆针电极置入肌肉内,通过观察一个运动单元的动作电位,重点针对下运动神经元包含运动前角、神经根、神经丛、周围神经和肌肉系统等的病损予以检查。目前 nEMG 技术已应用于医学临床,多用于运动神经损伤的定性、定位等检查。作者在 2015 年的一个研究中通过手动数字式测力计测试足手背伸肌力,并同时开展了 nEMG 测试,结果表明神经未损伤受试者和神经功能部分康复受试者足手背伸肌力的改善,其活动反射种类、运动单位电势(MUP)的数量、最大 MUP 波动幅度等均与肌力的改善之间存在着一些关联性,但神经传导测试指数如拇短伸肌力的 cmAP 波动幅度、潜伏期和 MNCV 等并不随肌力的不同而发生变化;对神经受损者来说,除上述 nEMG 指标,拇短伸肌力的最大 cmAP 波动幅度、MNCV 和最大背伸肌力能之间也具有一些关联(各指标与肌力相关性见表 7-8)。医学研究和法医学研究中关于 nEMG 的资料相对欠缺,根据目前研究,怎样对募集反应类型、MUP 总量、MUP 波幅等参数加以测量并判断其与肌能的相互作用影响,是有待深入探索的课题。

表 7-8　腓总神经电生理指标与足趾背伸肌力的相关性

神经电生理指标	相关系数 r
MNCV	0.61
cmAP 波幅	0.54
募集反应类型	0.85
MUP 计数	0.79
MUP 波幅	0.66

二、感觉功能的检查和分级

肢体的混合性神经和纯感觉神经损伤后,会造成神经支配的感觉功能障碍。肢体周围神经支配的感觉功能包括触觉、痛觉、温度觉、两点辨知觉、实体感觉等。人体触觉最为灵敏的部位在手指掌侧皮肤,司手指与外物接触的感知,例如正常情况下,用棉花棒、软毛笔轻划或接触手指,可以引起触觉。痛觉和温觉分别是皮肤对外界疼痛刺激和冷热刺激的感知,痛温觉正常可以确保肢体受到异常冷热刺激或危险物体(如尖锐物)刺激时立即出现躲避反应。两点辨知觉司两点之间距离的感觉,实体感觉司对外物形状、质地等特征的感知,这两种感觉属于更为高级的感觉功能,可以帮助手部实现对外物的准确感知,如盲人用手指识别盲文。这些感觉功能,尤其是手掌部皮肤的上述功能,相对于其他部位的感觉功能,对于人体最为重要,因此在《损伤》标准中保留了对手掌感觉功能的评定。

肢体周围神经感觉功能和肌力分级类似,也有一个分级标准。即英国医学研究会 1954 年提出的 0~4 级感觉功能分类法(表 7-9)。

感觉功能分级对于法医临床学实践中神经损伤后功能评价没有很大的实际价值,但是通过感觉功能分级的仔细评价,有助于鉴定人判断受试者神经损伤后神经功能的大致恢复情况。例如,损伤当时因为神经断裂造成支配区皮肤感觉丧失,经过治疗和一段康复时间,鉴定时已经出现痛觉过敏(此种现象是较难伪装的临床症状),有助于鉴定人判断神经损伤后感觉功能已得到一定程度恢复,则提示其运动功能也可能伴有部分恢复。

表 7-9　感觉功能分类法感觉

分级	描述
S4	感觉正常
S3$^+$	除 S3 外,尚有定位能力,两点辨知觉接近正常
S3	浅痛觉和触觉存在,皮肤感觉过敏现象消失
S2$^+$	浅痛触觉存在,但有感觉过敏现象
S2	部分表浅痛觉和触觉并存
S1	深部痛觉存在
S0	神经支配区感觉完全丧失

在临床诊疗实践和法医学鉴定实践中,感觉功能的检查主要依赖皮肤感觉的徒手检查。而若需较为精准的判断感觉功能障碍程度,可以借助各种便携式的感觉功能检测工具,如 Jamar 的单丝触觉、两点辨知觉检测套装,此类检查可以直接反映神经损伤后的感觉功能,但属于主观检查,受到

受试者主观配合的影响较大。神经电生理检查中的感觉神经传导速度、感觉动作电位波幅、潜伏期等,在临床上也常被用于反映神经损伤后恢复程度的客观指标,神经电生理指标与感觉功能的相互关系,对于法医临床学鉴定实践中感觉功能的客观评定,更具实用价值。当然。由于现有各大标准几乎均不重视感觉功能的评价,而《损伤》标准虽涉及手部掌侧皮肤感觉功能的评价,要求亦不高,评定难度亦较小,因此编者在本书中将不对感觉功能进行详细介绍。

客观而言,神经损伤后感觉功能评定最大的价值在于辅助完成肢体周围神经损伤后定位、定性的判断。例如,桡神经在上肢走行过程中,于肱骨外上髁上方,肱骨中、下 1/3 交界处穿经外侧肌间隔,至肱桡肌和肱肌之间,在此处分为浅、深两终支,其中浅支为纯感觉神经,深支为纯运动神经。当肱骨中段或中、下 1/3 交界处骨折时,易合并桡神经损伤,既表现出运动功能障碍,如前臂伸肌瘫痪,呈"垂腕"的姿态,腕关节背伸障碍,又表现出感觉障碍,即第 1、2 掌骨间隙背面"虎口区"的皮肤感觉异常。如果是肱骨远端和前臂近端损伤,可能仅累及桡神经深支或浅支损伤,则分别表现出运动或感觉功能障碍,根据运动、感觉功能障碍的情况,有利于桡神经损伤节段的判断。又如,尺神经在前臂下段分出手背支(纯感觉神经)支配手背尺侧皮肤的感觉功能,而尺神经经过豌豆骨、钩骨的 Guyon 管前分为尺神经浅支和深支,浅支(纯感觉神经)支配手掌尺侧和环指尺侧、整个小指的皮肤感觉,因此根据手部感觉功能障碍具体范围,可以辅助判断尺神经损伤的节段。由此可见,肢体周围神经感觉功能检查的法医学意义,主要在于帮助鉴定人对于神经损伤进行更加准确的定位,同时有利于鉴定人对受试者的检查依从性(即是否存在伪装或夸大神经功能障碍)进行判断。

三、周围神经其他功能的检查

肢体周围神经除包括了运动神经纤维和感觉神经纤维,以及它们对动作的感知能力之外,部分肢体周围神经还有自主神经纤维(如交感神经纤维)。交感神经纤维在身体各神经系统中的含量并不相同,目前已知的是支配手的正中神经和尺神经何支配足肌肉的胫神经均含较多的交感神经纤维,所以当正中神经、尺神经、胫神经受损时,可能出现除活动、知觉功能正常之外的交感功能失调,比如,皮肤、皮下、肌肉及骨关节的营养障碍,汗液分泌功能失调,以及周围血管的舒缩功能失调。营养障碍的主要表现为神经支配部位肌肤光滑、弹力变差,表面脱屑、过度角化,指体萎缩变尖,指腹部干瘪,手指退化增厚,指骨骨质脱钙性骨质疏松等。血管舒缩功能障碍的具体表现为患处毛细血管萎缩、皮温降低、发凉等。肢体周围神经节受损后所表现出的交感神经功能,是非常客观的神经损伤表现,不会受到受试者主观因素影响,因此可以被用于辅助完成神经定性损伤的鉴别。

四、法医学体格检查与临床查体的异同

肢体周围神经损伤,不论是在临床诊疗实践中还是法医学鉴定实践中,其诊断和预后评价都具有相当高的难度。临床医学和法医学鉴定对于肢体神经损伤的诊断、鉴别、功能评定等方面既有相同之处,也有很多不同特点。例如,共同点方面,两者均极大的依赖周围神经的基本生理解剖规律和神经损伤定位体征(体格检查),以及依赖同样的实验室检查手段,包括神经电生理检查、高频超声检查、周围神经核磁共振检查等。因此,法医学鉴定时非常依赖临床资料的完整性和准确性。肢体周围神经损伤案件在临床医学诊疗实践和法医临床学鉴定实践之间最根本的不同点在于伤者的主观能动性或依从性存在差别,伤者以患者身份接受临床医师检查时,出于让医师获知准确伤情的目的,一般是完全服从医师的指令要求,高度配合医师的检查(除非患者明知临床检查将用于司法鉴定,已存在伪装或夸大病情的心理),从而获得更加准确的临床诊断和更加有效的治疗。而伤者以被鉴定人身份接受法医的鉴定时,出于增加对方刑事处罚的报复心理和增加对方民事赔偿的追偿心理,往往会存在不同程度的伪装或夸大功能障碍。因此,鉴定人必须在每一个环节都注意识别有无伪装或夸大功能障碍,尤其是在体格检查过程中,要避免先入为主的按照临床病史记载的功能障碍情况去检查,而是运用更加全面、有效的周围神经体格检查手段和技巧,并运用法医学自身特有的理论体系,辩证地看待受试者的神经功能障碍。

由此可见,对于肢体周围神经损伤者的法医学体格检查,要求更高,难度更大。首先,肢体周围神经损伤的法医学体格检查,必须更加规范、统一和标准化,从而保证不同时期、不同鉴定人之间检查结果的可比性。编者自2012年以来一直致力于周围神经损伤后肢体运动功能的标准化、规范化检测,并进行了大量的相关研究,目前已经确定了部分肢体运动功能的标准化最佳检测条件。

2013年,编者对足趾力量的标准化检测条件进行研究,在该研究中召集

44 例受试者在不同的检测条件下以最大力量背伸足趾并尽量稳定 10~20 s,数字式测力计(量程为 0~100 N,测量精度为 0.1 N)用于检测受试者足趾最大背伸力量。足趾最大力量背伸时同步进行针极肌电图检测(包括 MUP 波幅、MUP 计数、募集反应类型三项指标)。检测条件包括两种,按照 A 条件测量时受试者呈下蹲体位或站立位,足趾背伸时足掌不能离开床面或地面;按照 B 条测量时受试者呈仰卧位,足趾背伸时不限制踝关节活动。研究结果发现,A 条件下足趾肌力和各针极肌电图指标的重复性好,而 B 条件足趾肌力和各针极肌电图指标的重复性差,说明检查足趾肌力时固定踝关节,可以避免踝关节活动对足趾活动的协同作用,从而确保足趾肌力检查的可靠性。

2013 年,编者研究团队对膝关节肌力检测标准化条件进行研究。我们召集 52 例志愿者采用两种不同条件进行膝关节等速肌力测试,第 1 种检测条件是受试者取坐位,躯干、受试侧大腿未加以固定,双手也未按规定位置放置,测试速度和顺序为 60°/s 屈伸 5 次→间隔 300 s→30°/s 屈伸 5 次,先右侧后左侧。第二种检测条件是受试者取坐位,躯干、受试侧大腿加以充分固定,双手环抱胸口,测试速度和顺序为 60°/s 屈伸 5 次→间隔 300 s→30°/s 屈伸 5 次,先右侧后左侧。两种测试条件均得出双侧膝关节屈伸肌的峰力矩(PT)、峰力矩角度(PTA),然后对两种检测条件下获得的 PT 和 PTA 数据进行统计学分析,比较两者的差异。研究结果表明,不同膝关节屈伸力量检测姿势对测试结果尤其是峰力矩值的影响具有显著性。

在未稳定姿态下,以不同速度时,受试者左膝屈伸肌的 PT 双侧比较均具有统计意义,但在稳定姿态下,以不同速度时,所有受试者左膝屈伸肌的 PT 双侧比较,均显示无统计意义。不管受试者身体姿态如何加以固定,其膝屈动作与伸过程中的峰力矩角度双侧比都无统计意义。但最后我们是在对各种姿态下膝屈伸肌的峰值扭矩与峰力矩角度之间进行对比分析,研究表明身体姿态的规范性变化对测量结果特别是峰力矩值的影响很有显著性。

2017 年,有学者对屈肘肌力检测的规范化条件进行研究。本文把 52 个健康患者分成了男、女二组。患者长期处于仰卧位,可以通过 Ober 可调式的肘关节稳定支具,将患者膝关节分开稳定在下列 6 个位置(前臂旋后 90° 屈肘 30°、80°、100° 位和前臂中立屈肘 30°、80°、100° 位),并通过 MicroFET2 肌能检测仪实现定量肌力测试,在左、右二边分开检测。然后比较不同体位下的屈肘肌群定量肌力。实验中发现,在相同屈肘位置下,前臂旋后位置的屈肘肌力远高于前臂中立位置的屈肘肌力,此差异存在统计学意义($P<0.05$);前臂在同样位置时,屈肘 30°、80°、100°位时的屈肘肌力逐渐增加,因此每个患者均在前臂旋后 90°屈肘 100°位时获得了最高屈肘肌力值。而我们的实验则建议,将患者仰卧式、前臂旋后 90°、肘屈曲 100°,视为对肘关节屈肘肌群的定量肌力的规范化测定标准。

编者研究团队既往的研究表明,肢体周围神经损伤后运动功能(如肌力)的检查,不论是徒手肌力检查还是数字定量肌力检查,首要的原则都是确保检测体位的标准化和规范化,检测体位的随意摆放将对目标肌肉的肌力检查造成影响,从而导致肌力检测结果的不可靠。目前,我们的研究已对下肢膝关节、踝关节、足趾和上肢肘关节肌力检查的标准化体位做出了推荐,并已在鉴定实践中加以应用推广。其他肢体关节肌力检查的标准化、规范化条件尚有待于进一步深入研究,但已知的研究表明,伤侧肢体关节肌力检查时,必须与健侧肢体关节肌力检查保证采用一致的检测体位,同时应当采取措施以最大化减少其他协同肌或目标关节近端肌肉的干扰,例如,肘关节屈曲肌力应当避免肱桡肌(桡神经支配)的协同屈肘作用,足趾肌力检查应当避免支配踝关节肌肉的协同作用,手指肌力检查应当避免支配腕关节肌肉的协同作用。

五、伪装和夸大肢体周围神经损伤功能障碍的鉴别

(一)肌力与神经电生理检测指标的关系

神经电生理检测目前被国内外医学界公认为是神经损伤后最客观的功能检查技术。其中,神经传导检测能直接反映神经干的兴奋性和传导性,被认为可以直接反映神经功能和间接反映肌肉功能的最客观指标。针极肌电图是将同芯针电极插入肌肉内,观察某个运动单位的动作电位,因此被认为是直接反应肌肉功能和间接反映神经功能的客观指标。神经传导检测和针极肌电图两大检查指标正好相互印证。编者在前文已介绍了神经电生理指标和肌力相关性研究的进展。在法医学鉴定实践中,一部分神经电生理检查指标已可被用于反映肌肉功能,例如,针极肌电图中的募集反应类型和神经传导检测中的 cmAP 波幅、运动神经传导速度。在编者关于肌力与神经电生理指标的研究中,业已明确募集反应类型和 cmAP 波幅的价值。例如,

表 7-10 反映足趾背伸肌肉的募集反应类型、MUP 计数和足趾背伸肌力的相关性优于其他指标。在 2017 年屈肘肌力的研究中，亦发现同样规律。针极肌电图的募集反应可分为以下具体类型，包括无 MU、偶见 MU、少量 MU、单纯相、混合相（干扰相），和肌力分级类似的是，亦呈不同等级。在编者 2015 年对腓总神经电生理指标和足趾背伸肌力相互关系的研究中，我们发现：无 MU 者肌力为 0 级，100％偶见 MU 者和 53％少量 MU 者肌力为 1级；47％少量 MUP 者肌力为 2 级；88％单纯相者肌力为 3 级，89％混合相者肌力为 5 级，说明随着募集反应增强，足趾背伸肌力亦增强，足趾背伸肌力分级与募集反应类型之间存在密切相关性。

表 7-10　不同电生理指标与足趾肌力的相关性

神经电生理指标	相关系数 r
MNCV	0.61
cmAP 波幅	0.54
募集反应类型	0.85
MUP 计数	0.79
MUP 波幅	0.66

尽管我们的研究发现针极肌电图的募集反应类型和肌力分级之间存在非常密切的相关性，但是通过研究同一操作者自身重复性和不同操作者间重复性时发现，如果受试者存在配合欠佳的情形，则募集反应类型、MUP 计数等指标的重测信度却是最差（表 7-11）。又在一定程度上影响了肌力分级的判断。但是，编者认为，募集反应类型、MUP 计数重复性好坏，恰恰可以说明受试者配合程度。因此提出募集反应类型、MUP 计数等指标，在鉴别是否存在伪装或夸大方面具有难以取代的价值。编者提出，对受试者进行神经电生理检查时，应当反复测试 2～3 遍上述指标，如果发现受试者募集反应类型、MUP 计数重复性良好，说明配合程度高（表 7-12），检测结果可靠性高，可以直接通过上述指标判断肌力分级。如果发现受试者募集反应类型、MUP 计数重复性差，说明配合程度低，检测结果可靠性低，说明受试者肌力好于募集反应对应的肌力分级，然后结合其他指标和方法进行综合判断。

表 7-11　　伪装组足趾背伸时电生理指标的重测信度

ICC($P<0.01$) 检测指标	MUP 波幅	MUP 计数	募集反 应类型	cmAP 波幅	cmAP 潜伏期	MNCV
操作者 A 两次测量间	0.87	0.52	0.57	0.90	0.88	0.93

表 7-12　　配合组足趾背伸时电生理指标的重测信度

ICC($P<0.01$) 检测指标	MUP 波幅	MUP 计数	募集反 应类型	cmAP 波幅	cmAP 潜伏期	MNCV
操作者 A 两次测量间	0.89	0.72	0.77	0.88	0.91	0.93
操作者 B 两次测量间	0.86	0.75	0.73	0.90	0.89	0.92
两个操作者间	0.88	0.68	0.71	0.87	0.90	0.93

　　与针极肌电图指标不同的是,神经传导检测指标(如 MNCV、cmAP 波幅、cmAP 潜伏期)在排除检测技术因素(如电刺激器放置点的选择和电刺激量参数设置等技术性因素)影响的情况下,重测信度非常高,不同检测者和同一检测者反复测量的结果重复性好。虽然国内外和编者均神经传导检测指标与肌力的相互关系做出研究,发现相关性较好,但是编者认为,神经传导检测指标是直接反映神经功能的指标,神经损伤后神经功能得到明显恢复,并不意味着肌肉功能同样程度的恢复(这与神经再支配肌肉的恢复较慢有关),因此尚无法直接通过神经传导检测指标通过建立回归方程的方法推断肌力分级。但是,通过判断神经传导检测指标,可以大概判断肌肉功能可能恢复达到的程度。例如,如果神经传导检测指标已恢复至大部分正常,但是肌肉功能仍严重障碍,则可以提示受试者肌肉功能检查结果不可靠。

（二）肌力的法医学评估策略和检查技巧

1.肌力的评估整体流程　通过前文介绍，我们知道不论手法肌力还是定量肌力，均需要受试者主观配合和掌握相应的检查方法。手法肌力操作简单、直接明了，得到的肌力分级直接可以和临床检查结果比较，并可直接参照相应标准得到鉴定意见。定量肌力固然精确（当前主流设备可以精确到0.1数量级水平），能够反映出微小的肌力变化，但是仍需要根据不同肌肉的定量肌力与手法肌力关系先行换算，方能得出肌力分级。基于既往大量研究，编者团队目前已总结出适用于不同肌肉肌力评定的统一流程。

肌力评定的流程，既是环环相扣，也是步步推进的过程。既需要鉴定人按照肢体周围神经损伤评定的五大要素、三定原则对神经损伤基本情况予以分析，也要按照肌力与各检查方法的相互关系进行评判。最终得到最为接近受试者真实状况的肌力检查结果。

2.肌力的法医学体格检查原则和技巧　为了获知受试者准确的肌力状况，除了遵循标准化的评定流程，还需要检查者注意以下一些原则和技巧。

（1）正式体格检查前的技巧：①如有可能，可在肌力体格检查前获得神经肌电图检查结果，应当至少包括针极肌电图指标中的募集反应类型和神经传导检测指标中的 cmAP 波幅和 MNCV，条件允许的话获得募集反应的转折数、MUP 计数、MUP 波幅等指标。并根据肌电图检查结果预估受检者的神经肌肉损伤情况，从而在正式开始后更加有的放矢地完成检查。②在接待受检者的全部过程中（甚至还没开始接待之前），对受检者的精神面貌、身体状态，尤其是损伤部位的状况，进行全面仔细的观察，以了解受检者是否存在伪装或夸大的情形。例如，腓总神经伤者，可能伴有特殊的跨域步态，检查者则应全程注意其异常步态是否始终如一。③肌力检查前可对受试者进行必要的解释说明，取得受试者的理解和配合，必要时给予动作示范，首先要求受试者放松被测肢体肌肉，受试者确定被测关节的活动范围，以便明确是否包含最佳检测体位和肌力检查时关节活动在安全范围内。

（2）检查者开始体格检查后，可以不必急于直奔主题，先通过一些初步检查试探了解受检者的功能情况，如果发现存在伪装或夸大的情形，应当委婉甚至严词告知，以达到震慑受检者的目的，使其放弃通过伪装或夸大功能障碍隐藏真实伤情的侥幸心理。例如，进行上肢正中神经损伤的检查时，可以首先在毗邻损伤区的正常区域（如尺神经、桡神经支配区）进行感觉和运动功能检查,如果受检者表示出功能异常,则告知上肢有多根神经支配不同区域,如果受检者不如实配合,鉴定人将对不实情况进行记录并在鉴定意见书中予以说明,由此导致证据的不利影响,由受检者自己承担后果。多数情况下,经过这样的试探和震慑,受检者会较为配合地完成后续真正重要、关键的检查。

(3)不论采用手法肌力还是定量肌力,最重要、最基本的一点就是要尽量获得目标肌肉最佳检测条件下的肌力检测结果,同时争取获得 2-3 个其他检测条件下的肌力检测结果,以便与最佳检测结果进行比较,用于判断肌力检测结果是否可靠。同时,应当熟悉肢体不同肌肉的主要功能,减重体位和抗重力体位的检查姿势。例如,伸膝肌群的减重体位是侧卧位,测试者用手将被测下肢托于水平位,伸膝肌群的抗重力体位是坐位,被测大腿水平位,膝关节和小腿悬于检查床外或测试者用手将被测大腿托起于水平位。

(4)不论是肌力(手法肌力、定量肌力)检查还是神经电生理检查(主要是针极肌电图指标),都需要掌握双侧(伤侧与健侧)对照、反复和随机的原则和技巧。例如,对一侧肱二头肌屈肘肌力进行检查时,可以选择包括最佳条件(前臂旋后 90°位 + 屈肘 100°位)的 2-3 个体位,每轮检查时的体位按照随机顺序进行,得到每一体位下 2-3 组肌力检查结果。从而可以根据某一体位下 2-3 组肌力结果的重复性、不同体位下肌力结果的变化规律来判断最佳条件下的肌力是否可靠,最终比较双侧肢体目标肌肉的最佳肌力来判断伤侧肌力恢复程度。

(5)检查过程中,检查者用手触摸目标肌肉和拮抗肌的收缩情况,从而判断协同肌有无参与代偿,拮抗肌有无收缩导致故意抵抗或配合欠佳,或者是否存在可能干扰目标关节运动的"代偿动作"。例如,要求伸膝肌群检查时,受试者为屈膝肌群(腘绳肌等)同步收缩,提示受试者存在抵抗或配合欠佳的可能性。又如,检查冈上肌的肩外展启动动作时,由于冈上肌被斜方肌纤维覆盖,应在斜方肌松弛位检查冈上肌的收缩动作;旋前圆肌及肱桡肌均可代偿肱二头肌麻痹后的屈肘动作,但在屈肘前常先出现前臂旋前的动作;在三角肌麻痹时,肱二头肌收缩并肩胛骨旋转时可出现肩关节外展的动作,应通过检查三角肌有无收缩及肩胛骨有无旋转加以鉴别。检查手法肌力时,测试者施加的阻力尽量使用同一强度。阻力不能应用于 2 个关节以上,应加在被测关节的远端,例如,检查屈肘肌力时阻力施于前臂远端掌侧,检查伸膝肌力时阻力施于小腿远端前侧。

(6)其他需要注意的原则:选择适当的测试时机,疲劳、运动后或饱餐后不宜进行。痉挛性瘫痪患者不宜做徒手肌力检查。骨折未愈合、严重骨质疏松、关节及周围软组织损伤、关节活动度极度受限、严重的关节积液和滑膜炎等症状为徒手肌力检查的禁忌。

为便于鉴定人熟悉不同肌肉的肌力检查方法,编者在附录中列出上、下肢主要肌肉肌力检查方法、动作要领及示意图,以便更加直观地参考。

第五节　肢体周围神经损伤的司法鉴定案例分析

一、损伤程度鉴定案例

(一)案例 1:临床漏诊尺神经深支损伤程度鉴定

1.案例简介

(1)案情摘要:乔某,女,26 岁,2014 年 11 月 1 日上班途中遭他人扒窃,反抗过程中被扒手持刀扎伤右手。伤后 1 个月余到本院进行损伤程度鉴定。法医与乔某沟通过程中,乔某诉说右手用钥匙开门时无力。法医体检发现其右手环指屈掌指关节、伸指间关节动作不能完成,各指内收、外展肌力减退。遂建议乔某到复旦大学附属华山医院手外科进一步诊疗。2015 年 3 月 15 日,委托人委托本院依照《人体损伤程度鉴定标准》对乔某进行损伤程度鉴定。

(2)病史摘要:①2014 年 11 月 1 日 A 医院就诊。主诉:右手掌刀刺伤 2 h。查体:右手掌偏小鱼际处一处创口,1 cm,右手环指 PIP 主动伸直不能,屈曲尚可。感觉正常。X 线片示:未见骨折。治疗经过:急诊行手术探查,见创口深达骨,屈肌腱部分断裂,给予屈肌腱缝合术。诊断:右手刀刺伤,屈指肌腱断裂伤;②2015 年 2 月 5 日,上海市某医院行右腕尺管切开＋尺神经深支松解＋尺神经深支部分神经束吻合术,术中见尺神经浅支连续性存在,环、小指屈肌腱连续性存在,尺神经深支于对掌肌管内部分断裂,背面 1/3 神经束连续性存在,掌面 2/3 神经束断裂。

诊断:右尺神经深支部分断裂。

2.法医鉴定

(1)2015 年 3 月 15 日体格检查:步入检查室,神清,语晰,对答切题,查体合作。右手小鱼际处可见两条线状瘢痕,呈"h"形,其中手术瘢痕长4.2 cm,外伤遗留瘢痕长0.6 cm,两条瘢痕质硬,与皮下组织略粘连。右手小指指间关节略呈屈曲状,主动伸直部分受限。右手五指内收时,小指内收功能明显受限,五指外展动作尚可。各指主动屈曲肌力可。右手小指、小鱼际区皮肤针刺觉存在,与左侧对称。

(2)2015年3月15日肌电图检查结果:右掌部刀伤处尺神经严重损伤之电生理表现,主要累及尺神经深支。

(3)鉴定意见:被鉴定人乔某遭他人持械(如刀等)作用,致右手掌锐器伤伴右侧尺神经深支断裂伤、屈指肌腱断裂伤等。其右侧尺神经深支断裂伤已构成轻伤二级,右手掌锐器伤遗留瘢痕,构成轻微伤。

3. 讨论

(1)关于神经损伤与刀刺伤的因果关系:在此案例中,伤者右手掌刀刺伤的外伤史是明确的,最初就诊医院实施的急诊探查手术还证实了屈指肌腱的断裂伤,但并未发现神经损伤。仅就伤者受伤当天的临床表现分析,乔某伴有右手环指屈伸受限的运动功能障碍,但无皮肤感觉障碍,因此其临床表现与屈指肌腱断裂伤符合,未提示神经损伤。如果乔某首次到法医门诊鉴定时,鉴定人不加注意,基本上都会根据右手掌锐器伤(长度1 cm左右)评定轻微伤。所幸鉴定人在与伤者的沟通过程中,通过仔细询问发现了乔某存在"右手用钥匙开门时无力"的情况,说明其右手完成精细动作的力量减退,进而通过初步的体格检查发现伤者"右手环指屈掌指关节、伸指间关节动作不能完成,各指内收、外展肌力减退"。其中"环指屈掌指关节、伸指间关节动作不能完成"是尺神经深支支配的第3蚓状肌的功能,而"各指内收、外展肌力减退"是尺神经深支支配的骨间肌功能,伤者没有手掌和尺侧一指半皮肤感觉异常,亦提示支配感觉功能的尺神经浅支未损伤,因此高度怀疑乔某存在右侧尺神经深支损伤(仅累及运动功能)。基于上述判断,鉴定人强烈建议伤者再次到本地最好的手外科医院就诊,最终通过医院手术直视下所见证实"右侧尺神经深支于对掌肌管内、掌面2/3神经束断裂"。

图7-3可以清晰地显示乔某右手掌小鱼际处的刀刺伤(红色虚线)与尺神经深支走行处完全吻合,从解剖学角度分析,完全具有损伤尺神经深支的可能;同时,乔某的损伤方式为刀刺伤,其皮下创道完全可能伤及尺神经深支。而医院手术中证实乔某尺神经深支掌面2/3神经束断裂、背面1/3神经束连续性存在,与锐器从手掌处刺入造成的损伤相吻合。综上分析,鉴定人

认为乔某的右侧尺神经深支损伤与他人刀刺伤之间存在直接因果关系。

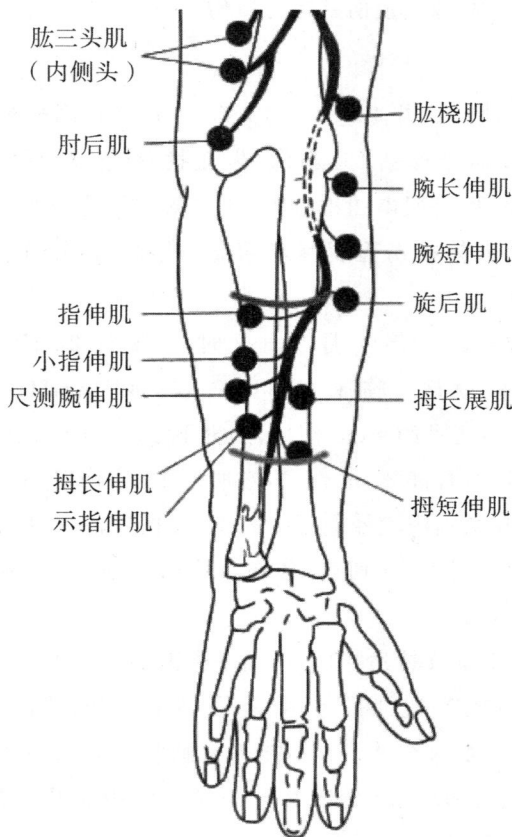

图 7-3　乔某右手掌瘢痕与尺神经深支走行位置关系

（灰色虚线示意右手掌瘢痕即刀刺伤位置）

（2）关于损伤程度鉴定：尺神经穿过腕掌部 Guyon 管后分为尺神经深支和尺神经浅支，其中深支支配手部的第 3、4 蚓状肌，全部骨间肌和小鱼际肌群，上述肌肉负责手指的诸多重要运动功能，与手指完成精细动作有密切关系。《人体损伤程度鉴定标准》附则 6.10 条关于四肢重要神经的举例，并未提到尺神经深支。但是根据标准制定者对于四肢重要神经损伤的释义等，尺神经深支符合标准四肢重要神经的内涵。而且，本案例中伤者虽经神经修复术，但鉴定时仍有尺神经深支相应支配肌的运动功能障碍。最终，本案例依据《人体损伤程度鉴定标准》5.9.4b 之规定，认为乔某的右侧尺神经深支损伤已构成轻伤二级。

(二)案例 2:腓总神经损伤鉴定为重伤

1.案例简介

(1)案情摘要:顾某,男,27 岁,2015 年 12 月 9 日因故被他人用刀砍伤,到当地医院就诊,临床诊断"刀刺伤,失血性休克,左胫前肌断裂伤"等。2016 年 5 月 17 日,医院肌电图检查提示"左侧腓总神经严重损害"。当地公安委托本院依照《人体损伤程度鉴定标准》对顾某的损伤程度进行法医学鉴定。

(2)病史摘要:2015 年 12 月 9 日 2 时至 12 月 22 日,顾某因"刀刺伤 30 分钟"到某医院就诊。临床查体:BP 108/49 mmHg,P 115 次/min,R 20 次/min。心前区见约 9 cm 伤口,剑突下 2 cm 伤口,项背部 7 cm 伤口,左肾区 6 cm 伤口,右臀部 3 cm 伤口,左肘部 1 cm 伤口,右大腿中段内侧两处约 6 cm 伤口,左大腿中段外侧两处约 4 cm 伤口,左小腿中上段外侧 5 cm 伤口,左小腿中段外侧 4 cm 切口,各伤口均已清创缝合,少量渗血渗液,左足拇趾主动背伸不能。

处理:予相应对症支持治疗(包括输平衡液 1000 mL、万汶 500 mL、悬浮红细胞 2U 等),心电监护。胸外科会诊:胸部刀刺伤,背部及左胸乳头下方约 4 cm 长伤口,探查深约 3 cm,不能进入胸腔。听诊两肺呼吸音清,心率 110 次/分,心电图波形尚好,会诊 B 超未见胸腔积液及心包积液。初步诊断:全身多处刀刺伤,失血性休克。

12 月 9 日手术记录:①开始时间 3 时 45 分:左大腿中段外侧各约 4 cm 伤口,两处深达肌层,无活动性出血,予分层缝合。左小腿外侧中段有约 4 cm 伤口,流血,深达皮下,予清创缝合,左小腿近端胫前外侧有约 5 cm 伤口,流血,深达肌层,胫前肌断裂(因患者入院时处于失血性休克状态,急诊行清创探查术程长,风险高,汇报上级医师,决定择期探查,予深筋膜缝合,缝合皮肤)。再取俯卧位,见左肘后有 1 cm 伤口,右臀部见约 3 cm 伤口,深达肌层,清除血凝块,逐层缝合。右大腿中段锐器伤口 2 处,长约 6 cm,深达肌层,无活动性出血,剑突下伤口一处,长约 2 cm,位于表皮层,各伤口清创缝合。翻身后,背部伤口长约 6 cm,深达肌层,清除血凝块,缝合伤口。②开始时间 4 时 30 分:左前胸刀刺伤口长约 9 cm,深达 4 cm,达肋骨面,未穿透胸腔,向上探及约 10 cm 长隧道,软组织血肿状态,其内大量血凝块,予以扩大伤口清创、止血,逐层缝合裂口。翻身后,左后背刀刺伤口长约 1 cm,深 4 cm,未穿透胸腔,伤口内大量血凝块,予以清除血凝块、止血、逐层缝合裂口。

12 月 16 日手术记录:拆除左小腿中上 1/3 前外侧切口缝线,沿切口向两端延长,探查见胫前肌斜行断裂,部分肌肉弹性差,重新缝合胫前肌。

2016 年 5 月 17 日,顾某到医院继续就诊,行肌电图检查,检见:左侧 Peroneal(腓总神经)MCV 未引出,左下肢 Sural(腓肠神经)SCV 未见明显异常,针极肌电图,静息状态下,左侧胫前肌可见多处正锐波及纤颤波出现。结论:左侧腓总神经严重损害。

2.法医鉴定

(1)2016 年 6 月 30 日法医体格检查:自主步入检查室,跨域步态,神清,对答切题。全身多处瘢痕:胸部左侧一处,长度 10.1 cm;胸腹部剑突下一处,长度 1.0 cm;胸背部三处,长度分别为 2.5 cm,2.9 cm,2.5 cm;腰背部一处,长度 2.4 cm;左肘后一处,长度 1.6 cm;右臀部一处,长度 3.0 cm;右大腿后侧两处,长度分别为 3.8 cm,8.0 cm;左大腿中上段外侧三处,长度分别为 2.7 cm,2.5 cm,1.8 cm;左小腿近端前外侧两处,长度分别为 17.8 cm,3.3 cm。左踝关节主动背屈肌力 1 级,左足各趾主动背伸肌力 2 级,左踝关节、足趾主动跖屈肌力 5 级。左踝关节主动活动度:背屈不能,跖屈 30°;左踝关节被动活动度:背屈 30°,跖屈 45°;右踝关节主被动活动度:背屈 30°,跖屈 40°。左小腿前外侧和足背第 1、2 趾间皮肤麻木、针刺觉减退。

(2)2016 年 6 月 30 日神经肌电图检查 左侧腓总神经支配肌(包括胫前肌、踇长伸肌、趾短伸肌)均可见失神经电位,募集反应均明显偏弱;左侧腓总神经远端支配肌 cmAP 波幅严重降低,潜伏期明显延长,运动神经传导速度严重降低;提示左侧腓总神经(小腿近端瘢痕处)严重损伤的电生理特征。

(3)鉴定意见 顾某遭他人持械(如刀)致左小腿多处软组织锐器创伴腓总神经损伤,依照《人体损伤程度鉴定标准》第 5.9.2.a)条"四肢任一大关节功能丧失 50%以上"之规定,顾某的左小腿多处锐器创伴腓总神经损伤,已构成重伤二级。

3.讨论 在本案例中,伤者原发损伤为全身包括左小腿多处锐器伤,伤后发生失血性休克。根据病史记载,伤者住院半个月,入院和出院诊断均未提及左侧腓总神经损伤,直到伤后5个月余行肌电图检查方提示左侧腓总神经严重损伤。因此,本案的鉴定,首先应当分析左侧腓总神经损伤与本次原发损伤之间的因果关系,以及医院早期未能发现腓总神经损伤的原因(如果医院的诊疗行为存在明显的医疗过错,则不能将伤者腓总神经损伤的后果全部归咎于原发损伤)。

根据临床病史记载,顾某全身多处锐器创伴有失血,入院时处于失血性休克状态(在此不再赘述),经治医院急诊手术时发现伤口较深,可见胫前肌断裂,因患者入院时处于失血性休克状态,急诊行清创探查术程长,风险高,手术主刀医师汇报上级医师,决定择期探查神经,并予深筋膜缝合,因此急诊术中未能明确探查到腓总神经损伤情况。但是顾某受伤当天临床查体即发现左足:趾主动背伸不能(左侧腓总神经损伤的临床表现),术中发现左小腿近端两处锐器伤(包括左侧胫前肌断裂),损伤部位与腓总神经走行在解剖上存在一致性,伤后5个月余和近7个月鉴定时肌电图检查均证实顾某左侧腓总神经(小腿近端瘢痕处)严重损伤,因此顾某的左侧腓总神经损伤与本次外伤之间存在直接因果关系。

根据鉴定人体格检查所见,顾某左侧踝关节主动背伸肌力1级(仅可触及肌肉收缩,但踝关节没有背伸动作),左足各趾主动背伸肌力2级,左小腿前外侧和足背第1、2趾间皮肤麻木、针刺觉减退,符合左侧腓总神经损伤的表现。同时,肌电图检查中的针极肌电图发现顾某左侧腓总神经支配肌(包括胫前肌、踇长伸肌、趾短伸肌)均可见失神经电位,募集反应均明显偏弱,左侧腓总神经远端支配肌cmAP波幅严重降低等,与顾某的左踝关节、足趾主动背伸肌力明显减退相一致。在腓总神经损伤的案件中,既可以根据神经损伤的专门条款进行评定,也可以根据神经损伤累及的肢体关节功能进行评定。本案中,如果按照神经损伤的专门条款进行评定,仅符合5.9.4b)条"四肢重要神经损伤"的规定,而不符合5.9.2f)条"骶丛或者坐骨神经损伤,遗留肌瘫(肌力3级以下)"的规定。然而,本案中顾某左踝关节活动功能丧失较为严重,结合其左踝关节被动活动度(背屈30°,跖屈45°),主动背屈肌力1级,根据查表法,可查得左踝关节功能丧失达到50%以上(应注意双侧踝关节均需查表)。因此,最终按照5.9.2a)条"四肢任一大关节功能丧失50%以上"评定重伤二级。

二、伤残等级鉴定案例

(一)案例1:尺神经损伤遗留一手部分肌瘫鉴定

1.案例简介

(1)案情摘要 刘某,男,55岁,2017年2月21日因交通事故受伤。法院委托本院对就刘某的伤残等级(依照《人体损伤致残程度分级》)进行法医学鉴定。

(2)病史摘要 2017年2月21日至3月14日上海德济医院住院病史摘录如下:①主诉:外伤后左手疼痛流血伴畸形半小时。②查体:左腕部畸形,背伸、屈曲活动受限,左虎口区约5 cm皮肤碾挫伤口,活动性出血,左中指掌侧及小指掌侧约1.5 cm皮肤裂开,左手肿胀明显,各手指活动均受限,手部感觉减退。③摄片示:左第2-4掌指关节脱位,左第2-5掌腕关节脱位或半脱位,左桡骨远端、大多角骨骨折,小多角骨粉碎性骨折,头状骨、钩骨、第4掌骨近端、第5掌骨远端、第2、第3近节指骨近端多发骨折及撕脱骨折,肌间隙内积血积气。④诊疗过程:急诊行创口彻底清创、关节脱位复位、骨折复位内固定治疗,术后给予相应对症治疗和石膏外固定等。⑤诊断:左第2-4掌指关节、左第2-5掌腕关节脱位,左桡骨远端、大多角骨、小多角骨、头状骨、钩骨、第4掌骨近端、第5掌骨远端、第2、第3近节指骨近端多发骨折及撕脱骨折,左手皮肤挫裂伤,左手软组织碾挫伤。

2.法医鉴定

(1)2017年8月28日体格检查:步入检查室,神志清楚,对答切题,查体合作。自诉左手背和环、小指皮肤感觉麻木。左手虎口区见一处线条状瘢痕,左手背第3掌指关节处见一纵行线状瘢痕,左手背第5掌骨处见一弧形线状瘢痕。左手骨间肌萎缩,左手环、小指呈尺偏畸形。左腕关节活动正常。左手拇指活动正常。左手示、中指掌指关节僵硬,呈伸直0°位;近侧指间关节、远侧指间关节被动活动正常。左手环、小指掌指关节被动活动度为:屈曲30°,伸0°(右侧为屈曲90°,伸0°);近侧指间关节、远侧指间关节被动活动正常。左手各指主动内收、外展肌力减退(肌力4级),环、小指主动屈曲肌力5级,伸直肌力5级。左手掌尺侧和环、小指皮肤感觉减退。

(2)法医阅片所见 2017年2月21日X线片示:左第2-4掌指关节、左第2-5掌腕关节脱位,左桡骨远端、大多角骨、小多角骨、头状骨、钩骨、第4

掌骨近端、第 5 掌骨远端、第 2 和第 3 近节指骨基底部多发骨折及撕脱骨折。

2017 年 2 月 23 日 X 线片示:左第 2～4 掌指关节、左第 2～5 掌腕关节复位、克氏针内固定术后改变。

2017 年 8 月 28 日 X 线片示:左第 2～4 掌指关节、左第 2～5 掌腕关节在位,克氏针已取出,左手指骨、掌骨、腕骨、桡骨远端骨折处均已愈合。

(3)2017 年 8 月 28 日肌电图检查 左掌部外伤处尺神经深支损伤之电生理表现。

(4)鉴定意见 被鉴定人刘某因交通事故致左手开放性、多发性骨折伴尺神经深支损伤等,遗留部分肌瘫(肌力 4 级)。依照《人体损伤致残程度分级》5.10.16)条之规定,刘某左侧尺神经深支损伤遗留肌瘫(肌力 4 级)的后遗症已达到人体损伤十级残疾。

3.讨论 本案例中,伤者的原发损伤属于复合性损伤,既有开放性软组织碾挫伤,亦有腕骨、掌骨的多发骨折和关节脱位等。临床急诊手术治疗主要针对腕部和手指骨关节损伤,并未探查神经损伤情况。因此,该案例的鉴定,首先在于判断有无神经损伤。伤者的手腕部原发损伤(左第 2～5 掌腕关节脱位,头状骨、钩骨骨折,紧密毗邻尺神经深支)具有损伤尺神经深支的基础,根据受伤当时的临床查体以及鉴定时的体格检查和肌电图,可以证实刘某的左侧尺神经深支确实发生损伤。虽然临床对于伤者的尺神经深支损伤存在漏诊,但是经过分析,认定尺神经深支损伤及其与本次外伤的因果关系是较为容易的。关键在于对尺神经深支支配肌的功能障碍程度进行判断。本案例中,法医体格检查见刘某的左手各指主动内收、外展肌力减退(4 级),符合刘某尺神经深支损伤、遗留部分肌瘫(肌力 4 级)的后遗症。依照《人体损伤致残程度分级》5.10.16)条之规定,刘某左侧尺神经深支损伤遗留肌瘫(肌力 4 级)的后遗症已达到人体损伤十级残疾。

(二)案例 2 前臂损伤遗留一手全肌瘫鉴定

1.案例简介

(1)案情摘要 胡某,男,52 岁,于 2016 年 12 月 21 日被重物砸伤左上肢。法院委托本院依照《人体损伤致残程度分级》对胡某的伤残等级进行法医学鉴定。

(2)病史摘要 2016 年 12 月 22 日至 12 月 29 日某医院住院病史如下:①主诉:重物砸伤致左上肢毁损伤 3 h。②查体:左手及前臂多处外伤,肌肉外露,活动受限,血运差,左手麻木。③X线片示:左尺骨、桡骨近端粉碎性骨折,左手腕骨、掌骨多发骨折伴脱位。④治疗经过:入院后于12月25日行左前臂毁损伤清创修复＋外固定支架术,术中先行将骨折断端予以复位、固定,修复断裂肌腱,寻找左前臂神经血管断端并修整游离,术中见正中神经、尺神经断裂,桡神经部分断裂,给予神经吻合及肌腱、血管吻合术等。后于2017年1月4日、1月9日和1月16日行左前臂清创＋VSD覆盖术,2月14日行左前臂、左手植皮术等治疗。⑤诊断:左前臂毁损伤,左前臂多发神经血管肌腱损伤等,左尺骨、桡骨粉碎性骨折,左腕手多发骨折、脱位等。

2.法医鉴定

(1)2018年1月30日法医体格检查 步入检查室,神志清楚,对答切题,查体合作。自左上臂经左前臂至左手虎口区可见手术瘢痕和外伤遗留植皮瘢痕。左前臂和左手内在肌严重萎缩。左腕关节呈尺偏20°位,左侧腕关节活动度:背伸10°,掌屈10°,尺偏和桡偏不能;右侧腕关节活动度:背伸60°,掌屈60°,尺偏40°,桡偏30°。左手各指僵硬于伸直位,主动屈曲、外展、内收不能(肌力2级以下)。右手掌、手指和手背皮肤针刺觉大部分消失。

(2)阅片所见

2016年12月21日X线片示:左前臂软组织肿胀明显伴皮下积气,左尺骨、桡骨近端粉碎性骨折,左手腕骨、掌骨多发骨折伴脱位。

2018年1月30日X线片示:左前臂外支架已拆除,左尺骨、桡骨近端骨折已愈合。

(3)肌电图检查:提示:左侧正中神经、尺神经完全损伤,左侧桡神经严重损伤之电生理表现。

(4)鉴定意见:被鉴定人胡某遗留一手全肌瘫(肌力2级以下)伴相应腕关节功能丧失75%以上的损害后果。依照《人体损伤致残程度分级》标准5.6.18)条之规定,胡某左上肢损伤的后遗症已达到人体损伤六级残疾。

3.讨论 本案例中,伤者的原发损伤属于非常严重的类型,其左前臂、左手背重物砸伤致前臂毁损伤和左腕部多发骨折、关节脱位等,而且手术直视下证实左侧正中神经、尺神经断裂,桡神经大部分断裂。加之经过多次清创术,前臂肌肉组织大量缺失。鉴定时肌电图检查提示左侧正中神经、尺神经完全损伤,左侧桡神经严重损伤。因此,具有导致一手全肌瘫的损伤基础。同时,伤者的原发损伤还具有导致腕关节被动活动功能障碍的损伤基础。结合鉴定时体格检查所见,胡某左前臂和左手内在肌严重萎缩,左侧腕关节活动功能严重受限(相当于腕关节活动功能丧失 75％以上),左手各指僵硬于伸直位,主动屈曲、外展、内收不能(肌力 2 级以下),因此认为胡某符合一手全肌瘫(肌力 2 级以下)伴相应腕关节功能丧失 75％以上的后遗症。

(三)案例 3:肘部骨折伴桡神经损伤的鉴定

1.案例简介

(1)案情摘要 张某,女,61 岁,于 2017 年 5 月 9 日因交通事故致右肘部损伤。法院委托本院依照《人体损伤致残程度分级》对张某的伤残等级进行法医学鉴定。

(2)病史摘要

1)2017 年 5 月 9 日至 5 月 27 日某市医院住院病史:主诉:外伤致右肘肿痛伴活动受限 3 h。查体:右肘关节肿胀、疼痛,活动受限。CT 片示:右肱骨远端、桡骨小头及尺骨冠突多发骨折,右肘关节脱位。MRI 示:右桡侧副韧带损伤,近段大部分撕裂,环状韧带损伤,周围肌肉及皮下软组织损伤、水肿,右肘关节积液。治疗经过:入院后于 5 月 11 日行右肘恐怖三联征切开复位内固定术,术后予石膏固定。诊断:右肘恐怖三联征(右桡骨小头骨折,右肱骨远端、右尺骨冠突骨折,右肘关节脱位,右桡侧副韧带断裂,环状韧带损伤)。出院时情况:患者诉右手指背伸受限。

2)2017 年 6 月 20 日某医院门诊病史摘录。主诉:右手指背伸受限 1 个月。查体:右手各指主动背伸明显受限,肌力 2 级。诊断:右侧桡神经损伤。

3)2017 年 8 月 11 日至 8 月 25 日某医院住院病史摘录。治疗经过:入院后行右侧桡神经探查术,术中见桡神经深支于旋后肌管处明显受压、变扁,切开旋后肌管松解桡神经深支。术后给予营养神经等治疗。诊断:右侧桡神经深支损伤。

2.法医鉴定

(1)法医体格检查:神清,查体合作,步入检查室。右肘部可见手术瘢痕,局部轻压痛。右肘关节活动部分受限:屈曲 110°,伸直－20°;左肘关节活动正常:屈曲 140°,伸直 0°。双侧腕关节活动基本对称,无明显受限。右手虎口区稍麻木,右手各指掌指关节背伸肌力 4 级,双上肢肌张力正常。

(2)法医阅片所见

2017 年 5 月 9 日 CT 片示:右肱骨远端粉碎性骨折,右桡骨小头骨折,右尺骨冠突骨折,右肘关节脱位。

2017年12月3日CT片示:右肘关节在位,右肱骨远端骨折内固定中,右桡骨小头骨折及右尺骨冠突骨折已愈合。

(3)肌电图检查:右肘部桡神经深支和浅支均呈部分损伤电生理表现。

(4)鉴定意见:被鉴定人张某因交通伤致右肘部多发骨折、脱位伴右侧桡神经深支损伤,后遗相应肌群肌力下降(肌力4级)及右肘关节功能障碍等,分别构成人体损伤十级、十级残疾。

3.讨论 交通事故外伤属于暴力性外伤,常常为多发复合伤,而且在损伤的当时常常会遗漏部分不明显的损伤,在法医学鉴定时,应关注主诉、既往病史的记载,并采取针对性的检查,对骨折合并的神经、肌腱、韧带等损伤应予以甄别、确认并评估。

本案例中,尽管受伤早期医院没有诊断右侧桡神经损伤,但伤者伤后3个月余再次行右侧桡神经探查术,手术直视下见张某右侧桡神经深支在旋后肌管内受到明显卡压,结合临床表现和肌电图检查,可以证实张某的右侧桡神经深支损伤,且与骨关节损伤部位紧密毗邻,因此与交通伤之间存在直接因果关系。

由于该案例原发损伤主要为肘部的多发骨折、关节脱位,且较为严重,具有导致肘关节活动功能障碍的损伤基础。同时,肘部损伤又导致桡神经损伤。需要注意的是,桡神经损伤节段位于旋后肌管内,并不会累及肘关节的主动伸直功能(属于桡神经上臂段损伤支配的肱三头肌功能),因此不能运用查表法对肘关节功能进行查表评价。因此,应当对肘部骨关节损伤和桡神经损伤分别遗留的不良后果(肘关节被动活动功能障碍和伸指功能受限)分别评定。最终依照《人体损伤致残程度分级》标准第5.10.1.6)条、第5.10.6.11)条之规定,上述损伤后遗留局部肌群肌力下降及右肘关节功能障碍的后遗症分别构成人体损伤十级、十级残疾。

三、因果关系鉴定案例

(一)案例1:尺神经二次损害的因果关系鉴定

1.案例简介

(1)案情摘要 杜某,男,45岁,于2014年3月7日被他人用小刀割伤右手,临床诊断右侧尺神经损伤。当地鉴定机构首次鉴定意见为杜某右侧尺神经损伤已构成轻伤二级。该案在审判过程中,被告方提出杜某既往有尺神经损伤史,要求重新鉴定。法院委托本院就杜某右侧尺神经损伤的因果关系及损伤程度进行法医学重新鉴定。

(2)病史摘要

1)本次外伤前:2006 年 7 月 22 日 A 医院急诊病历摘录。主诉:右腕玻璃伤 6 h。查体:右腕近侧横纹水平约 5 cm 裂伤口,尺动脉、尺神经、正中神经,4~5 指浅屈肌腱断裂。桡动脉搏动存在,掌长肌腱断裂。行手术治疗,术中见:右腕掌侧有长约 5 cm 斜形伤口,深达肌腱,延长先行清创术后延长切口探查,见腕管内指屈腱及正中神经均完全断裂,尺动静脉、尺神经断裂,尺侧屈腕肌断裂,掌长肌腱断裂。桡动脉尚连续搏动。术中给予肌腱吻合,神经、血管吻合。石膏托固定屈腕位。

2006 年 7 月 22 日至 7 月 29 日某医院出院小结摘录。查体:右腕掌侧有一长约 7 cm 不规则切口,已缝合。各指皮肤感觉麻木,可轻微屈曲活动,血运好,患肢外以石膏托屈腕位固定。治疗经过:消肿,清创及持续石膏外固定等治疗。出院诊断:右手腕部划伤,右尺动脉、尺神经、正中神经、2~5 指深浅屈肌腱断裂(术后)。

2)本次外伤后:2014 年 3 月 7 日 B 医院病史摘录。主诉:右手锐器伤后疼痛、出血 3 小时。查体:右手小鱼际部位可见弓形皮肤裂伤,不规则,肿胀明显,伤口已缝合(切口深达肌肉),压痛(+),小指屈曲功能差,感觉差。余(一)。2014 年 3 月 26 日至 4 月 4 日 C 医院住院病史摘录。

入院时情况:一般情况可,右腕掌尺侧存 5 cm 瘢痕,右手环、小指末梢感觉迟钝,右拇指对掌可。治疗经过:入院后于 3 月 27 日行右腕尺神经探查修复术,术中见右腕尺神经深支连续性存在,尺神经浅支周围瘢痕压迫,并有 1/4 断裂。术后行对症治疗。出院诊断:右腕尺神经损伤。

2014 年 10 月 10 日某医院肌电图检查报告单摘录。提示:右尺神经感觉神经波幅:5.1 mV。右正中神经受损(累及运动和感觉功能);右尺神经受损(累及运动和感觉功能)。

2014 年 11 月 29 日某医院肌电图检查报告单摘录。左尺神经感觉神经波幅:11 mV,右尺神经感觉神经波幅:5.4 mV;提示:右正中神经中重度受损(累及运动和感觉功能);右尺神经感觉神经波幅较对侧低 50% 左右,提示右尺神经感觉神经受损。

2015 年 1 月 12 日复旦大学附属华山医院超声诊断报告单。超声提示:右腕部尺神经部分损伤,右腕部正中神经损伤。

2.法医鉴定

(1)2015 年 1 月 8 日法医学体格检查:步入检查室,神清,查体合作。右前臂远端掌侧可见"Z"形皮肤瘢痕(为 2006 年既往外伤所致);右手小鱼际区可见"Z"形皮肤瘢痕,累计长度为 6.4 cm。右前臂和右手小鱼际区瘢痕处 Tinel 征(一)。右手各指内收、外展动作可完成,右手各指屈曲动作可完成,肌力略减退。右手小鱼际区皮肤感觉减退,右手环指尺侧半和小指皮肤感觉减退。

(2)鉴定意见 被鉴定人杜某于 2014 年 3 月 7 日遭他人持械作用致右侧尺神经浅支部分断裂伤等,目前遗留的右手尺神经支配区感觉功能部分障碍系在 2006 年 7 月 22 日既往尺神经断裂伤基础上与 2014 年 3 月 7 日外伤共同作用所致(本次外伤属同等因素),其 2014 年 3 月 7 日外伤构成轻微伤。

被鉴定人杜某 2014 年 3 月 1 日遭他人持械(如刀)作用,临床诊断为"右尺神经损伤"。经临床予右尺神经探查修复术等治疗。2014 年 10 月 10 日和 2014 年 11 月 29 日临床肌电图检查提示杜某的右侧尺神经感觉传导功能已趋于稳定。目前本院检见其右手小鱼际区遗留皮肤瘢痕,累计长度为 6.4 cm,未达 15 cm;其右手小鱼际区、环指尺侧半和小指皮肤感觉减退。

根据病史记载,被鉴定人杜某于 2006 年 7 月 22 日因故受伤,手术直视下证实腕部"右尺神经断裂",其首次尺神经损伤后已出现手指运动、感觉功能障碍。2014 年 3 月 7 日,杜某再次遭受外力作用,病史记载"右手小鱼际部位可见弓形皮肤裂伤,术中见右腕尺神经深支连续性存在,尺神经浅支周围瘢痕压迫,并有 1/4 断裂"。

尺神经于腕骨的外侧穿屈肌支持带的浅面和掌腱膜的深面进入手掌,在豌豆骨外下方分为浅、深两支。杜某于 2006 年 7 月 22 日的损伤为前臂尺神经干的完全断裂伤,而 2014 年 3 月 1 日的损伤为尺神经浅支的部分断裂伤(1/4 断裂),结合尺神经解剖学特点及两次损伤的不同程度和不同部位特点,本院认为,其目前遗留的右手尺神经支配区感觉功能部分障碍系 2006 年 7 月 22 日与 2014 年 3 月 7 日两次外伤共同作用的结果,其中 2012 年 3 月 7 日外伤与上述损害后果之间存在相当因果关系(属同等因素)。依照《人体损伤程度鉴定标准》4.1.1、4.3.2、5.9.4b)条之规定,其右侧尺神经浅支部分损伤以评定轻微伤为宜。

(二)案例 2:腓骨既往外伤基础上导致腓总神经损伤

1.案例简介

(1)案情摘要 巢某,男,78 岁,2017 年 6 月 28 日因故摔伤右下肢,临床诊断"右下肢软组织损伤,右膝关节既往术后改变",伤后临床查体和肌电图检查提示右侧腓总神经损伤。法院委托本院对巢某右侧腓总神经损伤的因果关系及伤残等级进行法医学鉴定。

(2)病史摘要

1)2017年6月28日某医院急诊病史摘录:右下肢摔伤后半天。右下肢膝前皮损,稍有出血,膝周大片皮下瘀斑,膝关节术后改变。X线片示右腓骨部分骨质缺如。给予清创和药物抗炎治疗,并嘱抬高患肢、冰敷等。诊断:右下肢外伤,软组织损伤。

2)2017年8月1日某医院门诊病史摘录:6月28日右下肢外伤,当时膝部肿胀明显,消肿后发现右足背屈不能,足背外侧有感觉减退。右足背屈肌力2～3级。嘱行神经肌电图检查,给予口服营养神经等药物治疗。诊断:右腓总神经损害。

3)2017年10月19日某医院肌电图检查提示右侧腓总神经损伤考虑。

2.法医鉴定

(1)2018年1月30日体格检查:略跛行步入检查室,神志清楚,对答切题,查体合作。右膝部可见手术瘢痕,自诉为既往损伤遗留。右小腿中段前面可见两处片状色素沉着区,呈淡褐色,范围分别为3.8 cm×1.0 cm和3.0 cm×2.0 cm。右踝关节主动背屈和跖屈正常(肌力5级),右足趾主动背伸肌力减弱(肌力4级)。右足背皮肤针刺觉减退。

(2)法医阅片所见2017年6月28日X线片示:右胫骨平台陈旧性骨折表现,右腓骨近端(腓骨颈以下)部分骨段缺损。

(3)2018年1月29日肌电图检查结果:提示右侧膝以下腓总神经陈旧性损伤(累及远端完全)之电生理表现。

(4)鉴定意见 被鉴定人巢某右下肢因故受伤,在其右膝陈旧性损伤基础上导致右侧腓总神经损伤的不良后果,右膝部损伤后遗症(右足趾主动背伸肌力4级)已达到人体损伤十级残疾。

3.讨论

(1)关于因果关系 根据巢某伤后1个月的临床病史记载,"右足背屈不能,足背外侧有感觉减退",结合临床神经肌电图检测和本院鉴定时复查神经肌电图和体格检查所见,巢某的右侧腓总神经损伤可以明确。

腓总神经是人体下肢的一支重要神经,其在膝部附近的走行为沿腘窝上外缘经股二头肌内缘下行,至腓骨头后方并绕过腓骨颈,向前穿腓骨长肌起始部,分为腓浅神经及腓深神经两终支并逐步发出支配小腿伸肌群和足趾伸肌群的肌支。由于腓总神经在绕行腓骨颈处位置表浅,且与骨膜紧贴,故在腓骨颈周围容易发生损伤。腓总神经及其分支的常见损伤原因包括遭受外力作用时直接损伤(如骨折断端损伤神经)、肢体局部肿胀慢性压迫、血肿机化或形成瘢痕造成神经慢性卡压等。

本案例中,根据临床病史记载,巢某受伤当天并无右侧腓总神经损伤的临床表现,伤后1个月出现该神经损伤的相应表现,结合其原发损伤(右小腿膝周软组织损伤、肿胀明显),其神经损伤的原因以继发慢性压迫的可能性为大。巢某的右侧腓总神经损伤在发生时间上与本次外伤之间存在连续性,损伤与神经解剖部位上存在一致性,因此本院分析认为,巢某的右侧腓总神经损伤与本次外伤之间可以存在因果关系。

当然,根据本院阅片显示,巢某既往存在右腓骨近端(腓骨颈以下)部分骨质缺损,根据前文所述的腓总神经解剖走行特点,其腓骨近端的既往陈旧性损伤与腓总神经在解剖部位上紧密毗邻,可致局部组织粘连、正常的解剖结构发生变化等,再次遭受损伤时较之一般常人更容易发生神经的直接损伤或者慢性卡压,因此巢某自身既往存在的右膝陈旧性损伤与目前右侧腓总神经损伤之间亦可以存在因果关系。由于巢某的本次外伤和既往右膝陈旧改变均可导致神经损伤,两者的作用孰轻孰重难以分清,因此本院分析认为,本次外伤与巢某的右侧腓总神经损伤之间存在相当因果关系。

(2)伤残等级 目前本院鉴定时复查神经肌电图提示其右侧膝以下腓总神经损伤并累及远端完全,结合本院体格检查所见"其右踝主动背屈正常(肌力5级),右足趾主动背伸肌力减弱(肌力4级)",符合四肢重要神经损伤、遗留相应肌群肌力4级以下的后遗症。依照《人体损伤致残程度分级》标准5.10.16)条之规定,巢某右下肢腓总神经损伤的后遗症已达到人体损伤致残程度十级残疾。

四、医疗纠纷鉴定案例

(一)案例1:健侧颈7神经移位修复术失败

1.案例简介

(1)案情摘要:闫某,男,33岁,因左上肢外伤后功能障碍3个月于2010年9月26日到当地A医院(三甲)就诊,临床诊断为:左臂丛神经上中干损伤,医院于 9 月 29 日对闫某施行左臂丛神经探查修复术。术后闫某的右上肢亦出现功能障碍。法院委托本院就 A 医院在对闫某的诊疗过程中是否存在过错,如有过错,与闫某双臂功能障碍之间是否存在因果关系及参与程度进行法医学鉴定。

(2)病史摘要

1)2010 年 7 月 2 日、8 月 1 日、9 月 1 日 A 医院门诊病历摘录:左肩部车祸撞伤后左上肢功能受限半个月。半个月前因车祸撞伤左肩部,伤后锁骨骨折在外院行锁骨切开钢板内固定术。伤后即发现左肩部及左上肢功能障碍,感觉麻木。检查:左锁骨处可见手术切口,未拆线。斜方肌正常,冈上、下肌"0",三角肌"0",肱二、肱三头肌"0",胸大肌、背阔肌"0",前臂伸肌"0",桡侧屈腕肌"0",掌长肌"3+",拇长屈肌"3",2-5 指屈肌"4",上臂、前臂外侧、桡神经区感觉消失,霍纳征阴性。诊断:左臂丛神经上、中干损伤。治疗经过:予左上肢悬吊、制动,口服弥可保等。

2)2010 年 9 月 26 日至 10 月 10 日 A 医院住院病史摘录:左上肢外伤后功能障碍 3 个月。患者于 3 个月前因车祸致左肩锁部外伤在本地县医院行锁骨骨折切开复位内固定术,术后发现左肩外展、旋外、内收、屈肘、伸肘不能。术后经近 3 个月观察病情无好转。到我院就诊,诊断为"左臂丛神经损伤",要求恢复功能,住院治疗。左肩锁部可见一横形手术瘢痕,长约 10 cm,斜方肌肌力 3 级,大小菱形肌、肩胛提肌肌力 0 级,冈上肌、同下肌、胸大肌、胸小肌、背阔肌、大圆肌、三角肌、肱二头肌、肱三头肌肌力均为 0 级,肱桡肌、桡侧腕屈肌、旋前圆肌均为 0 级,旋后肌、桡侧腕长短伸肌肌力 0 级,拇长伸肌、指总伸肌肌力 3 级,屈指深浅肌肌力约为 4 级,大小鱼际肌、骨间肌、蚓状肌肌力尚可,左肩外侧、前臂外侧、左手虎口部皮肤感觉麻木,桡动脉搏动正常,右上肢及双下肢活动自如。胸部透视:心肺未见异常,双侧膈肌活动尚可。肌电图检查:左臂丛神经损伤(上、中干)。诊断:左臂丛神经损伤(上中干)。

入院后于 2010 年 9 月 29 日行左臂丛神经探查健侧颈 7 修复术。术中:①取左胸锁乳突肌后缘"L"形切口,分离皮下组织,在切口上段沿正常组织间隙显露 C_5、C_6、C_7 神经根及副神经,沿臂丛神经走行向锁骨上窝游离,神经组织基本正常,沿神经走行向椎间孔臂丛神经根部游离,见 C_5、C_6、C_7 神经于椎间孔处呈根性撕脱,神经连续性存在,已经变细,质地硬,肌电图检测无相应的肌收缩,C_8、T_1 肌肉收缩存在,由于瘢痕组织粘连未找到膈神经,于

椎间孔处切断 C_5、C_6、C_7 神经根并分离至正常神经组织备用。②取右侧胸锁乳突肌后缘"L"形切口,分离皮下组织,在切口上段沿正常组织间隙显露 C_5、C_6、C_7 神经干,用止血钳于右侧前斜角肌下经颈前部椎前间隙钝性分离,从对侧穿出至左侧 C_5、C_6、C_7 神经断端轻度扩张形成隧道,并引线测量隧道为 10 cm,向远端分离 C7 神经达分股处测量长度为 10 cm 于前后股处切断并标记。③用止血钳于颈前部椎前隧道将健侧 C_7 引到对侧,修剪后前后股分别取 5-0 线与患侧 C_5、C_6 神经相吻合,左侧副神经与 C_7 相吻合,所有神经缝合无张力。④庆大生理盐水冲洗伤口,放置引流,缝合皮肤,包扎、固定。⑤术中输血 400 mL。

3)2011 年 4 月 12 日 A 医院复诊病史摘录:查体:活动左手及右侧肢体,肌肉跳动感。右手伸指、拇、腕肌力 5 级,桡侧腕屈肌力 5 级,掌屈肌力 4 级,拇长屈及示、中、环、小指屈指肌力 0 级,内在肌萎缩,尺侧腕屈肌肌力 2 级。给予右上臂电疗。

4)2011 年 12 月 18 日至 2012 年 1 月 11 日北京积水潭医院住院病史摘录:车祸致左上肢感觉、运动功能障碍 18 个月,右手功能屈曲障碍 15 个月(健侧颈 7 移行术后)。

患者于 2010 年 6 月 18 日骑摩托车撞伤左肩部,致使左上肢感觉功能、运动功能障碍,伤后左手有屈曲功能,无伸指功能,于 2010 年 9 月 29 日在当地 A 医院行左臂丛神经损伤探查、健侧 G_T 移行患侧 C_5、C_6 神经吻合,术后出现右手爪形手,右手骨间肌萎缩,屈曲活动受限,右上肢尺侧感觉迟钝。左肩有方肩畸形,左前臂有旋前畸形,左腕有垂腕畸形,左拇有内收畸形,左手屈曲可,伸指功能受限。左侧桡骨膜反射、三头肌反射及二头肌反射未引出。左侧臂丛神经上中干支配区大部分肌肉肌力 0 级,出现不同程度萎缩。右手爪形手,右手骨间肌萎缩,右上肢前臂内侧感觉障碍,右手屈曲功能障碍。肌电图检查:左臂丛神经损伤,根性孔内,C_5、C_6、C_7 受损较重度,C_8、T_1 不全损伤;右臂丛神经下干受损较重度。

入院后于 2012 年 1 月 5 日行右臂丛神经束部及干部探查,左侧副神经与肩胛上神经吻合术。术中探查见:右尺神经及前臂内侧皮神经起始部断裂,外侧束及后侧束未见异常,内侧束近端未找到,决定打开锁骨继续向近端探查,探查上干、中干均存在,未找到下干。由于未找到下干,故无法修复尺神经。再次探查正中神经起始部,见其外侧头正常,未见到内侧头,加之术后 14 个月余,故放弃神经修复,决定用伸腕短肌腱及肱桡肌腱移位,分别

243

重建屈指及屈拇(并向家属交代),术后石膏托固定。予左侧锁骨上臂丛探查切口,找到肩胛上神经,起始处切断,找到副神经,入肌点切断,副神经与肩胛上神经直接吻合,术毕后支具固定。

诊断:臂丛神经损伤(左上、中干,右、下干)。

2.法医鉴定

(1)2012年12月26日体格检查 神清,对答切题,查体合作。左侧胸锁乳突肌下缘有一条纵行长9.1 cm手术切口遗留瘢痕;左侧锁骨上下缘有两条横行长分别为10.0 cm,9.5 cm手术切口遗留瘢痕,瘢痕下可扪及一金属内固定物。右侧胸锁乳突肌下缘有一条纵行长5.0 cm手术切口遗留瘢痕,右肩前有一略呈"S"形长20.5 cm手术切口遗留瘢痕。右前臂腹桡侧有一条略呈"C"形长7.3 cm手术切口遗留瘢痕,右前臂背桡侧有一条纵行长8.5 cm手术切口遗留瘢痕。

左侧三角肌、同上肌、肱二头肌、肱三头肌、腕伸肌、屈腕肌、伸指肌群萎缩,胸大肌轻度萎缩,冈下肌无明显萎缩。左上臂、前臂桡侧皮肤触痛觉减退,左上肢及左手内侧带状皮肤触痛觉存在。左肩关节主动活动不能,左肘关节稍可屈曲活动,左腕关节呈垂腕状,背伸不能。左大拇指外展稍受限,左手指握力3级。

右前臂肌肉萎缩,右手大、小鱼际肌、骨间肌萎缩。右前臂尺侧皮肤触痛觉明显减退;右腕关节以远掌侧感觉消失,背侧感觉减退。右腕轻度垂腕,背伸受限,掌屈尚可。右手呈爪形手,伸指不能,握拳尚可。右大拇指外展受限,右手握力3级。

(2)肌电图检查结果 提示左侧臂丛神经上中干严重损伤,右侧臂丛神经下干完全损伤之电生理改变。

(3)鉴定意见 A医院在针对被鉴定人闫某施行的治疗过程中存在一定医疗过错,该医疗过错与闫某目前左侧肢体遗留的后遗症之间存在一定的因果关系(系次要因素),参与度拟为30%;而与闫某目前右侧肢体遗留的后遗症之间存在直接因果关系(系主要因素),参与度拟为70%。

(二)案例2:臂丛神经鞘瘤术后神经损伤加重

1.案例简介

(1)案情摘要 童某,女,48岁,2016年6月6日因被发现右锁骨上包块到当地A医院就诊,行右颈部包块切除术,术后发生右侧臂丛神经损伤。后转至复旦大学附属华山医院进一步治疗,行右侧锁骨上臂丛桡神经探查＋副神经移位修复术。法院委托本院对童某的伤残等级(依照《人体损伤致残程度分级》标准)、休息期、护理期、营养期以及劳动能力丧失程度和护理依赖程度进行法医学鉴定;就 A 医院在对童某的诊疗过程中是否存在过错,如有过错与童某的损害后果之间是否存在因果关系、原因力大小进行法医学鉴定。

(2)病史摘要

1)2016 年 6 月 6 日至 6 月 28 日 A 医院病史摘录:童某因"发现右锁骨肿块半月余"到 A 医院就诊。临床查体:右锁骨上可触及一包块,约 3 cm 大小,质稍硬。右上肢伸肘肌、屈肘肌肌力 4－级,右手握力减退,右上肢浅感觉减退,右侧肱二头肌腱反射减退。超声检查提示:右锁骨上肿块,考虑肿大淋巴结可能。门诊右锁骨上肿物细针穿刺细胞学病理检查(6 月 2 日):难以区分淋巴结与软组织肿瘤。初步诊断:右锁骨上包块。2016 年 6 月 7 日患者签署手术知情同意书,记载臂丛神经损伤可能影响上肢活动。2016 年 6 月 8 日手术记录:行右颈部神经鞘瘤切除术,术中探查见两枚肿物分别位于右胸锁乳突肌下方深面的两根神经上,神经膨大呈梭形,大小分别约为 2.8 cm×1.8 cm×1.5 cm、2.5 cm×2.3 cm×1.8 cm,质韧,考虑为神经肿瘤,切除肿块后对上肢功能有所损伤,遂与患者家属沟通,告知病情及相关风险,患者家属表示了解,要求切除肿块,分别沿两神经肿瘤表面顺神经干方向做纵行切口,仔细分离神经外膜,见肿瘤与神经纤维组织粘连严重,小心分离肿瘤组织,部分神经纤维侵及肿瘤组织内,无法完整剥离,故予以切断,完整取出包块,送术中病理,回示神经鞘膜瘤,以 7-0 无创缝线缝合神经外膜。术后诊断:右颈部神经鞘瘤。2016 年 6 月 8 日手术护理记录单:未见使用显微外科器械记录。

2016 年 6 月 9 日病程记录:术后第一天,术后患者诉右上肢无力。查体:右上肢肌力 1 级,右肩关节、肘关节活动均受限,右手活动尚可,右上肢感觉减退。给予营养神经、消肿等药物治疗及中频脉冲电疗法物理治疗。出院时情况:患者右上肢屈、伸肘肌力 2－级,右手握力减退,右上肢浅感觉减退。右肩关节能主动耸肩,不充分。右肩关节各方向主动活动不能,被动活动到位。出院医嘱:加强右肩关节周围肌群、屈伸肘肌等长收缩训练,避免右上肢负重,继续营养神经药物治疗等。

2)2016 年 7 月 12 日至 7 月 18 日复旦大学附属华山医院病史摘录:肌

电图示右侧臂丛神经锁骨上损伤。于 2016 年 7 月 14 日行右锁骨上臂丛桡神经探查＋副神经移位修复术,术中见臂丛神经周围瘢痕组织增生明显,C_5-C_7 神经根包裹在瘢痕内,见肩胛上神经与部分 C_5 神经束连续性中断,局部缝合痕迹,予以仔细分离松解各神经根,切除瘢痕组织,术中 EMG 示刺激臂丛神经可于三角肌、肱二头肌、肱三头肌引出 cmAP,肩胛上神经-冈下肌 cmAP 未能引出,肩胛上神经 SEP 未能引出,切断肩胛上神经备用,于斜方肌深面找到副神经,显微镜下行副神经—肩胛上神经端端无张力吻合。术后给予营养神经等对症治疗。出院诊断:右侧臂丛神经损伤。

2.法医鉴定

(1)2019 年 1 月 4 日法医体格检查 步入检查室,神清,对答切题,查体合作。右锁骨区见手术瘢痕。右上肢呈内旋状。右肩关节主动外展、前屈、后伸肌力 2 级;右肘关节主动屈曲肌力 3 级,主动伸直肌力 2 级;右腕关节主动掌屈、背伸肌力 4 级;右手拇指主动屈曲肌力 4 级,主动伸直肌力 5 级,示、中、环、小指主动屈曲、伸直肌力 5 级。右上臂外侧痛觉敏感,右前臂外侧、右手背虎口区和拇、示指掌侧皮肤感觉减退、麻木。

(2)实验室检查 2019 年 1 月 4 日行神经肌电图检查:右侧臂丛神经上中干功能均有恢复,所检肌募集反应增强,刺激 cmAP 均有改善。

(3)鉴定意见:被鉴定人童某右侧臂丛神经损伤后遗症,已达到人体损伤七级残疾;其损伤后可酌情给予休息 660～690 d,护理 120 d,营养 120 d;定残后不需要护理依赖;其后遗症属大部分丧失劳动能力。

A 医院对被鉴定人童某的诊疗过程中存在医疗过错行为,与童某的损害后果之间存在同等因果关系,建议医疗过错参与程度为 45%～55%。

3.讨论 本案中,双方争议焦点在于患方认为自己手术前右上肢尚未出现明显的神经功能障碍,而术后症状明显加重,完全是医院手术造成;医方则认为患者的肿瘤是来源于神经的鞘膜瘤,瘤体位于神经干,且粘连严重,术中无法完整剥离,神经损伤是自身疾病难以避免的后果。因此鉴定的重点首要在于判断经治医院在治疗过程中是否尽到了充分的高度注意义务。

(1)关于诊疗行为的过错及因果关系 根据 A 医院 2016 年 6 月 8 日手术中直视下所见和病理检验,该院最终做出的病理诊断"右颈部神经鞘(膜)瘤"可以成立。

神经鞘(膜)瘤又称施万细胞瘤,是周围神经中最常见的肿瘤,多见于四肢单神经干,亦可见于近躯干的神经丛,如臂丛、腰骶丛等部位。该肿瘤多起源于神经纤维的施万细胞鞘,大多数为良性肿瘤,病程进展缓慢,起初大多无功能障碍,但其在发展到一定程度时可因囊内出血、坏死、液化等导致体积突然或迅速增多,将神经干内正常神经纤维挤向肿瘤四周并形成肿瘤的"包膜",并逐步引起相应的神经功能障碍。施行手术治疗是唯一的、能够延缓或阻断病程进展的方法。不施行手术治疗,神经鞘瘤必然会导致神经功能障碍进行性加重。如果术前不能判断肿块性质来源神经,也需实施探查手术治疗,术中最基本的治疗原则首先是明确肿块的来源,若肿块源自神经,应当通过神经的解剖和走行特点、术中肌电检测以及术中神经操作引起的肌肉反应等等加以判断。然后根据肿块来源和性质决定手术方式。对于神经鞘瘤而言,治疗原则上术中一经诊断即应手术取出。但是,神经鞘瘤具有较为特殊的解剖特点,即神经鞘瘤的"包膜"中含有大量被挤压的神经纤维。因此在手术切除时必须注意保护"包膜"中的神经纤维。具体保护的要点是沿神经干纵轴方向逐层切开肿瘤"包膜"直到肿瘤实质,并采用挤出法(或称剥洋葱法)将肿瘤完整取出,从而尽量避免将包含正常神经纤维的"包膜"随肿瘤一起切除而造成神经干的损伤。术中一旦误切造成神经干的缺损性损伤,应当一期或者术后尽早采取探查修复术,从而争取损伤神经获得最大程度的恢复。术后则应当尽早给予营养神经及相应对症治疗。位于臂丛、腰骶丛神经上的神经鞘瘤,即便肿瘤可能位于某一神经干上,但是由于臂丛、腰骶丛神经具有毗邻紧密、走行复杂的解剖特点,实施肿块取出操作时应当较四肢单神经干的肿瘤更为谨慎、仔细,避免造成较大的副损伤。

本案例中,童某某入院时的临床表现为"右锁骨上可触及一包块,约 3 cm 大小,质稍硬,活动可,右上肢伸肘肌、屈肘肌肌力 4 级,右手握力减退,右上肢浅感觉减退,右侧肱二头肌腱反射减退"等,结合术前 B 超检查和穿刺细胞学检查,经治医院初步诊断"右锁骨上包块"基本成立。但是,由于患者已经出现明确的右上肢神经损伤表现,加之肿瘤位置较为特别(如前所述,紧密毗邻锁骨上的臂丛根干部),已足以为医方判断肿物来源、性质、手术方式、风险防范等提供一些参考,术前鉴别诊断应当考虑神经源性肿瘤的可能,并考虑是否应当申请相应专科(如显微外科、手外科等)会诊或者手术。根据病史记载,经治医院术前鉴别诊断仅考虑到"脂肪瘤、淋巴管瘤、淋巴结转移癌",而未考虑到神经源性肿瘤,术前亦未申请相应专科会诊(童某在该院甲乳外科就诊),反映出经治医院术前对患者疾病的认识、估计存在不足。

由于患者右锁骨上肿块性质不明,经治医院选择施行探查手术治疗具有相应的手术指征。根据经治医院手术记载,"见两枚肿物分别位于右胸锁乳突肌下方深面的两根神经上,分别沿两神经肿瘤表面顺神经干方向做纵行切口,仔细分离神经外膜,见肿瘤与神经纤维组织粘连严重,小心分离肿瘤组织,部分神经纤维侵及肿瘤组织内,无法完整剥离,故予以切断",反映出经治医院的手术操作总体上符合神经鞘瘤的治疗原则。然而,根据复旦大学附属华山医院手术记载,"见臂丛神经周围瘢痕组织增生明显,C5-C7神经根包裹在瘢痕内(图7-10蓝色椭圆形区域),见肩胛上神经与部分C5神经束连续性中断(图7-10红色三角形位置)",结合经治医院并未采用显微外科操作器械和减轻局部粘连的措施,以及患者术后第一天立即出现较为严重的右侧臂丛神经损伤表现,本院分析认为,经治医院在避免或减轻神经损伤加重方面的手术操作不够充分、谨慎、仔细,反映出经治医院的治疗行为未尽到高度注意义务,存在医疗过错。该院的治疗行为非但没有延缓或阻断不良后果的发生,反而加速/加重了损害后果的显现,因此与患者的右侧臂丛神经损伤之间存在因果关系。根据患者术后第一天临床表现"右上肢肌力1级,右肩关节、肘关节活动均受限,右手活动尚可,右上肢感觉减退",经治医院给予营养神经、消肿等药物治疗和中频脉冲电疗法物理治疗等,符合临床治疗原则。

当然,正如前文所述,本例患者的神经鞘瘤位于颈部锁骨上的臂丛神经干部,此处神经密集、走行复杂且实际手术过程中手术视野和操作空间受限(图7-10中黑色实线圆圈内),本身手术难度极大。同时,根据手术记载,肿瘤与神经纤维组织粘连严重,部分神经纤维侵及肿瘤组织内,无法完整剥离,说明本案例较一般神经鞘瘤案例中的手术难度更大。而且,根据病史记载,童某术前已经出现肿瘤压迫神经干的表现。因此童某的右颈部神经鞘瘤手术本身难以完全避免神经损伤的发生,其自身疾病特点与其术后出现的神经损伤之间存在一定的因果关系。

综上分析认为,被鉴定人童某右侧臂丛神经的神经鞘瘤是其损害后果(右侧臂丛神经不全损伤)发生的根本因素,而A医院在对童某的诊疗过程中存在一定的医疗过错行为,在童某自身疾病基础上共同导致了右侧臂丛神经损伤的加重,医疗过错行为和自身疾病的作用难分主次,医疗过错行为与损害后果之间存在同等因果关系,建议医疗过错参与程度为45%-55%。

(2)关于伤残等级等事项 根据童某2016年6月8日术后临床表现、经治医院手术中直视下所见以及神经肌电图检查,童某的右侧臂丛神经不全损伤可以明确。目前本院体格检查见其右上肢肩、肘、腕三大关节肌群不同程度瘫痪,其中肩关节肌群瘫痪程度最重,为肌力 2 级,肘关节肌群主动屈曲肌力 3 级,主动伸直肌力 2 级,腕关节肌群瘫痪程度最轻,主动掌屈、背伸肌力 4 级,结合近期临床神经肌电图检查提示其右侧臂丛神经功能较前改善,但仍有部分损伤。本院分析认为,童某符合单肢瘫(综合肌力 3 级以下)的后遗症。

依照《人体损伤致残程度分级》标准第 5.7.1.6 条之规定,童某右侧臂丛神经损伤的后遗症已达到人体损伤七级残疾。

(三)案例 3:神经纤维瘤术后神经损伤

1.案例简介

(1)案情摘要　付某,男,31 岁,因发现左膝后肿块于 2013 年 3 月 29 日到当地 A 医院就诊,临床初步诊断为:左膝后肿物,医院于 2013 年 4 月 1 日对付某施行左膝后方肿物切除术。术后付某出现左下肢神经功能障碍。法院委托本院就 A 医院在对付某的诊疗过程中是否存在过错,如有过错,与付某的损害后果之间是否存在因果关系及参与程度进行法医学鉴定。

(2)病史摘要

①2013 年 3 月 29 日至 4 月 23 日 A 医院住院病史摘录:左膝后肿物 10 余年。近来左膝后肿物逐渐增大,有肿胀、疼痛感,未行特殊处理。左膝后近腘窝区约 2 cm×6 cm 大小肿物,边界清晰,压痛明显,膝关节活动可,肢端血运感觉可。外院 B 超提示左膝后肿物。2013 年 3 月 20 日 MRI 示:左膝腘窝内可见囊袋状长 T1 长 T2 信号病灶,边界清楚,信号不均,大小约 1.6 cm×7.6 cm,提示左腘窝区肿物。

初步诊断:左膝后肿物。

2013 年 3 月 30 日病程记录:查体见左膝后方外侧触及肿物,压痛,无放射痛,目前诊断不明确,神经纤维瘤按压时应有放射痛,可排除,复查左膝 MRI 以进一步明确病情。

2013 年 4 月 1 日手术记录:行左膝后方肿物切除术,术中见肿物位于腓肠肌外侧头表面,长圆柱形,包膜完整,实性,与腓肠外侧皮神经相邻,与周围无粘连,不与关节腔相通,分离牵开皮神经,向两侧分离,肿物两端为腱性组织,完整切除肿物及两端腱性组织。

2013 年 4 月 2 日病程记录:患者诉左小腿及左足背麻木,左足趾不能背伸,考虑为腓总神经牵拉所致。加用神经营养药物。

2013 年 4 月 7 日病理检查报告:大体所见,梭形肿物 1 个,大小约 8 cm×2 cm×1.5 cm,包膜完整,切开,切面实性、质软,病理诊断为神经纤维瘤。

出院诊断:左侧腓总神经纤维瘤,左侧腓总神经损伤。

②2013 年 5 月 15 日至 5 月 24 日 B 医院病史摘录:2013 年 5 月 17 日行左侧腓总神经探查修复术,原手术切口进入,术中见原腓总神经整段缺损,缺损距离达 9 cm,请患者家属看过神经缺损后决定在腓肠神经移植修复术。诊断:左腓总神经损伤。

2.法医鉴定

(1)2014 年 7 月 25 日体格检查 步行呈跨域步态,神清,对答切题,查体合作。左膝后外侧可见条形手术瘢痕,呈左足下垂外观。左膝后外侧瘢痕处 Tinel 征阴性。左小腿胫前肌、腓骨长短肌、足背趾短伸肌均严重萎缩。左踝关节主动背屈和各足趾背伸不能完成,未触及明显肌肉收缩(肌力 1 级以下)。左小腿前外侧、足背皮肤感觉消失。

(2)2014 年 7 月 25 日肌电图检查结果 左侧腓总神经支配肌(胫前肌、腓骨长肌、踇

长伸肌、趾短伸肌)仍见大量自发电活动,均无 MUP,刺激未引出 cmAP,腓浅神经感觉电位未引出,腓肠神经感觉电位已可引出,但其波幅较低;提示左侧腓总神经完全损伤之电生理改变。

(3)鉴定意见 A 医院在针对被鉴定人付某施行的诊疗行为中存在医疗过错,与付某术后出现的腓总神经损害之间存在直接因果关系(主要因素),参与程度拟为 60%-80%。

3.讨论

周围神经源性肿瘤,最常见的类型是神经鞘(膜)瘤,其次是神经纤维瘤。需要注意的是,神经鞘瘤和神经纤维瘤的治疗方式有很大的区别。对于神经源性肿瘤医疗纠纷案件的鉴定,术前诊断是否正确并不是关键,因为术前不论是否已经出现神经症状(肿瘤并非神经来源,但邻近神经干时同样会导致神经压迫症状),都需要手术医师在术中根据解剖特点对神经肿瘤类型进行辨认,并决定采取何种治疗方案。对于神经鞘瘤而言,通过正确的治疗方式是可以很大程度上避免神经发生严重损伤的,而神经纤维瘤而言,由

于瘤体已累及神经纤维,因此只要切除瘤体必然会造成神经损伤。因此,神经纤维瘤案件的医疗纠纷鉴定,更重要的是判断术中对肿瘤类型的判断、手术切除时机的选择以及切除前是否尽到充分告知义务等。

关于本案例诊疗行为的过错

经治医院术后病理检查证实付某的左膝后肿块性质为神经纤维瘤,位于左侧腓总神经干上。

神经纤维瘤是源发于神经主干或末梢的神经轴索鞘的施万细胞及神经束膜细胞的良性肿瘤,可呈圆或梭状硬韧肿物、多发性小结节,或局限性脂肪瘤样包块。该病多见于躯干、皮肤组织,也可发生在胸、腹腔内,单发或多发。表浅的神经纤维瘤,有包膜,不发生恶变。孤立的深部神经纤维瘤生长缓慢,由于占位明显或压迫神经而被发现。生长于腓骨近端的神经纤维瘤可压迫腓总神经而出现相应的神经症状、体征,例如触压有放射痛,严重者可发生足踝背伸功能障碍等。神经纤维瘤在大体上既可与神经主干相联系,亦可起于较小的神经纤维,解剖时可见神经纤维进入及穿出肿瘤。神经纤维瘤的术前诊断无特异性方法,主要根据术前临床表现和术中解剖辨认。由于神经纤维瘤累及神经纤维,不损伤神经很难整块切除,因此其基本治疗原则是在进行神经纤维瘤切除术时,应使用显微手术器械进行仔细分离和探查,应尽量减少对正常神经纤维的损伤。对于肿物与神经毗邻关系紧密者,出于手术本身的需要和保护神经的目的,均应当对周围的神经主干及其主要分支的进行解剖并加以保护,同时在解剖神经过程中应当动作轻柔、小心谨慎,减少因分离牵拉对神经造成损伤;另外术中应当严密止血,术后充分引流,必要时在周围神经周围放置防粘连膜等以减少术后神经损伤。一旦术后出现神经损伤临床表现,则应给予相应的对症治疗,例如,服用神经营养药物,应用激素防止局部粘连等,必要时及时再次进行手术探查,若神经连续性存在可给予对症治疗,若神经连续性中断应当及时施行神经移植修复术等。

本案例中,根据病史记载,A 医院依据 B 超检查、MRI 检查和临床体格检查做出的初步诊断是成立的,但在施行手术前对该左膝部腘窝区肿物的性质、可能来源等不够明确。当然,经治医院在对左膝后肿物进行鉴别诊断时已考虑到神经纤维瘤,但由于本例中肿物处"按压没有放射痛",神经纤维瘤症状不够典型,因此本院认为经治医院术前未诊断神经纤维瘤并无明显过错。根据经治医院的手术记录记载,"肿物位于腓肠肌外侧头表面,与腓肠外侧皮神经相邻",因此医方应当考虑到肿物位置与腓总神经毗邻关系紧密,从而应当对重要的组织结构(例如腓总神经)加以解剖和保护,然而本例中并未见医方进行上述保护性操作。同时,术中见"肿物两端为腱性组织",医方在没有充分明确肿物性质的情况下即"完整切除肿物及两端腱性组织",既可以反映出医方术中对肿物性质的辨认存在不足,亦反映出该院未严格按照神经纤维瘤的治疗原则和操作规范进行手术。根据 2013 年 4 月 7 日再次手术探查记录,术中见"左腓总神经整段缺损,缺损距离达 9 cm",足以证明经治医院手术中已将腓总神经主干、连同瘤体全部切除,从而造成腓总神经的完全损伤。正确的治疗方案应当为,医方通过解剖辨认和显微解剖判断肿块为神经纤维瘤(这一环节对医师的主观经验要求非常高),并判断神经纤维瘤切除范围(对神经功能的影响程度),若认为神经肿瘤切除将造成明显的神经功能影响,应当暂停手术操作,与患者及其授权人进行充分沟通,告知神经纤维瘤的预后,既可以选择暂时保守治疗、留待今后神经症状已非常严重时再行手术(暂停本次手术,还能给患者保留选择更高水平诊疗的机会),或者可以选择本次手术中切除瘤体,但应当根据神经缺损程度选择 I 期实施神经移植修复术,从而争取最大程度的神经功能恢复。

临床治疗的目的主要是延缓、最好是阻止疾病向不良方向的发展,而本案例中经治医院的手术治疗不仅没有延缓或者阻止不良后果的发生,反而使神经损害提前出现并进一步加重,因此,本院认为经治医院在对付某的治疗行为中并未尽到高度注意义务和风险规避义务,存在医疗过错。

当然,付某左膝部肿块的性质为腓总神经纤维瘤,一方面手术切除肿物难以完全避免神经出现轻度损伤,另一方面肿瘤所在位置(腓总神经腓骨小头处)由于特殊的解剖因素较易出现卡压而发生继发性损伤。因此付某本身疾病特点与其术后出现的腓总神经损伤之间存在一定因果关系。

综上分析,鉴定人认为 A 医院在对付某左腘窝肿物(腓总神经纤维瘤)的诊疗行为中存在医疗过错,与付某术后出现的腓总神经损害之间存在直接因果关系(主要因素),参与程度拟为 60%~80%。

参考文献

[1]郭满珍.人体损伤医学影像学与司法鉴定[M].郑州:郑州大学出版社,2022.

[2]郭金霞.司法鉴定学总论[M].北京:中国政法大学出版社,2019.

[3]张东山,陈俊香.急性肾损伤的基础与临床[M].长沙:湖南科学技术出版社,2022.

[4]顾耀东.高等运动生物力学[M].北京:科学出版社,2022.

[5]王海杰.人体系统解剖学第5版[M].上海:复旦大学出版社,2021.

[6]王坤作.运动损伤与康复[M].天津:天津科学技术翻译出版公司,2021.

[7]何耀华,王蕾.实用肩关节镜手术技巧[M].北京:科学出版社,2021.

[8]周志官.人体损伤的伤残评定[M].上海:复旦大学出版社,2020.

[9]陈代勇,彭芳.基础医学总论[M].西安:西北大学出版社,2020.

[10]孔祥燕.创伤骨科护理学[M].北京:北京大学医学出版社,2020.

[11]陈林.人体损伤程度鉴定实战指引[M].北京:法律出版社,2019.

[12]王春燕,闵庆红,丁爱萍.护理诊断与管理[M].长春:吉林科学技术出版社,2019.

[13]李勇.神经外科常见病诊治进展[M].云南科学技术出版社,2020.

[14]游波.外科学理论与实践[M].天津:天津科学技术出版社,2020.

[15]刘鑫.司法鉴定服务合同研究[M].北京:知识产权出版社,2021.

[16]刘丽云.常用司法鉴定意见质证要点[M].北京:法律出版社,2021.

[17]刘道前.刑事司法鉴定的理论与实务[M].北京:中国人民公安大学出版社,2019.

[18]王欣.司法鉴定制度研究[M].长春:吉林人民出版社,2019.

[19]李桢.法医学司法鉴定实践[M].昆明:云南科技出版社,2019.

[20]宋有涛,臧淑艳,孙丛婷.环境损害司法鉴定概论[M].中国环境出版集团有限公司,2022.